大都市传统工业区
遗产资源游憩化利用

虞 虎◎著

知识产权出版社
全国百佳图书出版单位
—北京—

图书在版编目（CIP）数据

大都市传统工业区遗产资源游憩化利用／虞虎著．—北京：知识产权出版社，2024.4
ISBN 978-7-5130-9014-8

Ⅰ.①大… Ⅱ.①虞… Ⅲ.①工业区-文化遗产-旅游资源-资源利用-研究-北京 Ⅳ.①F592.71

中国国家版本馆 CIP 数据核字（2023）第 240244 号

内容提要

当代城市发展潮流决定了休闲旅游成为大都市传统工业区改造的重要模式。本书基于地理科学、城市科学和旅游科学相关理论，系统分析传统工业区演变对大都市发展的影响和作用，对比中西方大都市传统工业区休闲旅游转型发展的主要特征和典型模式，探讨了休闲旅游功能置换特征、影响因素及其动力机制，归纳转型成功的一般规律；解析北京市石景山区首钢工业区的演化、转型过程及其对城市发展的影响，并结合居民、休闲旅游者对改造态度的调查，提出首钢工业区休闲旅游转型模式和未来发展导向。

本书可作为城市更新、城市旅游等领域的学者、研究生和政府决策人员的参考资料，也可供对工业遗产旅游感兴趣的读者阅读。

责任编辑：安耀东　　　　　　　　责任印制：孙婷婷

大都市传统工业区遗产资源游憩化利用
DADUSHI CHUANTONG GONGYEQU YICHAN ZIYUAN YOUQIHUA LIYONG
虞　虎　著

出版发行：知识产权出版社有限责任公司		网　址：http：//www.ipph.cn	
电　话：010-82004826		http：//www.laichushu.com	
社　址：北京市海淀区气象路50号院		邮　编：100081	
责编电话：010-82000860 转 8534		责编邮箱：anyaodong@cnipr.com	
发行电话：010-82000860 转 8101		发行传真：010-82000893	
印　刷：北京中献拓方科技发展有限公司		经　销：新华书店、各大网上书店及相关专业书店	
开　本：720mm×1000mm　1/16		印　张：15.75	
版　次：2024 年 4 月第 1 版		印　次：2024 年 4 月第 1 次印刷	
字　数：241 千字		定　价：88.00 元	

ISBN 978-7-5130-9014-8

出版权专有　侵权必究
如有印装质量问题，本社负责调换。

前 言

大都市的休闲旅游发展已经成为经济社会发展的重要增长点、城市竞争力提升的重要组成部分。当代城市发展潮流决定了休闲旅游转型是大都市传统工业区改造的重要途径。传统工业区作为大都市的重要组成部分，在经历了成长、成熟、衰退之后，休闲旅游功能置换是伴随着城市退工业化与再产业化出现的经济社会转型问题，它普遍存在于世界大都市一般发展过程中，也是当前中国城市化发展亟待解决的关键问题。研究这一问题有助于为中国大都市产业结构优化和传统工业区的功能置换与转型发展提供借鉴。

本书为国家自然科学基金青年项目（编号：41701164）和国家自然科学基金重点项目（编号：41230631）的资助成果。本书基于地理学和旅游学相关理论，结合实地调研和问卷调查，以北京市石景山区为例，系统梳理传统工业区演变对大都市发展的影响和作用；对比分析中外大都市传统工业区休闲旅游转型发展的主要特征和典型模式；探讨休闲旅游功能置换的空间和产业演变特征、影响因素及其动力机制，归纳出转型成功的一般规律；结合居民、休闲旅游者对工业区休闲旅游改造价值的调查，提出北京市石景山区休闲旅游转型模式和未来发展导向。

本书总体上将理论概括和案例分析结合，理顺了大都市城市功能由工业向休闲旅游转变的一般过程、影响因素和作用关系，有利于读者理解、把握类似案例的分析路径；概括了后工业时代大城市传统工业区改造的主要方向，分析了可资借鉴的典型转型改造模式、具体操作方式及实施措施和注意问题，提供了系统的分析问题、解决问题的框架和案例参考，对于今后其他地区传统工业区改造具有较强的参考作用。

本书撰写由虞虎独立完成，徐琳琳、谭学玲、张喆、张鹏飞、陈全具协助搜集资料和校稿，宫佳晨协助插图制作。本书可以作为城市地理、城市休闲旅游研究人员、研究生和政府决策人员的参考资料，也可供对大都市传统工业区改造感兴趣的读者阅读。

　　本书得到中国科学院地理科学与资源研究所陈田研究员、刘毅研究员、钟林生研究员、王开泳研究员和中国城市规划设计研究院周建明教授、北京师范大学吴殿廷教授、安徽师范大学陆林教授等诸多专家的指导，在此一并表示诚挚谢意！

　　囿于作者的工作能力和学术水平，本书还存在许多不足之处，期望学术界同行和广大读者不吝指正，共同促进我国自然保护地建设的理论和实践发展！

虞虎

中国科学院地理科学与资源研究所

目 录

第1章 绪论 ▶1
- 1.1 选题背景 …………………………………………… /1
- 1.2 研究意义 …………………………………………… /8
- 1.3 研究目标与内容 …………………………………… /10
- 1.4 研究方法和技术路线 ……………………………… /11

第2章 大都市传统工业区休闲旅游转型概念及理论基础 ▶16
- 2.1 相关概念 …………………………………………… /16
- 2.2 城市产业发展理论 ………………………………… /29
- 2.3 休闲旅游发展理论 ………………………………… /42

第3章 大都市传统工业区休闲旅游转型价值与影响 ▶52
- 3.1 工业遗产与休闲旅游 ……………………………… /53
- 3.2 休闲旅游与城市发展之间的关系 ………………… /59
- 3.3 休闲旅游转型发展的服务对象 …………………… /63
- 3.4 传统工业区休闲旅游转型作用 …………………… /65
- 3.5 传统工业区休闲旅游转型对城市发展的影响 …… /72

第4章 大都市传统工业区休闲旅游功能置换模式与策略 ▶76
- 4.1 中外传统工业区休闲旅游转型比较 ……………… /76
- 4.2 休闲旅游转型模式总结 …………………………… /81

4.3 休闲旅游转型路径与策略 …………………………………… / 106

第5章 大都市传统工业区休闲旅游功能置换过程与机制 ▶110
5.1 城市功能、区域功能与城市空间结构 …………………… / 111
5.2 城市功能演化下的传统工业区休闲旅游转型 …………… / 114
5.3 传统工业区休闲旅游转型动力机制 ……………………… / 129

第6章 北京市石景山区传统工业区休闲旅游转型分析 ▶160
6.1 北京市传统工业区和城市功能空间 ……………………… / 160
6.2 石景山首钢传统工业区休闲旅游功能置换 ……………… / 168
6.3 石景山区首钢传统工业区休闲旅游功能置换演化模式
　　……………………………………………………………… / 190

第7章 首钢传统工业区休闲旅游功能置换模式选择 ▶193
7.1 基础条件与发展环境分析 ………………………………… / 193
7.2 转型思路与模式选择 ……………………………………… / 214
7.3 工业文化旅游区发展路径优化 …………………………… / 229

第8章 北京市石景山区首钢传统工业区休闲旅游功能置换效应 ▶231
8.1 休闲旅游功能置换的城市经济效应 ……………………… / 232
8.2 休闲旅游功能置换的社会效应 …………………………… / 238

第1章

绪　论

1.1　选题背景

1.1.1　传统工业区休闲旅游改造是城市功能重构面临的一般性问题

城市传统工业区是工业职能单一、地段相对独立的城市工业组团，是许多大都市和老工业基地发展中的矛盾焦点和改造重点。[1] 城市化初期，工业化是城市经济的主要增长点，传统工业区是城市空间的重要组成部分，一些城市工业用地可达30%。随着城市化进程的加快，城市规模不断扩张，原本处于城市边缘的传统工业区被城市包围进来，成为中心城区。传统工业区在城市发展中的地位发生变化，原有工业生产形成的空间形态、商业环境、交通组织方式都无法支撑这些产业的发展，传统工业区的结构和功能与城市发

---

[1] 钟韵，曹艳. 三旧改造区域的城市更新效益分析——以广州北岸文化码头区域为例 [J]. 城市观察，2013（1）：133-141.

展潮流逐渐背离。❶ 从20世纪60年代开始，商业、服务、资金的全球市场扩张和一体化进程推动了生产力空间格局急剧重组，不同国家或地区的区域性中心城市快速并入全球金融和经济体系中，世界城市体系和城市内部空间发生巨大转型❷，大都市发展迅速，迫使城市传统工业区通过腾退、改造和产业空间升级转型的手段，为城市新产业空间塑造提供空间场所。

城市传统工业区的衰退会引发人口减少、失业率上升、人才外流等问题，导致城市内部社会结构出现极化、加剧等二元特征。西方发达国家的大都市发展大多经历了传统工业区转型改造，并将休闲旅游产业作为新产业空间来推动城市更新。加之后工业社会向经济服务化和创意文化转变，通过休闲旅游产业转型、城市形象重塑来提高城市竞争力，实现传统工业区的复兴，是许多工业区解决经济衰退问题的主要手段之一。❸

随着全球经济一体化加快，中国从承接世界产业转移国家向不断增强的自主创新能力国家转型发展。改革开放以来，中国城市产业结构、社会生活方式发生重大变化，国内第三产业逐渐成为大城市社会经济发展的主要推动力，城市发展由工业产品输出向服务密集型、文化商业型转变，城市产业结构的调整推动着中心城区功能结构重组。在大城市传统工业区向休闲旅游转型发展趋势下，以经济社会发展为目标的城市产业结构调整，要求城市土地利用空间结构重新组合、城市新功能和新产业空间拓展。这成为大城市提高承载力和可持续发展的焦点问题。

1.1.2 城市休闲旅游是未来大都市发展的基本功能和特色经济产业

从20世纪60年代开始，商业、服务、资金的全球市场扩张和一体化进程导致世界生产力空间格局急剧重组，不同国家或地区的城市快速并入全球

---

❶ 王睿霖，陈栋，陈怀录. 深圳市城市更新对西部地区城市更新的一些启示——以兰州市为例 [J]. 开发研究，2012 (5)：79-83.

❷ SASSEN S. Restructuring and the American city [J]. Annual review of sociology, 1990, 16 (4)：465-490.

❸ 杨德进. 大都市新产业空间发展及其城市空间结构响应 [D]. 天津：天津大学，2012：70-78.

金融和经济体系中，世界城市体系和城市内部空间均发生巨大转型❶，国家或地区大城市向全球城市的方向演变。世界各国深刻意识到：大都市的国际化发展必须解决城市传统工业区升级转型问题。

西方发达国家的大都市发展都经过了传统工业区的转型改造，并将休闲旅游产业作为新产业推动城市更新。全球产业转移使得发达国家城市第二产业退出，导致人口衰减、失业率上升、人才外流等问题。针对中心城市的传统制造业向后工业化转型以及全球范围内产业向经济服务化和创意文化转变，通过产业转型来重塑城市形象、提高城市竞争力，复兴衰败的传统工业城市经济，利用产业转型创造更多就业机会、优化居住环境、解决内城衰败问题，进而提高大都市中心区的经济活力与多样性，成为大都市发展的一个重要目标。❷

大都市国际化发展的重要举措就是在经济区域化和全球一体化进程中，广泛和主动地参与国际产业分工与协作，充分吸纳占据价值链上游、劳动生产率高、产业关联度高、技术含量高、附加值高的高端产业，凭借产业空间功能再造、经济活力恢复、文化特色展示向地区中心城市或世界城市发展。如20世纪70—90年代，纽约、伦敦、东京、新加坡等城市传统工业区大规模衰退之后，现代服务业、信息产业等新兴产业取代传统制造业完成了经济转型，知识经济、现代服务经济、休闲经济和都市型工业经济的多元产业体系成为中心城区的主导产业。在这些转型案例中，国际化大都市服务业占地区生产总值比重均达到70%以上，以城市中心商务区、商业街区、文化创意产业区、科技园区等为主导的新产业空间引发了城市空间结构的深层次调整（见表1.1）。

表1.1 国际化大都市城市中心区发展重点的转变

城市	上一发展阶段		现阶段	
	发展重点	发展定位	发展重点	发展定位
伦敦	伦敦金融城和西敏市	商务集聚区	中央活动区	伦敦作为全球城市的核心功能区

---

❶ SASSEN S. Restructuring and the American city [J]. Annual review of sociology, 1990, 16 (4): 465-490.

❷ 杨德进. 大都市新产业空间发展及其城市空间结构响应 [D]. 天津：天津大学，2012：72-76.

续表

城市	上一发展阶段		现阶段	
	发展重点	发展定位	发展重点	发展定位
纽约	曼哈顿下城	市民中心 金融中心	曼哈顿下城	原有市民与金融中心不变,成为更具活力的全球性商业中心和世界性集生活、工作、旅游为一体的社区
东京	新宿等副中心	商务集聚区	"一核七心"系统、临海副都心	"城市胜地"理念,领导全球导向经济的战略性地区
新加坡	玛瑞纳中心	商务集聚区	玛瑞纳湾新中心	未来15~20年新加坡的发展焦点,是成为集工作、生活和休闲一体的独特区域

20世纪末期,高新技术产业诸如网络信息和电子通信等发展迅速,"福特主义"及其典型的流水线工厂化生产逐步向"后福特主义"及其典型的个性化柔性生产方式转型,在这个过程中诞生的新经济(new economy)成为推动大都市传统工业区产业重构的重要力量。❶新经济被认为是一种复杂的经济组合,包含两种形式,一是"neo-industrial"新产业的项目密集组织形式,二是混合制造业与服务业的复合经济(hybrid industry)。❷休闲空间是新经济产业空间的一部分,也被称为"第三空间",为人们提供休闲娱乐、游憩、运动、观赏、社会交往等活动的城市公共空间。休闲产业以娱乐餐饮、商务购物、运动休闲等核心产业和衍生产业为产业价值链,渗透地方文化特征和国际时尚元素。休闲空间正由单纯依托旅游经济或商业经济的游憩商务区(recreational business district, RBD)、旅游商务区(tourism business district, TBD)、中心旅游区(central tourism district, CTD)和中央商务区(central business district, CBD)走向中央活动区(central activities zone, CAZ),即以

---

❶ 杨德进. 大都市新产业空间发展及其城市空间结构响应[D]. 天津:天津大学, 2012:72-85.

❷ GRANOVETTER M. Economic action and social structure: The problem of embeddedness [J]. American journal of sociology, 1985, 91 (3): 481-510.

金融商务、休闲娱乐、观光旅游、交通中转等活动形成的综合区，除集中发展金融及商务服务业外，与旅游相关的功能和活动更加集中，成为全天24小时的活动中心。这种模式一方面改变了单纯以旅游经济增长为主导的空间形式对地方特征和经济活动的割裂，另一方面拓展和延伸了中央商务区的功能，改变了单纯以商务活动为导向的中央商务区"白天繁华、夜间荒凉"的现实境况，体现出更高的土地利用效率、经济活力和区域影响力。中央活动区已被世界各国大都市列为新阶段大都市中心和副中心的重点发展内容。休闲旅游空间日益成为大都市城市功能的重要板块，被赋予休闲功能区、体验式主题休闲空间、新型特色休闲社区等特色，满足了生活质量提升、休闲旅游多元、商业复兴、形象重塑等各方诉求，推动着城市经济和社会进入更高阶段。例如，伦敦2000—2004年的"大伦敦空间发展战略"将位于伦敦中心区及城东道克兰的部分地区规划为中央活动区，大力发展金融业、特色零售业、旅游业和文化产业，与传统中央商务区地区互为补充、并存发展。

通过对法国巴黎、德国法兰克福、英国伦敦、日本东京、美国纽约和巴尔的摩、澳大利亚墨尔本、新加坡8个世界大都市2030年城市规划的发展方向、重点措施和休闲旅游功能塑造等方面的梳理，发现未来大都市城市发展都将休闲旅游功能发展作为重点：

（1）重视城市休闲、娱乐环境建设，营造良好的休闲旅游氛围，将其作为城市品牌和形象建设的主要抓手，并培养成为城市支柱产业，促进城市商业和其他相关产业的融合，协调各种产业间有机联系；

（2）主张建设混合式功能区，将商务办公、休闲旅游、文化教育等多重功能融入同一功能区块内，通过统一的配套设施来提高资源使用效率，强化产业之间的关联带动作用；

（3）优化城市功能区之间的交通可达性，提高中心城区对外交通和产业辐射能力，鼓励公共交通和个人交通的发展，打造低碳、环保、生态宜居城市；

（4）改善郊区的城市功能，维护、更新、扩大社区的基础设施，通过培训、咨询和其他方式来解决失业、待业人群的就业问题；

（5）鼓励改造废弃土地、衰退社区，配合城市和社区规划进行有机建设；

（6）重视城市绿色空间打造，将特殊资源（水域、旧工业区、闲置土地等）重新进行开发，主要用于商务办公场所或城市游憩空间的建设；

（7）重视城市公共空间建设，改变各个单元相对封闭的发展局面，鼓励公共单位、社区共享休闲娱乐场所，鼓励提高公共设施的夜晚使用效率；

（8）重视地下空间开发——作为地上空间的延展，可以避免商业区空间使用效率低、夜晚空置的局面；

（9）重视对城市文化遗产的利用，保护性开发具有城市发展历史特征的历史建筑、工业遗产和文化遗产；

（10）重视公共交通的利用，结合城市绿色生态空间，鼓励自行车和步行系统的建设。

1.1.3 传统工业区休闲旅游转型是中国大都市发展的重要模式选择

改革开放以来，中国城市产业结构、社会生活方式发生了重大变化，第三产业比重的快速增加，逐渐成为大城市社会经济发展的重要推动力。城市性质由工业产品输出向服务密集型、文化商业型转变，产业结构调整推动了中心城区功能和结构的重组。城市功能再定位下的产业结构调整，使城市土地利用空间结构重新组合，满足城市新功能、新产业空间拓展的需要，成为大城市提高承载力和可持续发展的焦点问题。当前中国城市传统工业区转型多停留在经济结构层次、国外经验介绍上，对于转型的必要性和未来发展趋势研究尚显不足，因此，本书将对未来发展实践起到重要的启示意义。

传统工业区转型发展曾是 20 世纪世界大都市发展进程中遇到过的普遍问题，中国大城市传统工业区发展进程迟于西方国家。20 世纪 90 年代，随着世界产业格局变化和中国城市化进程加快，西方发达国家曾经出现的结构布局不合理、交通堵塞、居住环境不好等问题，在中国城市发展中有所凸显。[1]中华人民共和国成立之前，中国工业发展受到半封建半殖民地社会经济制度的长期束缚，工业化和城市发展缓慢。20 世纪 50—60 年代，中国大规模开

---

[1] 刘巍. 中原经济区背景下旅游产业集群发展对策研究 [J]. 科技信息，2010 (35)：851，853.

展工业建设，在北京、上海、沈阳、兰州等大城市布局矿山、钢铁、动力、机器制造等行业，推动了城市发展。自20世纪80年代以来，中国大规模、全方位的旧城改造和城市更新一直是城市学界和政府关注的焦点问题之一。❶大都市土地级差地租、产业升级、生态环境、重大项目布局等问题受到关注，城市可持续发展要求城市传统工业区向城外转移以让出良好区位发展高竞争力产业，或进行产业结构调整和升级，利用传统工业区的工业遗产、历史文化进行相应的产业开发，以解决城市环境污染、城市建设用地短缺和城市产业升级等问题。如东北地区振兴计划鼓励东北老工业基地中具备条件的重点骨干企业、矿山遗址和工业遗产建设工业博物馆、参观通道和游览场所（见表1.2），有力地促进了工业遗产旅游的形成和壮大，促进了城市经济转型。

表1.2 东北地区旅游规划提出的传统工业城市旅游改造项目

省份	城市	工业旅游门类	工业旅游示范点
辽宁	沈阳市	重大技术装备研制	铁西装备制造业发展示范区及沈阳机床、北方重工、沈鼓、特变电工沈变等重点企业
		金融、货币的发展历史	沈阳金融博物馆
	大连市	造船	大连船舶重工集团
	鞍山市	钢铁冶炼	鞍山钢铁集团
	抚顺市	煤炭开采、石油化工	西露天煤矿、抚顺石化等
	阜新市	煤炭开采	海州露天矿国家矿山公园等
吉林	长春市	汽车及轨道交通车辆制造	一汽集团、长客集团
	吉林市	有色金属开采	夹皮沟金矿
黑龙江	哈尔滨市	飞机及发电设备研制	哈飞集团、哈电集团
	齐齐哈尔市	特大、特重型机械，大型、重型机床研制	一重集团、齐重数控、齐二机床
	大庆市	石油开采、大型石化	大庆油田、铁人纪念馆、地质博物馆等

资料来源：文化和旅游部 国家发展改革委关于印发《东北地区旅游业发展规划》的通知[EB/OL]. (2023-03-29) [2024-03-20]. http://www.gov.cn/zhengce/zhengceku/2023-03-29/content_5749055.htm.

---

❶ 李麦产. 旧城区复兴与银发革命和养老产业的选择[J]. 城市发展研究，2011，18 (1): 125-131.

1.2 研究意义

本书基于"发展背景—转型原因—转型模式—转型机制"的研究脉络，提炼出大都市传统工业区休闲旅游转型的分析方法。基于大都市传统工业区休闲旅游转型发展的研究主题，充分搜集相关研究资料，界定研究内容的现象、内涵，对比分析中西方大都市传统工业区休闲旅游转型发展的主要历程、特征和模式，总结其转型过程和演化规律。在上述分析的基础上，归纳出大都市传统工业区休闲旅游转型成功的关键问题、实施措施，以期指导其他同类地区的更新发展。本书的研究对于大都市传统工业区具有重要意义。

1.2.1 有助于促进大都市传统工业区转型改造

现阶段我国大都市发展普遍存在着传统工业区改造的问题，转型措施的不确定性易导致不合理的产业更新和地域历史文化的丧失，以工业遗产游憩化利用为核心的转型改造对于资源利用和新产业空间重构具有重要作用。我国大都市的退工业化发展面临着突出的传统工业区游憩化转型问题，其实质是大都市在由"二产"向"三产"转型过程中，新产业、新要素、新技术介入对人地关系的再优化和再整合。游憩化改造利用既涉及微观层面的单体建筑改造，也涉及宏观层面的资源要素的重新配置。以工业遗产游憩化利用为核心的转型模式研究，是对该领域理论与实践发展的重要补充，研究成果将有效引导该地区游憩功能更新和产业结构调整，促进社会经济生活方式的变革，为城市功能重塑及其可持续发展提供支撑。

1.2.2 有助于科学认识大都市传统工业区资源利用价值

分析工业遗产资源游憩化利用的模式，将对该类转型改造地区起到参考价值。游憩功能转型是大都市传统工业区复兴的重要手段，但标准仍缺乏识别工业遗产资源游憩化利用价值的判定标准。传统工业区通常留下大量工业遗产资源，为文化创意旅游、娱乐休闲发展提供了文化元素。工业遗产资源利用价值的判定标准，应同观光休闲农业评价标准、农业文化遗产评价标准一样，成为不同类型旅游资源开发利用的国家标准体系的重要组成部分。

1.2.3 有助于客观把握大都市传统工业区转型模式

科学认识大都市传统工业区工业遗产资源游憩化利用的开发模式，对选择更新模式有重要的指导意义。大都市传统工业区工业遗产游憩化利用研究多围绕工业景观和场所改造展开，以建筑学景观设计改造为主。研究成果停留在单体建筑改造、单个园区设计、工业遗产旅游理念认知层面，缺乏内生的工业遗产资源利用模式选择与新产业要素配置等方面的深化研究。对于工业遗产旅游产品或项目如何融入城市公共游憩空间系统，缺乏理论路径和策略方面的探讨。本书将在工业遗产资源利用价值和开发适宜性评价的基础上，分地域、分类型地提炼开发模式，探讨不同模式形成机制，以及在此转型过程中的要素演变脉络，为今后大都市传统工业区的休闲转型模式选择提供科学参考。

1.2.4 有助于厘清大都市传统工业区休闲旅游转型机制

科学认识大都市传统工业区休闲旅游转型模式的影响因素和形成机制，将对多类型、多尺度同类地区的转型改造与优化调控提供重要决策支撑。传统工业区转型发展是特定环境下人地关系优化重构的过程，当前该类地区改造存在较多的"就事论事"，对于休闲旅游转型所引发的产业结构、就业结构、人口结构、基础设施供给等要素连锁效应的认知尚显不足。工业遗产资源游憩化利用是现代大都市传统工业区转型发展的优先选择，以工业遗产资源游憩化利用为核心的休闲旅游功能转型，能够有效解决地区产业结构、人口就业结构、城市功能再生等方面的问题。本书通过分析开发模式、形成机制理论和研究案例，系统提炼大都市传统工业区休闲旅游功能转型发展问题，为正确选择利用模式、制定更新策略提供科学依据。

1.2.5 有助于丰富大都市传统工业区转型理论与方法

系统研究大都市传统工业区休闲旅游功能置换与开发模式，形成包括工业遗产价值认知、开发模式、影响因素和形成机制、优化调控路径的普适性研究方案，有助于完善和发展城市地理学、旅游地理学、社会文化地理学的学科理论和方法体系。大都市传统工业区转型发展研究是城市地理、社会文化地理等学科的研究热点，主要从城市产业、城市空间方面切入，缺乏以工业遗产资源游憩化开发利用为导向的分析成果。本书在大都市传统工业区这一人地地域系统演变的框架下，揭示其影响因素和形成机制，完善传统工业区休闲旅游转型发展和城市功能更新理论研究，有效地促进相关学科体系建设。

1.3 研究目标与内容

1.3.1 研究目标

我国大都市发展已经或正在步入后工业化时代，现代服务业发展成为城市发展主流，传统工业区改造成为支持现代城市功能建设的重要存量空间。尽管发达国家提供了较多的转型经验，但针对我国国情的大都市传统工业区休闲旅游转型模式的研究仍然较少。这需要比较中外著名大都市传统工业区转型路径的共性和个性，提炼面向不同产业类型、空间形态的大都市传统工业区休闲旅游转型发展模式。这一研究也将丰富城市旅游研究的内容体系，对全国该类传统工业区的休闲旅游改造研究和实践提供一定的理论依据。

本书借鉴旅游地理学、城市地理学及其相关理论，对大都市区传统工业区休闲旅游转型的主要模式、一般规律和首钢传统工业区的改造模式进行研究。本书梳理与本主题相关的文献，总结中西方大都市传统工业区休闲旅游转型发展的经验，归纳休闲旅游转型的空间模式，探讨大都市传统工业区休闲旅游转型背景下的产业要素演变特征、对城市功能的影响、影响因素及其过程机制。在理论分析的基础上，选择北京市石景山区首钢传统工业区改造为案例地，研究产业调整、土地置换、空间系统更新过程中休闲旅游的转型发展和要素空间配置问题，重点分析石景山区传统工业区发展、衰退和转型的过程，调查居民、游客和企业对工业遗产价值的认知、工业遗产发展途径，提出石景山区休闲旅游转型模式和未来发展导向。

1.3.2 研究内容

（1）传统工业区休闲旅游转型理论基础与借鉴。

本书基于文献综述和其他资料，对传统工业区休闲旅游转型研究的理论基础、再利用价值、转型策略等进行综述，对比分析中西方大都市传统工业区休闲旅游转型中不同尺度、不同资源类型相对应的典型模式，分析转型过程中如何解决区域功能和角色定位、产业置换升级、环境整治、社会就业等问题，总结转型过程中主要转型事件影响、特征和效应、空间结构演变，探讨大都市传统工业区休闲旅游转型发展的国际经验，为后文系统的总结做铺垫。

（2）大都市传统工业区与休闲旅游转型的城市功能置换机制与效应。

分析大都市传统工业区休闲旅游转型发展中的供求关系（都市空间扩张、居民游客需求）、空间分布及其演变动力、产业结构变化和内部空间结构变化，辨别大都市传统工业区休闲旅游转型对城市功能转变和空间形态演化的影响作用。

（3）北京市石景山区首钢传统工业区休闲旅游转型研究。

以北京市石景山区为例，阐述传统工业区休闲旅游转型的时空过程、演变特征、演化模式，分析石景山首钢传统工业区及其周边地块的休闲旅游开发模式和重点开发内容，研究传统工业区休闲旅游转型对产业经济和社会要素产生的空间效应，总结北京市石景山区传统工业区休闲旅游转型的成功经验及其指导示范作用，进而总结大都市传统工业区休闲旅游转型演变规律、影响，梳理引导大都市传统工业区转型发展的关键问题。

1.4 研究方法和技术路线

1.4.1 研究方法

本书主要研究方法为：

（1）理论与实证分析相结合。

综合大都市产业结构演化规律、传统工业区转型、工业遗产旅游发展、旅游绅士化等相关研究进展，总结大都市传统工业区休闲旅游转型发展的基本理论和研究范式。对比分析德国鲁尔工业区、美国"锈带"工业区、英国伦敦道克兰码头区、加拿大格兰威尔岛等世界著名案例地的转型发展特征，总结转型成功的经验。结合北京市石景山区传统工业区休闲旅游转型发展实践开展实证研究，归纳出石景山区休闲旅游转型发展模式选择和效应。

（2）实地调研与专家综合决策相结合。

查询中国知网、Web of Science 等文献数据库，收集近 20 年来国内外地理学、城市规划学、建筑学、旅游学在传统工业区转型方面的学术文献，整理历史资料、规划资料、发展资料和基础数据，梳理和凝炼国内外著名区域或大都市的传统工业区休闲旅游转型的典型模式。基于不同城市功能区域，结合行政区和工业区类型的典型案例区研究，进一步提炼和细化本书的分析框架；深入北京传统工业区改造的案例地，面向政府、企业、居民和游客等对象进行实地调研和会议座谈，获取改造实施方的意图、想法。

（3）定性分析与定量测度相结合。

采用经济社会统计数据、地理国情数据、遥感影像数据等多源数据信息，匹配空间信息进行属性数据比对、拆分和合并，对北京市石景山区的传统工业区发展过程进行分析；采用照片、图片、文字等资料辅助解释该转型过程中的区域分异规律与影响因素，归纳不同开发模式的影响因素和形成机制；运用耦合协调度测算模型，度量休闲旅游功能转型与城市系统演替之间的协同作用。在 2014 年 5 月、12 月和 2015 年 1 月、2 月分五次对居民和游客关于首钢工业区改造的态度进行调查（见表1.3）。

（4）遥感和地理信息系统集成分析法。

通过遥感（remote sensing, RS）和高分辨率 Google Earth 影像方法判定大都市传统工业区休闲旅游转型过程中的土地利用变化，探究该过程中的土地利用变化、业态变化、居住结构变化、休闲游憩场点变化等，定量分析该转型过程的规律和效应。通过 ArcGIS 空间分析平台、Ucinet 网络分析软件，对石景山区主要商业场所、休闲娱乐设施、休闲旅游点的空间格局进行分析，以判断石景山区不同尺度空间节点的发展联系和未来组团建设方向。

表1.3 首钢传统工业区休闲旅游者个体属性特征（有效问卷385份）

个体属性	细分类别	有效百分比/%	个体属性	细分类别	有效百分比/%
性别	男	52.1	文化程度	小学及以下	1.6
	女	47.9		初中	6.6
年龄	14岁及以下	0.0		中专及高中	14.9
	15~24岁	12.8		大专	6.6
	25~44岁	71.9		大学本科	57.4
	45~64岁	11.6		研究生	12.9
	65岁及以上	3.7			
职业	政府工作人员	2.9	月平均收入	999元及以下	0.0
	专业技术人员	25.2		1 000~2 499元	9.1
	职员	14.0		2 500~4 999元	16.1
	技工/工人	5.0		5 000~9 999元	43.0
	商贸人员	15.4		5 000~9 999元	24.8
	服务员/推销员	2.1		10 000~14 999元	3.7
	退休人员	4.5		15 000元及以上	3.3
	家庭妇女	2.5	来首钢休闲旅游次数	1次	74.8
	学生	20.6		2次	7.4
	其他	7.8		3次	2.3
				3次以上	15.5

1.4.2 技术路线

根据本书研究目标、内容以及拟解决的关键问题，以该领域国内外相关理论成果和实践案例为借鉴，首先按照大都市不同城市职能区、行政区和传统工业区的分布特点，重点对传统工业区产业更替、市场需求、政策引导等关联要素进行分析。在此基础上，基于城市功能区域演替、产业转型升级等背景，归纳大都市传统工业区休闲旅游转型模式，总结开发模式发展的基本特征、分异规律与形成机制，提出大都市传统工业区游憩功能转型的优化调整政策和策略。技术路线如图1.1所示。

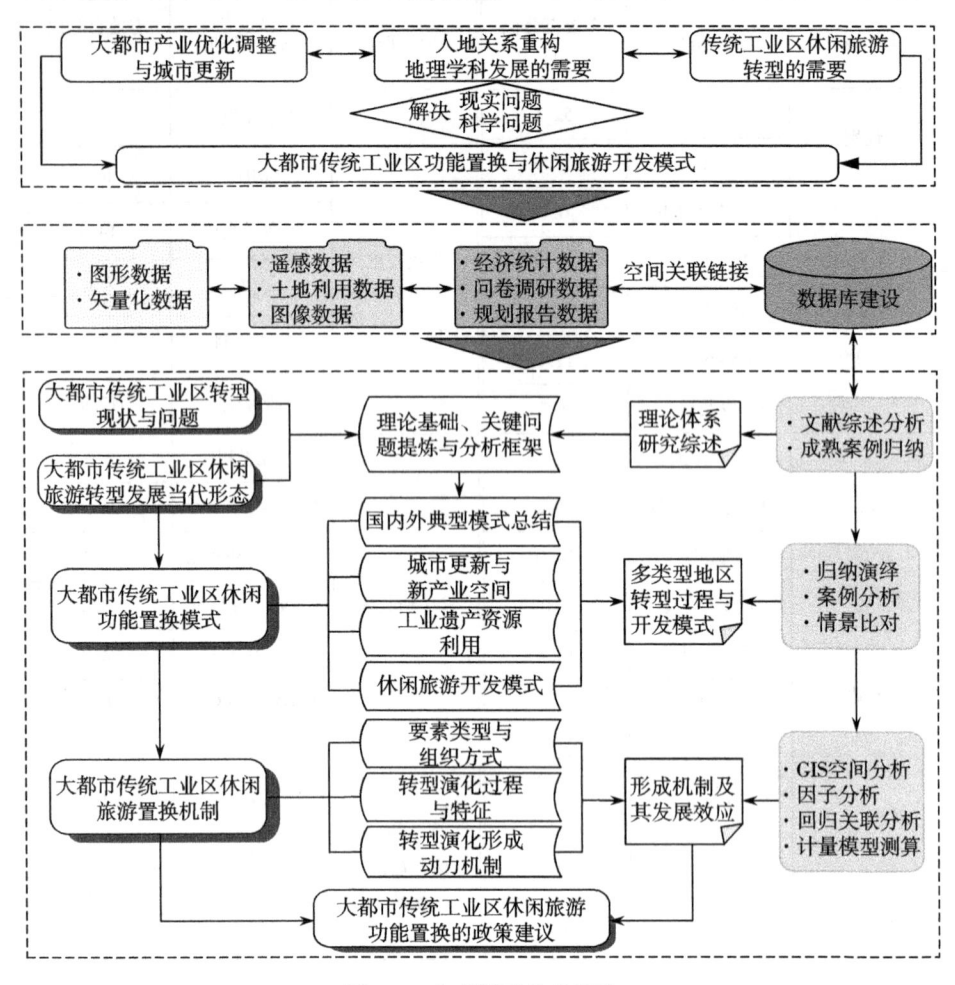

图 1.1 本书研究技术路线

1.4.3 数据来源

本书所用数据主要来自四方面：①经济社会统计资料，包括来自北京市、石景山区的统计年鉴和统计公报；②规划报告，主要来自各级政府的城市发展和旅游发展相关的规划资料；③问卷调查，为获取居民和游客对石景山区首钢传统工业区休闲旅游转型的态度和认识，对石景山区、首钢和门头沟区进行了实地调研,获取一手数据;④图形图像资料,主要是通过相关规划获取、自行绘制图件、实地拍摄影像和网络查询等方式获得(见表1.4)。

表1.4 主要数据来源与使用目的

主要数据	数据来源	分析目的
经济社会统计资料	北京市统计年鉴、石景山区统计年鉴、北京市旅游统计年鉴、北京市石景山区年鉴、中国城市统计年鉴等	分析石景山区城市功能的演变过程;梳理石景山区首钢传统工业区休闲旅游转型的经济效应;梳理石景山区工业区发展的历史过程
规划报告	北京市和石景山区城市总体规划;北京市旅游发展总体规划;北京市"十二五"旅游发展规划;石景山区CRD规划等	分析石景山区首钢传统工业区休闲旅游转型后对北京市区域旅游功能和空间结构的影响
问卷调查资料	实地调研	调研首钢传统工业区休闲旅游转型之后对休闲旅游发展的影响和态度
图形图像资料	实地拍摄、网络获取	分析现状,辅助文字解释

第 2 章
大都市传统工业区休闲旅游转型概念及理论基础

本章通过分析大都市、城市传统工业区、工业遗产旅游、休闲旅游转型的概念，总结大都市传统工业区休闲旅游转型研究涉及的主要内容，包括大都市传统工业区的性质及其在大都市发展中的角色和地位、大都市传统工业区休闲旅游转型的内涵和重点。同时，对相关理论基础进行了分析和总结，包括城市产业结构演化、城市更新及其对城市空间结构、城市形态发展的影响，明确世界范围内此类地区转型发展的规律性。通过分析旅游地系统组织、旅游地演化、旅游空间结构变化与城市空间结构演变的互动和联系性，总结了城市休闲商务区建设在城市中的形态、地位和作用。

2.1 相关概念

2.1.1 大都市

大都市（metropolis）源于大都市区（metropolitan district）的概念。二者的区别在于，大都市区是中心城市及其周边辐射影响的整个区域范围，大都市仅是大都市区核心城市的建成区。城市是某一区域范围内以非农产业和非农人口集聚形成的居民点。大都市是城市化发展到较高阶段时产生的城市空间组织形式，其人口规模、用地规模、城市地位和功能、城市竞争力和影响力方面显著高于一般性城市，产业结构向高端化和服务化迈进，以现代服务业为主导产业，趋向于基于知识经济的信息、休闲、文化和都市型工业等产业，社会结构由"工业化"向"后工业化"转变，空间结构随经济和社会结构发生更新、重组和重构。大都市一般是国家或区域性中心城市，较为发达的大都市乃至是国际城市或世界性城市，是全球城市体系网络中国家或地区联系世界的节点中心城市，通常代表地区最先进生产力参与全球产业分工和竞争合作。

大都市是城市化发展到较高阶段时产生的城市空间组织形式，发达国家的大都市都开始或已经进入后工业社会。工业社会到后工业社会这一转型过程中，城市产业结构和用地布局、建筑类别和劳动力结构都将发生重大变化。贝尔认为，后工业社会具有以下特征：①经济方面，产品型经济转变为服务化经济；②职业结构，以专业与技术人员占主导；③中轴原理，理论知识在整体体系中占据中心地位，是推动社会革新和政策制定的根本动力；④未来方向：控制技术演进，对技术进行评估和鉴定；⑤政策制定：推动新一轮"智能技术"的创新。❶大都市具有优越的区位、交通条件，经济发展水平较高，第三产业和综合服务功能较强，"文化艺术、娱乐休闲"是国际大都市的主要特征之一。❷

国际大都市强调大都市的国际影响力，指具有超群的政治、经济、科技实力，和全世界或大多数国家发生经济、政治、科技和文化交流关系，具有全球影响力的国际一流大都市。国际大都市和国际化大都市分别代表了城市国际化的初级阶段和中级阶段，世界城市则是城市国际化的高级阶段。国际大都市对世界技术、资金、人才流动的控制功能超出国家范畴，城市高度职能化、服务于全世界，是世界经济市场体系中的控制点。

国际化大都市衡量指标包括经济发展指标（人均地区生产总值、三产比

---

❶ BELL D. Toward the great instauration: reflections on culture and religion in a postindustrial age [J]. Social research, 1984, 51 (1/2): 28-31.

❷ SASSEN S. Restructuring and the American city [J]. Annual review of sociology, 1990, 16 (4): 465-490.

重、外贸依存度、研发投资比重）、生活水平与社会发展指标（人文发展指数、人均住房使用面积、高等教育毛入学率、信息化综合指数）、城市基础设施和生态环境指标（轨道交通客运比重、航空港年旅客吞吐量、空气综合污染指数）、国际开放交流程度指标（大型跨国公司总部数、外国金融机构数、国际旅游业发展水平、年举办国际会议次数）。其中，具有"全球性旅游中心"特征的国际化大都市的年海外游客数量须大于600万人次。纽约、伦敦、东京、巴黎、香港、芝加哥、洛杉矶、新加坡、悉尼、首尔被称为"世界十大国际大都市"。中国当前进入世界城市范畴的城市有香港、上海、北京、广州。

中国城市规划对大城市的界定很大程度上参考了按人口划分的等级标准。城区常住人口50万人以下的城市为小城市，其中20万人以上50万人以下的城市为Ⅰ型小城市，20万人以下的城市为Ⅱ型小城市；城区常住人口50万人以上100万人以下的城市为中等城市；城区常住人口100万人以上500万人以下的城市为大城市。其中300万人以上500万人以下的城市为Ⅰ型大城市，100万人以上300万人以下的城市为Ⅱ型大城市。城区常住人口500万人以上1000万人以下的城市为特大城市；城区常住人口1000万人以上的城市为超大城市。人口众多并不能完全表明其具有全球或国家性的经济政治能力，如世界上人口最多的前五位城市（截至2022年）分别是日本东京（3727万人）、印度德里（3207万人）、中国上海（2852万人）、孟加拉国达卡（2248万人）、巴西圣保罗（2243万人），显然德里、达卡、圣保罗并不具备全球影响力。2010年我国《全国城镇体系规划》提出"国家中心城市"概念，认为其是处于全国城镇体系最高位置的城镇层级，对外在发展外向型经济、推动国际文化交流方面作用重大，可能成为亚洲乃至世界的金融、贸易、文化的中心城市；对内在政治、经济、文化诸方面具有引领、辐射、集散功能。同时明确指出建设五大全球职能城市北京、天津、上海、广州、香港，其中前四个城市在国内确定为国家中心城市。重庆由区域中心城市提升至国家中心城市。六大国家区域中心城市为沈阳、南京、武汉、深圳、成都、西安。本书所指的大都市界定为北京、天津、上海、广州、香港、重庆、沈阳、南京、武汉、深圳、成都、西安12个城市（见表2.1）。

表 2.1　中国 12 个大都市发展状况（2019 年）

城市	常住人口规模/万人	地区生产总值/亿元	人均地区生产总值/万元	旅游人次/万人次 国内	旅游人次/万人次 入境	旅游收入 国内/亿元	旅游收入 外汇/亿美元	世界城市排名（2019 年）
北京	2 153.60	3 537.13	16.42	31 833.00	376.90	5 866.20	51.90	14
上海	2 428.14	38 155.32	15.73	36 141.00	897.23	4 789.30	83.76	12
广州	1 530.59	23 628.60	15.64	5 873.30	899.43	4 003.40	65.30	50
天津	1 561.83	14 104.28	9.03	24 497.00	189.77	4 235.22	11.83	171
重庆	3 016.55	23 605.77	7.83	65 296.69	411.34	5 564.61	25.25	106
沈阳	832.20	6 470.30	7.78	9 424.00	85.60	849.00	3.93	361
南京	850.55	14 030.20	16.50	14 682.00	85.31	2 719.00	9.42	95
武汉	1 108.10	16 223.21	14.64	31 586.27	312.04	3 421.52	31.60	243
深圳	1 343.88	26 927.09	20.04	5 501.08	1 216.95	3 421.52	31.60	42
成都	1 658.10	17 012.65	14.64	27 600.00	400.00	4 551.30	18.70	103
西安	1 020.35	9 321.19	9.23	—	—	—	33.68	145

资料来源：中华人民共和国统计局. 中国统计年鉴[M]. 北京：中国统计出版社，2020：43-50.

我国大都市经济发展已处于工业社会中后期阶段，在向世界城市、全球城市演变过程中进行传统工业区的休闲旅游转型（见表 2.2），符合世界此类城市发展的规律。如 20 世纪 70—90 年代，纽约、伦敦、东京、巴黎等城市传统工业区大规模衰退之后，通过引入现代服务业、信息产业等新兴产业完成经济转型（见表 2.3），使休闲经济、现代服务经济、知识经济和都市型工业经济的多元产业体系成为大城市中心城区的主导产业，以商业街区、文化创意产业区、科技园区等为主导的新产业空间带动了城市空间结构的深层次调整。

表 2.2　中国三个大都市规划向世界城市发展的重要举措

城市	服务业比重/%	主导产业	产业特色	产业空间集聚特征
北京	>78	发展服务经济、总部经济、知识经济、绿色经济，建成全球化的科技创新中心、战略性新兴产业支柱地位初步形成	北京服务北京创造	两城两带、六高四新的创新和产业空间格局

续表

城市	服务业比重/%	主导产业	产业特色	产业空间集聚特征
上海	>65	以现代服务业为主、战略性新兴产业为引领、先进制造业为支撑的新型产业体系	上海服务 上海智造	东西轴线、黄浦江和中环三条现代服务业集聚带，提升重大产业基地能级
广州	>68	以服务经济为主体、现代服务业为主导，现代服务业、战略性新兴产业与先进制造业有机融合、互动发展的现代产业体系	广州服务 广州创造 广州制造	中心城区大力发展现代服务业，外围城区加快发展先进制造业和战略性新兴产业

资料来源：北京城市总体规划（2016年—2035年）[EB/OL].（2017-09-29）[2024-03-20]. https://www.beijing.gov.cn/gongkai/guihua/wngh/cqgh/201907/t20190701_100008.html；上海市城市总体规划（2017-2035年）[EB/OL].（2018-01-01）[2024-03-20]. https://www.shanghai.gov.cn/nw42806/index.html；广州市规划和自然资源局.《广州市城市总体规划（2017-2035年）》草案公示 [EB/OL].（2018-02-24）[2024-03-20]. https://ghzyj.gz.gov.cn/hdjl/zjdc/content/post_5881801.html.

表2.3 德国、荷兰、法国的城市游憩空间建设情况示例

区域城市	措施
德国鲁尔	距离城市中心20~30km的环带内建立了6个占地20km² 左右的游憩中心
荷兰兰斯塔德地区	研究确定适宜游憩距离，特别设计了高容量的日游憩中心
法国巴黎	制定游憩中心开发的特别方案，中心位于巴黎市中心20~40km 范围内，用地规模18~20km²。新城布置游憩中心以增加活力

资料来源：郭淮成. 浅谈国外城市游憩规划 [J]. 当代建设，1999（4）：11.

2.1.2 传统工业区

工业区是指城市中通过合理规划工业集中布局的地区。❶ 经济地理学中，工业区是指一个群体，该群体是以一个或几个大中型工业企业（包括联合企业）为核心骨干，由若干不同尺度的企业组成的工业企业。❷ 工业区由九大部分组成，包括生产厂房、仓库、动力及市政设施、维修与辅助企业、综合

---

❶ 同济大学. 城市工业布置基础 [M]. 北京：中国建筑工业出版社，1982：62-65.
❷ 杨万钟. 经济地理学导论 [M]. 上海：华东师范大学出版社，1999：126-129.

利用和加工工业、运输设施、厂区公共服务设施、科学实验中心、卫生防护带。影响工业区规模大小的因素有自然环境条件、城市性质、工业具体内容、工业区组成与布局和建设所需条件等，通常以工业区用地面积和职工人数两项指数来表示。根据工业企业外部的中宏观区域，将工业布局等级进行划分，等级从低到高依次为工业点、工业区、工业枢纽、工业地区、工业地带等。布置在居住区内的工业用地面积一般为 50～100ha，不高于 400ha。城市外部的工业区一般不超过 1 000ha，人数 5 万～6 万。❶ 根据性质划分，工业区有四种类型：①大型联合企业型工业区；②产品协作配套型工业区；③原料、副产品、三废综合利用型工业区；④建设时期相近且共同使用厂外公用设施工程的工业区。❷ 城市尤其是大城市现有工业区按内部构成和部门内容分为三种类型：①以工业为主导产业的大型企业及其涉及的项目为主，且具有相同部门特征的工业区；②囊括不同工业部门企业及其涉及的项目，以及一定规模的市政与服务型企业、运输与仓储企业的工业区；③包含有科学研究院所和带有试验性质的生产设计单位、设计院以及其他单位的工业区。❸

传统老工业区是以一个或若干个较大型的传统工业企业为骨干，组成企业群，彼此协作、配套生产，形成集中的工业区。传统工业区大多数是所在城市或区域的经济增长极，一般具有生产、物流和居住等主要功能，兼备多重辅助功能，包括交通、社会服务、文化娱乐和休闲娱乐等。工业用地布局对城市用地形态影响巨大：①工业集中布局促成了工业地带或城市集聚区的形成。工业集中区随着现代化大工业和工业联合化发展，利用交通、消费、资源等有利条件吸引大量工业集中，城市之间连成一片，形成新的城市形态。如美国波士顿—华盛顿城市群和匹兹堡—芝加哥城市群两大工业带，通过资源开发、工业建设、交通运输、商业金融和服务业集中发展形成了庞大的工业地带，仅波士顿-华盛顿城市群就以不足美国国土总面积的 1.5%集聚了全美 30%的制造业产值。②工业用地集中布局促成以母城为中心，市郊工业区、卫星城镇为分支的组合城市。上海自 20 世纪 50 年代开始由近到远发展

---

❶ 肖秋生. 企业降低成本的途径 [J]. 中国乡镇企业会计，1997（1）：14.
❷ 国家城市建设总局城市规划司，城市规划手册编写组. 城市规划资料集 [M]. 北京：中国建筑工业出版社，1982：251-266.
❸ 贾乃鹏. 城市工业区改扩建的理论方法研究 [D]. 西安：西安建筑科技大学，2001：36-37.

了吴淞、五角场、桃浦、漕河径、长桥、高桥6个近郊工业区和嘉定、安亭、松江、闵行、吴径、金山卫、宝山7个远郊卫星城镇。这些工业区或卫星城镇兼具工业区和生活居住区，使上海从单核心城市向群体组合城市发展。③多功能综合区和带形城市。带形结构中每个综合区融生产生活为一体，建设时序灵活。道路布置强调中心城市可以通过生活性街道相联结，边缘地带由干道或铁路贯通，解决工业生产中面临的交通运输问题。

传统工业区的再开发活动有广义和狭义之分，狭义的再开发是指对旧城区或城市工业集中区的改建或扩建；广义的再开发是指所有对城市土地开发利用的投资行为。从性质层面讲，再开发是对城市原有的空间进行物质替代与功能变更；从目标层面讲，再开发是指调节失衡的城市功能和物质老化问题，通常其特征为内向型重组；从区位层面讲，再开发是以城市成熟区和城市中心区为主。❶ 不同划分标准的传统工业区分类有差异。

综合来看，城市传统工业区是指丰富的煤炭、钢铁等传统资源基础上发展起来的以纺织、煤炭、钢铁、机械、化工等传统工业为主导产业，以大型工业企业为轴心，在城市内部或近郊布置的工业企业及其相关项目，连同卫生防护带和其他劳动就业场所在内的工业地域。其空间形态多以工业厂区、企业大院为主，主要承担加工生产功能，其他诸如公共服务、生活配套、社区服务等则是以企业内部配套为主，满足职工一般性生产生活需要，配套服务功能相对较弱。❷ 城市传统工业区与工业地区、工业地段区别较大：城市传统工业区用地规模一般在数十到数百公顷，规模介于工业地区和工业地段之间。工业地区是由若干工业枢纽、工业区和工业点组成的生产地域，用地规模一般在数千到数万平方千米，大的可达 100 000km^2 以上。工业地区是工业地域组合的一种形式，是工业地域系统中层次仅次于工业地带的工业生产地域单元，如德国鲁尔工业区、美国五大湖工业区、英国伦敦大工业城市群、法国洛林工业区、意大利西北部工业区等，工业地区之内包括若干城镇或乡村。工业地段用地规模较小，一般在几公顷到几十公顷。城市传统工业区的概念与新建城区、新建产业园区、高新技术园区相对应，是以建设时序、产

---

❶ 刘征. 滨水码头工业区的再开发研究———种可持续的发展策略 [D]. 武汉：武汉理工大学，2002：45.

❷ 冯健. 转型期中国城市内部空间重构 [M]. 北京：科学出版社，2004：26-28.

业企业类型作为划分依据。❶ 当城市外围的工业用地连接成片时，便形成城市工业带。当城市工业带或工业城市集聚，就会在区域分布上形成产业集聚，即工业聚集区、工业走廊或工业带。❷

城市工业区空间形态是城市空间结构的重要组成部分，城市传统工业区的生产生活空间形态演变常常带来城市整体空间结构的变化，是城市用地功能重置和城市更新的关键区域。❸❹ 按照旧工业建筑的区位分布，城市工业区可分为城市中心区工业地段、滨水工业地段和零散工业地段。

（1）城市中心区工业地段。

由于城市的发展与扩张，原本部署的旧工业建筑现在处在城市的中心地区或中心区的周围。这类旧工业建筑区有两种主要的再利用方案：一是因其具有明显的区位优势，可改造为居住区、办公区或小型绿地等，以进一步补充和完善中心城区的功能；二是借其原有优势对原厂区转型升级，改造为高新技术产业区或创意产业园区。

（2）城市滨水工业地段。

滨水区大多位于城市中心地段，具有丰富的景观资源以及便利的交通、区位条件，由于这些地段对用地性质多有限制，地价相对低廉。但是，一些在滨水地段布置的重工业工厂排放的废弃物会严重破坏生态环境，具有改善生态环境的必要性，故首要考虑滨水公园、绿地等作为旧工业建筑再利用的方式。

（3）城市零散工业地段。

旧工业建筑区位具有多样性，有些位于城市中心区或边缘地带，有些可能在郊区或农村分散分布。这类工业建筑占地面积大小不一，多属城市中小型企业。其可改造成居住、商业、办公、会展、绿地等用地，可成为新的城市地段。

工业化时期，城市传统工业区多发展重化工业企业，这一方面刺激了城

---

❶ 殷祥瑞. 城市老工业区更新模式指标体系的构建与评价 [D]. 南京：东南大学，2009：15-16.

❷ 刘伯英. 关注工业遗产更要关注工业资源 [J]. 北京规划建设，2009（1）：151-152.

❸ 殷祥瑞. 城市老工业区更新模式指标体系的构建与评价 [D]. 南京：东南大学，2009：15-16.

❹ 周起业，刘再兴，祝诚，等. 区域经济学 [M]. 北京：中国人民大学出版社，1999：236-241.

市经济增长，另一方面给城市生态环境造成巨大威胁。随着生产技术发展，工业产品的技术密集程度下降，产品生命周期经历创新、扩张、成熟阶段之后❶，逐渐走向衰退。后工业化时期，城市传统工业区功能和性质陈旧，已经难以适应城市化发展的要求，面临着物质性、结构性调整与更新。按照活动强弱程度，城市建成区再建设活动分为城市更新、城市整治、城市保护三部分。城市更新的方式分为三种：重建或再开发（reconstruction/redevelopment）、修复（rehabilitation）、维护（conservation）。但由于城市更新对象、范围和现实情况比较复杂，多采用多种方式混合使用。根据不同划分标准，城市传统工业区更新模式有以下划分方式。❷

①按更新目标划分：经济振兴模式、社会改造模式、文化复兴模式、环境修复模式；

②按更新主体划分：政府主导下的集中更新模式、市场主导下的分散更新模式；

③按更新方式划分：保护性修复模式、保护性改造再利用模式、主体重建模式；

④按更新结果划分：产业调整升级模式、公共设施建设模式、开放空间营造模式、居住社区建设模式、土地混合利用模式。

无论何种更新模式，其目标都是遏制经济衰退、建立新型产业体系、优化城市生产生活空间结构，保证城市可持续发展。

西方传统工业区的再开发属于城市复兴的重要内容。自20世纪50年代以来，欧洲城市建设先后经历了城市重建、城市复兴、城市更新和城市再开发等多个阶段，直至20世纪90年代实现了城市复兴的核心目标。同时，西方社会兴起的可持续发展理念也广泛深入城市复兴之中，再开发的内涵和外延逐步拓展：一方面是空间尺度的拓展，老工业区再开发的空间尺度由本地（local）向区域（regional）延伸；另一方面是领域的拓展，老工业区再开发所关注的领域不仅是旧建筑改造与制定新规划，还向产业更新、生态恢复和

---

❶ 陈秀山. 从"福特主义"到"后福特主义"——区域经济发展面临的新挑战[J]. 经济理论与经济管理, 2003 (9)：67-70.

❷ 王军. 发达国家老工业区衰退机制剖析及更新模式探讨[C] //多元与包容：2012中国城市规划年会论文集. 昆明：云南科技出版社, 2012：1-17.

社会问题的解决等综合方向扩展。如第二次世界大战（以下简称"二战"）之后，美国的经济地理发生明显变化。20世纪50年代，美国北部传统工业城市出现衰败，地区产业锐减，物质环境与社会环境急剧恶化。美国的传统工业主要聚集在五大湖区，通常称作"雪带"（snow belt）。传统工业衰退的同时，美国加利福尼亚、佛罗里达、得克萨斯和波士顿等地区和城市的经济开始高速发展。这些地区的产业具有高科技等特征，经济发展与军工产业具有密切联系，与冷战国际大背景下美国五角大楼订单合同的大量增加有关。这些区域被称为"军火带"（gun belt）。之后，国际形势发生转变，这些区域产业转向高科技电子和软件研发生产，被称为"阳光带"（sun belt）。我国大都市典型的传统工业区有北京首钢传统工业区、上海宝钢工业区、沈阳铁西工业区、哈尔滨动力区等。

2.1.3 工业遗产旅游

逆工业化和后工业化的发展，逐渐使传统工业区遗留工业遗产的历史文化价值得以体现，人们开始重视、发掘工业遗产的旅游化开发利用。20世纪60年代末至70年代初期，工业遗产保护的思潮开始出现，西方国家开始重视工业遗产保护。1975年的"欧洲建筑遗产年"，成为文化遗产观念转变的关键转折点。紧随其后，工业遗产的旅游开发模式成为典型的更新改造方式之一。工业遗产保护可以保存当地的工业历史、技术以及工业社会记忆，促进地方人的当地认同感。同时，工业遗产旅游可以促进工业衰退区的景观、设施改造，通过发展新的休闲旅游产品来吸引活跃的经济元素进入，从而增强地方文化、休闲吸引力，刺激城市经济恢复和重建。

传统工业区包括丰富的工业遗产要素，如工业厂房、工业建筑、工人生活区等这些遗产要素反映了地方工业化的进程，具有较高的历史文化价值和景观审美价值，但由于前期工业发展造成了一定的生态环境和景观破坏，审美效果不佳，对休闲旅游的吸引力有限。随着后工业时代的来临，"美"的感知发生了变化，"去工业化的美学""衰落的景观美学"，或"美丽的丑"[1]在后工业

---

[1] ALBERTSEN N. Postmodernism, post-fordism, and critical social theory [J]. Environment and planning D: society and space, 1988, 6 (3): 339-65.

社会形成了较大的市场，工厂机器社区与其他热点遗产一样，成为较具吸引力的历史中心。❶ 如德国工业遗产保护中，工业遗产保护来源于"自下而上"和"自上而下"双向力量的支持，地方法律支持工业建筑保护，工人阶层话语权的提高，对废弃的煤炭和钢铁工业的怀旧之情，制止了杜伊斯堡等类似工矿遗址遭到破坏。

后工业时代，工业遗产成为一种带有工业化深刻烙印的旅游资源。很多工业遗产在后续的改造中，通过旅游的形式商品化，成为工业产品、艺术和流行文化的展示舞台，被改造成办公楼、住宅公寓、公共建筑以及独具文化特质的观光休闲娱乐场所❷❸，吸引现代人去了解工业文明。由于地方经济产业的差异，工业遗产旅游兴起和扩张的原因和机制有所差别，而矿业区衰退之后，通过工业遗产旅游资源的开发来推动经济复兴是一个较好的尝试。❹ 休伊森（Hewison）认为工业遗产旅游是在早期工业过程中产生的人工景点、建筑和景观。其形式独特，成为一个富有意义和不断增长的研究领域，原因众多：工业遗产作为"利基市场"，丰富了旅游产品类型，为游客提供理解风景和景观美学的不同视角，具有就业的潜力。❺ 爱德华（Edwards）认为工业遗产旅游作为旅游吸引物，可以被囊括在遗产旅游领域，但这种类型的旅游并未受到较多的关注。他根据威尔士和西班牙两个矿区和采石场作为工业遗产旅游而体会的重要性、感知以及近几十年的扩张情况，讨论了工业遗产景点的类型框架，为工业遗产旅游提供了新的研究视角。❻

---

❶ HARRIS F. From the industrial revolution to the heritage industry [J]. Geographical magazine, 1989, 61 (5): 38-42.

❷ LANDORF C. Review of: hope and rust: reinterpreting the industrial place in the late 20th century by Anna Storm [J]. International journal of heritage studies, 2011, 17 (1): 92-93.

❸ 汪希芸. 工业遗产旅游"资源—产品"转化研究 [D]. 南京：南京师范大学，2007：27-29.

❹ LIGHT D F. Heritage places in Wales and their interpretation: a study in applied recreational geography [D]. Swansea: University College of Swansea, 1991: 23-24.

❺ HEWISON R. Great expectations—hyping heritage [J]. Tourism management, 1988, 9 (3): 239-240.

❻ EDWARDS J A, COTES J C L. Mines and quarries: Industrial heritage tourism [J]. Annals of tourism research, 1996, 23 (2): 341-363.

工业遗产旅游在欧美国家开展较早。它起源于英国。从工业考古到对工业遗产实施保护，再将工业遗产作为旅游吸引物之一，英国开创了工业遗产旅游的先河。[1] 它是在工业化到逆工业化历史进程中出现的以工业考古、工业遗产保护两种事物基础上形成的新旅游形式，属于文化遗产旅游和工业旅游的范畴。[2] 在欧洲、北美、日本等地区，工业遗产旅游虽有长足发展但还未确立工业遗产旅游的准确定义，旅游部门多给出工业旅游的概念，文物考古部门多关注工业遗产的概念。

在中国，工业旅游（industrial tourism）是在快速城市化进程和工业化发展下的产物，是集知识科普、观光体验、休闲娱乐为一体的旅游项目。我国工业旅游兴起于20世纪90年代，其以良好的交通条件、兼备知识性与观赏性的特点，吸引了大批量游客，发展势头迅猛。[3] 其开发模式从工业旅游产品角度分为3种：一是特定产品（或工艺流程）模式，二是主题景区模式，三是综合旅游模式。特定产品模式是指围绕某类专题旅游产品或技术工艺开展的全流程展示和体验。主题景区模式是指集食、住、娱、游、购于一体的多功能的工业旅游景区；综合旅游模式指工业旅游与其周边的自然、人文旅游景点综合开发。

除了阶段性美学认知的障碍，工业遗产旅游发展存在其他困难：①工业设施体量比较大，修理、修复和后续保养费用昂贵；②周围地区环境和景观退化严重，很难吸引其他类型的经济活动；③矿产地区一般位于著名的经济带和旅游线路的边缘地带。大多数工矿遗产的旅游吸引力较弱，无法为地方人口提供足够的就业和收益。[4]

---

[1] 文可馨. 城市工业遗产能否成为"旅游大餐"[N]. 中国旅游报，2006-12-13（11）.

[2] 李蕾蕾. 逆工业化与工业遗产旅游开发：德国鲁尔工业区的实践过程与开发模式[J]. 世界地理研究，2002（3）：57-65.

[3] 国家旅游局. 首批全国工农业旅游示范点全书[M]. 北京：旅游教育出版社，2005：88-89.

[4] FALK N. Our industrial heritage: a resource for the future? [J]. Journal of the royal society of arts，1984，133（5341）：31-46.

2.1.4 休闲旅游转型

休闲（recreation）是指工作之外可以获得健康、愉悦体验的活动，面向的市场包括居民和旅游者。旅游（tourism）是指为了休闲、娱乐、探亲访友或者商务而进行的旅行活动，也是一种休闲娱乐活动，但具有异地性和暂时性等特征，面向旅游者。休闲旅游转型是指面向居民和旅游者而进行的产品开发、公共服务设施建设、景观建设、环境塑造、产业形态转变等经济、社会、基础设施方面做出的改变和应对。

休闲旅游经济越来越成为后工业社会的时代特征。传统的城市休闲旅游空间是指为人们提供游览、游憩、娱乐、交往、商务会议等活动的公共空间集合，包括旅游区（点）、城市广场、公园等。其缺少与城市其他功能的结合和交互，经济性不强。现代城市休闲旅游空间形式多样，以观光、度假、美食、娱乐、商务、购物和运动等为核心内容；在发展上也经历了不断变更，如游憩商务区、旅游商务区、中心旅游区、中央休闲区、中央活动区等。这些城市空间富有鲜明的休闲旅游主题、文化内涵和功能。如威廉姆斯（Williams）和霍尔·哈洛（Hall Harlow）认为，休闲旅游与娱乐休闲之间的关系和功能相近，城市购物中心融合休闲、康养、娱乐和旅游等活动，成为新的消费场所。[1]

休闲旅游作为一种城市功能，在城市设施、城市产业、城市产品中所体现出的特征越来越明显。首先，工业化时期，工业革命促使人口、经济活动不断向城市集中，产生了城市蔓延、布局混乱、污染严重、住房紧张、交通拥堵等一系列城市问题，诸多西方国家在20世纪后半叶都开始重点关注城市更新。在面对逆城市化所造成的城市中心区衰退、失业率增高，以及城市拥挤、污染、犯罪等严重的社会问题，很多城市更新中都采取休闲旅游功能的植入，以促进城市环境和功能、空间结构、产业形态、基础设施等方面的优化，如法国巴黎、英国伦敦、美国波士顿等都在旧城区（城市旧工业区、港口、历史街区、贫民窟等）增加游憩休闲设施，建设兼具游憩、休闲、商务等职能的中心商务区，使旧城区成为商务会议、休闲度假、观光游览的休闲

---

[1] DOWLING R K. Tourism and recreation [J]. Tourism management, 2004, 25 (5): 642-643.

旅游中心区。其次，一些国家还从区域角度组织建设城市公共游憩系统，欧洲很多城市将游憩系统规划作为都市区域规划的一项重要内容，将城市绿地与游憩规划相结合，包括区域到邻里层面的游憩空间等级体系、游憩通道和游憩活动形式。在19世纪末至20世纪初，西方国家的大城市开始推动面向社区居民的社区游憩和公园运动，针对工业化导致的城市社会问题发展邻里和社区游憩，尝试通过"社区精神"促进社区生活发展、环境改善和游憩需求。如第一次世界大战（以下简称"一战"）之后，美国城市游憩发展迅速，公园、社区活动中心、游泳池、舞厅、野餐地、沙滩、溜冰场等私人和公共游憩设施迅速遍及全国，刺激了休闲游憩参与的提高。二战之后产生了第二个高峰，更多社区建立了公园、游泳池、市政中心等游憩设施。20世纪50年代之后，美国商业游憩如迪士尼乐园、"青年健身计划""荒野系统"等活动主题和措施相继展开。

大都市传统工业区休闲旅游转型是以休闲旅游业为区域主要业态，促进服务商业活动复兴，带动区域产业转型和经济社会发展。它强调复兴区域经济，并不仅限于工业遗产旅游景点的开发。霍斯珀斯（Hospers）认为，工业遗产旅游对区域重构的影响有限，而旅游与相关产业经济活动相结合，可以取得更大的产业辐射效应。[1] 大都市休闲旅游的活动包括两个方面：①市民日常休闲游憩、体育运动等活动；②游客观光、休闲度假、商务会议等。大都市休闲旅游产品呈现出多样化、体系化的发展特征，与传统工业区改造相关的产品谱系主要包括观光游憩产品、商务游憩产品、文化游憩产品、休闲游憩产品、户外体育休闲和新兴游憩产品等。

2.2 城市产业发展理论

2.2.1 产业经济发展

人类社会发展划分为六个经济阶段——传统社会阶段、为起飞奠基阶段、

---

[1] HOSPERS G J. Industrial heritage tourism and regional restructuring in the European Union [J]. European planning studies, 2002, 10 (3): 397-404.

起飞阶段（纺织工业、木材加工、皮革加工等产业）、成熟阶段（钢铁、电力、通用机械等产业）、高额群众消费阶段（汽车制造等耐用消费品产业）、追求生活质量阶段（教育、医疗、保健、旅游等产业），表现出了产业结构从低级向高级的动态演化规律，服务业主导是后工业社会经济发展到一定阶段的产物。❶ 费希尔（Fisher）也认为包括三个阶段：①初级生产阶段，主要以农业、畜牧业两大产业为主；②工业大规模生产阶段，以纺织、钢铁、制造业等工业生产为主；③服务业阶段，主要包括休闲旅游、娱乐服务、文化艺术、科学教育等产业。❷ 在经济增长过程中，不同经济增长阶段的主导产业部门不断发生更替，产业经济发展到高级阶段时，第三产业占据主导地位，由其主导的新生产方式、产业组织方式、产业布局、产业要素组合将对城市空间要素的形态、组织、管理产生重大影响，形成完全不同于工业化阶段的差异化特征，促使城市功能和空间优化调整。

大都市是城市发展的高级阶段，城市产业具有服务业化的特征，其空间形态的演变表现出对工业化到现代服务业转型的空间响应。在后工业化阶段，服务经济、知识经济、休闲经济、都市工业经济成为大都市产业形态的主要内容，这种趋势正由发达国家向中等发展国家和城市扩散，会加快以传统工业为主的城市空间的更新和改造。休闲旅游产业是现代大都市的重要功能之一。休闲旅游作为一项产业，具有很强的产业渗透性和关联性，与其他产业具有明显的融合特征。这种产业融合是"为了适应产业增长而发生的产业边界的收缩或消失"❸❹，改变原有产业的特征，加强产业间的竞争合作关系、

---

❶ 左学金. 世界城市空间转型与产业转型比较研究 [M]. 北京：社会科学文献出版社，2011：157-164.

❷ FISHER S, GREENBERG R P. The scientific credibility of Freud's theories and therapy [M]. New York：Columbia University press，1985：273-392.

❸ YOFFIE D B. Competing in the age of digital convergence [J]. California Management Review，1996，38（4）：31-35.

❹ GREENSTEIN S, KHANNA T. What does industry convergence mean [J]. Competing in the age of digital convergence，1997：201-226.

降低交易成本，刺激市场需求，从而影响城市发展战略管理和政策发展。❶❷❸ 休闲旅游产业与其他产业或产业内部不同行业间相互渗透、相互交叉，形成新产业或改造原有产业❹，在开放的旅游产业系统中，构成产业系统的各要素的变革在扩散中，引起不同产业要素之间相互竞争、协作并演进形成一个新兴产业。这一过程包括技术融合、企业融合、产品融合、市场融合、制度融合等。❺

2.2.2 城市更新

城市更新（urban renewal），广义上是指通过城市干预（政策、经济、空间、文化、环境等）改善基础设施、交通、土地利用、产业经济等方面的城市问题；狭义上是指 20 世纪 70 年代为解决内城衰退而采取的城市发展手段。1958 年，荷兰海牙城市更新研讨会认为：城市更新是人们对于街道、环境或土地利用方面的大规模改善，以形成良好的生活环境和市容。❻ 城市更新经历了由狭义到广义的演变❼，早期的城市更新是指通过物质空间规划重建以修复旧城破败的建筑和住宅。后续的城市更新内容不断得到发展，城市更新通过经济和社会力量的组织干预促进城市物质空间、土地利用方式及其利用强度的变化，目的在于保存、修整、完善、重建或清理建成区，满足居民生活的需要。Roberts（罗伯茨）等 1999 年出版的《城市更新手册》提出的定

---

❶ 左学金. 世界城市空间转型与产业转型比较研究 [M]. 北京：社会科学文献出版社，2011：157-164.

❷ 戴双兴. 产业融合与产业竞争力的提升 [J]. 山东工商学院学报，2004，18（5）：14-17.

❸ 程锦，陆林，朱付彪. 旅游产业融合研究进展及启示 [J]. 旅游学刊，2011，26（4）：13-19.

❹ 张辉，秦宇. 中国旅游产业转型年度报告 2005：走向开放与联合的中国旅游业 [M]. 北京：旅游教育出版社，2006：224-234.

❺ 徐虹，范清. 我国旅游产业融合的障碍因素及其竞争力提升策略研究 [J]. 旅游科学，2008，22（4）：1-5.

❻ 朱启勋. 都市更新——理论与范例 [M]. 台北：台隆书店，1982：224-227.

❼ 李瑞，冰河. 中外旧城更新的发展状况及发展动向 [J]. 武汉大学学报（工学版），2006（2）：114-118.

义被广泛接受，认为城市更新是指以综合、整体的视野和行动解决城市问题，持续提升城市经济、物质、社会和环境条件，并将地域范围从大都市中心区拓展到一般城市、城镇甚至乡村。张平宇对《城市更新手册》的分析认为，按照时代发展，20世纪的城市更新可以具体划分为五个阶段：50年代是"城市重建"（urban reconstruction），60年代是"城市复苏"（urban revitalization），70年代是"城市更新"（urban renewal），80年代是"城市再开发"（urban redevelopment），90年代是"城市复兴"（urban regeneration）。❶ 由众多学者的研究成果，可以看出城市更新在不同的发展时期所采用的发展战略、工作重点、主要内容都有较大区别（见表2.4）。

城市更新的目标主要有两点：一是解决城市发展地区基础设施匮乏的问题；二是调整城市市区土地利用结构，减小工业用地比重，通过城市内部的土地利用调整实现城市产业升级和功能转变。城市更新与旧城更新一脉相承❷，都是为了解决失业、振兴经济、吸引人口和产业回流。城市中心地区复兴的过程中，城市转型导致了人口、工业向郊区转移的问题，由此产生了较大的负面影响，大部分工业城市经历了失业率上升、犯罪率上升等问题。为了防止郊区化导致城市中心区衰退，很多国家都将传统工业区转型作为中心城区复兴的最重要内容。

20世纪50年代以来，西方城市更新理论非常丰富，一般情况下，城市更新改建主要有重建（reconstruction）、再开发（redevelopment）、改善（rehabilitation）、保存（conservation）、保护（protection）、复苏（revitalization）、更新（renewal）、再生（regeneration）、复兴（renaissance）等多种方式。更新的主要策略包括以休闲旅游、房地产等产业的发展优化产业结构，并且通过企业汇聚更新基金改造基础设施，以及对生态环境的治理。❸

---

❶ 张平宇. 城市再生：我国新型城市化的理论与实践问题 [J]. 城市规划, 2004 (4)：25-30.

❷ 肖军. 广东省中山市住宅市场需求探析 [J]. 中国房地信息, 2000 (3)：22.

❸ 严若谷, 周素红, 闫小培. 城市更新之研究 [J]. 地理科学进展, 2011, 30 (8)：947-955.

表2.4 西欧城市更新的五个阶段

理论政策	城市重建	城市复苏	城市更新	城市再开发	城市复兴
时间	20世纪50年代	20世纪60年代	20世纪70年代	20世纪80年代	20世纪90年代
发展背景	二战之后经济大萧条	内城问题日益严重并伴随着过度的郊区化	国家经济增长、社会富足、凯恩斯主义兴起	经济增长缓慢、政权更替和自由主义经济盛行	人本主义和可持续发展理念兴起
更新特点	大规模推倒重建	延续城市郊区化	绅士化与国家福利主义	房地产市场为导向，强调多元化主体合作	物质环境、经济社会多维度的社区复兴
城市发展战略	旧区重建，城市扩张和郊区蔓延	高速公路引导郊区及外围地区迅速发展，调整早期规划	从推倒重来到注重社区邻里的渐进式、内涵式更新	城市中心区大型综合旗舰项目的再开发，城市郊区综合项目开发	以综合性、整体性方法解决城市问题，实现城市复兴
主要机构和利益团体	国家及地方政府、私人开发商共同参与	由国际私人投资机构承担，私有部门的作用得到加强	私人发展商的作用增强，地方政府的核心作用减弱	私营企业开始介入	合作伙伴模式占主导，强调横向和纵向机构之间的联系
资金来源	公共部门投资和少量私人投资	中央财政为主，地方财政为辅	以市场为主导，引导私人投资，社区参与，形成三方合作	大量私人企业和个人投资者；政府少量启动资金	公共部门补贴，大量私人企业和个人投资
行动空间层次	地方或地段层次	地区与区域层次结合，出现区域开发行动	地区与本地层次，后期更注重本地层次	早期注重地段层次，后期注重与地方的结合	引入战略发展方法，关注区域层次
城市规划策略	城市化加快，大量新建城区与城市外围发展，注重改善环境与市政基础设施，美化城市景观	逆城市化出现，城市新建过程中注重对城市建成区的规划调整，加强市政基础设施建设	城市旧城区的更新，强调功能混合、新城市主义，吸引人们重新回到城市中心，城市环境有新的改进	在城市更新中利用旗舰综合项目建设替代原有功能设施，进行置换，提升城市的外部形象及竞争力，关注环境问题	重视历史文化与文脉保存，土地循环高效利用，生态环境可持续发展和能源利用；重视交通便捷性、城市景观和空间特色提升以吸引新居民

33

续表

理论政策	城市重建	城市复苏	城市更新	城市再开发	城市复兴
时间	20世纪50年代	20世纪60年代	20世纪70年代	20世纪80年代	20世纪90年代
经济策略	公共部门和私人部门联合投资	全球经济结构变动，传统经济开始衰败；经济发展与解决社会问题相结合，私人投资比例及影响日趋增加	土地开发、基础设施建设；中央政府集中控制运作，私人商业投资主导。重视工业改善区、弃用地的开发许可	私人投资为主，社区自助式开发，政府选择性介入；公共机构和私营机构组成伙伴关系，通过基金予以协助；中央政府指导地方政府成立城市行动组和工作组	政府、私人商业投资及社会公益基金的平衡，公共机构与私营机构组成伙伴组织，注重政府和社区的作用，利用基础设施、大型综合体和商业设施等旗舰项目刺激投资和市场需求
文化策略	重建国家与城市的文化自信	以高雅的传统文化和文化设施建设，对公众进行教育	强调文化的通俗性、试验性、先锋性，前卫文化现象开始出现	注重文化多样性、社区参与，实现经济的多样性，增加就业。注重文化特征提取和遗产保护	城市营销指导下的文化资源扩展、文化规划，注重文化旗舰项目、城市文化区、城市景点、文化产业、体育产业、文化旅游等
社会策略	解决二战后大量住房短缺，提升居住及生活条件质量	基于失业率和犯罪率升高、环境污染严重、社会极化加速，政策注重福利和环境改善，解决社会贫困、就业和冲突	以社区为基础的作用显著增强，强调社会发展和公众参与、城市人口与就业平衡	社区自助；国家出现"自愿式更新运动"	重新注重社区和少数社群的需求；注重培训、教育、健康和文化服务的获得；注重职业介绍；克服排他性
更新模式	自上而下式的政府主导	自上而下式的政府主导	自上而下式的政府主导	自上而下的政府主导与市场主导	自上而下和自下而上相结合，多方协作

资料来源：董玛力，陈田，王丽艳．西方城市更新发展历程和政策演变 [J]．人文地理，2009 (5)：5．

城市工业区转型都有共同点，即从硬性改造转向注重人的需要；从大规模的清除贫民窟转向社区环境的综合整治和社区活力的复兴，强调居民和社区参与的重要性；从单纯的物质环境改善向社会、经济、文化、生态的综合复兴和更新；从推倒重建转向小规模、分阶段和渐进式改善的连续性更新过程。城市更新被称为美国历史上最大的城市发展计划。纽约市怀特普莱恩斯、曼哈顿林肯文化中心、波士顿滨水区商业中心建设，遏制了城市零售业的流失，同时也为城市旅游发展添加了重要的吸引物，重现城市经济社会活力。在这一过程中，传统工业区多保存有反映城市发展的历史遗迹和文化脉络，是城市休闲旅游和文化产业发展的重要资源。通过休闲旅游发展，完善城市文化旅游功能，改善公共设施和环境，带动就业机会和经济利益，促进产业结构转型。其措施主要有三种：①挖掘历史文脉，重现当地特色的历史文化街区发展，如丽江古城、巴黎老城街区、伯明翰 Soho House 历史街区；②通过大型项目，建设城市旅游和文化地标，重构城市形象；③形成创意产品与创意产业结合的创意街区，如英国曼彻斯特的旧工业区发展会议旅游，重塑城市形象。

2.2.3　城市转型

世界主要城市转型主要经历了由农业向以制造业为主导的工业转型（工业化）、工业向服务业主导转型（服务业转型）、服务业由传统型转向现代型（即高端服务业）、由资本驱动向创新驱动转变（创新发展）四个阶段。20世纪中后期，在全球化和经济结构变化的新形势下，城市加速扩张，传统制造业的产业转移，工厂竞争优势丧失，以及水资源、土地资源短缺，世界各大城市纷纷通过城市产业结构转型以促使城市转型。制造业向高端化转型、高新技术化的发展、现代服务业的发展，以及文化产业的发展，是多数城市转型成功的关键因素。

很多典型的欧美城市逐渐向服务业转型，大力发展现代服务产业，如伦敦重塑了金融制度，鲁尔发展了工业会展服务和工业遗产旅游，巴黎、汉堡和匹兹堡分别转型发展为时尚、现代航运服务、工业设计与科技研发等生产型服务业，纽约也成为国际城市现代服务业发展的标杆（见表2.5）。[1] 这些城市转型的成功之处在于根据区域产业基础进行产业升级或产业转换，大力发展现代服

---

[1] 左学金. 世界城市空间转型与产业转型比较研究 [M]. 北京：社会科学文献出版社，2011：157-164.

务型产业，更新制造产业，通过区域、城市规划促进中心城区复兴、卫星城建设和基础设施建设，强调城市设计、景观设计和土地利用计划的整合，实现对城市空间的秩序重构；同时制订传统产业升级扶持、产业转型的人才计划和历史文化保护、环境保护的法律，作为转型的政策保证。

表2.5 世界城市的转型阶段、背景、特征和动力

转型阶段		代表性城市	转型背景	转型特征	转型动力
经济服务化转型	服务化转型	欧洲城市：伦敦（19世纪中期至20世纪60年代），巴黎（20世纪中期至20世纪70年代）。北美城市：纽约（19世纪后期至20世纪70年代）。东亚城市：东京（20世纪20年代至20世纪60年代）。中国城市：北京、上海、广州、苏州、杭州等（20世纪90年代至今）	城市发展策略和企业成本过高的约束。多数制造业行业，尤其是化工、金属冶炼以及加工业大规模转移。城市商务成本，诸如土地、劳动力等居高不下。人口急剧增长、环境污染、交通堵塞以及房地产价格上涨过快大城市病加剧	与服务相关产业就业比重不断上升，且逐步居于主导地位。服务产出物的价值构成由以产品（无形）价值为主转向以服务（无形）价值为主。制造业信息化、企业平台化、产业融合和产业链重构出现，制造业企业由制造中心转向服务中心，制造服务业成为新增长点	产业结构单一，城市经济增长乏力，制造行业大规模转移。城市规模急剧扩大，城市环境不断恶化，减污政策、清洁法案等政策提高了工业制造成本，限制了发展空间。城市产业发展依托的资源和条件发生改变，传统产业比较利益丧失导致传统工业迅速衰落。城市用地成本上升，制造业外迁，缓解"产业空洞化"压力
	服务高端化转型	欧洲城市：伦敦（20世纪60年代至20世纪90年代初），巴黎（20世纪后期至21世纪初）。北美城市：纽约（20世纪80年代至20世纪末）。东亚城市：东京（1960—2000），新加坡（20世纪八九十年代）	生产型服务业的规模日益壮大，制造业与服务业联系更加紧密，生产型服务业贯穿于生产、流通、分配、消费等生产环节。服务业呈现产业融合和服务外包趋势，"以生产为中心"向"以服务为中心"转变	欧美城市仍然较其他地区城市先一步进入服务业高端化阶段。大量就业人员进入第三产业，商业贸易、金融旅游、会展业等成为财政收入的重要构成部门	

续表

转型阶段	代表性城市	转型背景	转型特征	转型动力
创新发展转型	欧洲城市：伦敦（20世纪90年代中后期至今）。北美城市：纽约（21世纪初至今）。东亚城市：东京（21世纪初至今）；新加坡（21世纪至今）	全球互联网络和市场体系发展更加深入，经济社会进入全球经济网络时期的更高层次。创意、知识密集型产业逐渐取代土地、劳动力密集型产业	推出文化创新发展战略，创新产业迅速发展，科技创新得到进一步加强。以多元化经营与创新活动为动力，重视人力资本积累	全球新科技革命推动转型，世界步入以智力资源为依托的新时代，高科技产业面临困境，重视城市高速集聚的文化创新资源

欧美城市在转型过程中普遍实施了"多元化经济"的战略，十分重视生态环境保护以及对城市遗留历史文化的继承，产业发展与空间布局重构都要利于都市再造，城市中产业与空间转型始终以自然和人文保护为原则。例如，2008年制定的《新巴黎市规划（2030）》，着重强调三个原则：①将《京都议定书》作为可持续发展准则；②重视城市网络重组；③打破郊区的封闭状态。汉堡在其规划中明确规定，在转型时期强调经济"增长"与社会"融合"相结合、发展"新经济体制"与维持"社会均衡"相结合、"城市风貌的改善"与"自然景观的保护"相结合、"对城市变迁的适应能力"与"对历史传统的传承能力"相结合，城市成长过程须考虑可持续性与自然资源的再生性，城市在发展扩张时必须以既有的城市发展因素为约束、以原有的发展轴线为依据来避免城市无止境的扩张。鲁尔为改变工业企业污染严重以及公害突出的现状，在区域总体规划中明确提出营造"绿色空间"的计划与"鲁尔河上空蔚蓝色的天空"的保护目标。[1] 到20世纪末，发达国家的主要大都市（如纽约、伦敦、东京、巴黎等）已经基本完成产业经济转型。当前，这些大都市经济发展的主要趋势是把城市建立在知识经济、现代服务经

---

[1] 左学金. 世界城市空间转型与产业转型比较研究 [M]. 北京：社会科学文献出版社，2011：157-164.

济、休闲经济和都市型工业经济兼有的多元化经济基础之上。[1]

我国城市转型经历了服务业先抑后扬的两次转型，第一次是改革开放初期，制定了重点发展工业的战略。20世纪90年代之后，特别是借国家沿海开发政策的春风，对外开放的范围由特区逐步延伸到沿海、沿江和沿边地区，同时制造业基地向内地迁移，开放地区的服务业比重占城市经济总量的40%~60%。许多城市在培育战略性新兴产业的同时，强调推进现代服务业的发展，以优化集聚集约水平，提升土地产出效益。加快生态环境建设，推进城市生态环境保护。[2]

随着后工业社会的到来和城市化过程的演替，城市综合实力与综合环境质量得到提高，旅游开始"城市化"，现代旅游的载体逐步由城市替代。[3] 作为城市化的一种动力，旅游既可以在城市化进程的中后期发挥作用，促使城市产业经济转型或城市功能向多元化发展，也可以作为城市化的原生动力，使城市从无到有、从小到大，发生质的飞跃。[4] 旅游业成为扩大城市公共交通需求的重要因素，优化了城市交通条件。反之，交通条件的优化又促进了旅游市场的可进入性与游客选择概率。[5]

2.2.4　城市空间结构

城市空间结构是城市地理学和城市规划学研究领域中的核心内容。[6] 城市空间结构与城市功能密切相关，相互促进。城市功能往往是城市空间结构变化的先导，城市功能的变化导致城市空间结构变化。而城市结构的调

---

[1] 张庭伟，王兰. 从CBD到CAZ：城市多元经济发展的空间需求与规划 [M]. 北京：中国建筑工业出版社，2010：35-67.

[2] 左学金. 世界城市空间转型与产业转型比较研究 [M]. 北京：社会科学文献出版社，2011：157-164.

[3] 俞晟，何善波. 城市游憩商业区（RBD）布局研究 [J]. 人文地理，2003 (4)：10-15.

[4] 王冬萍，阎顺. 旅游城市化现象初探——以新疆吐鲁番市为例 [J]. 干旱区资源与环境，2003 (5)：118-122.

[5] GOSPODINI A. Urban waterfront redevelopment in Greek cities, a framework for redesigning space [J]. Cities, 2001, 18 (5)：285-295.

[6] 冯健. 转型期中国城市内部空间重构 [M]. 北京：科学出版社，2004：168-179.

整需要城市功能变化以与之相配合。

城市空间结构的形成和演化受多个因素的影响：历史发展、信息化和信息技术、知识经济、地理环境、交通系统和组织、经济发展和社会进步、社会文化因素、政治制度因素、城市职能、城市规模及城市结构、政策与规划控制、信息技术发展等。❶ 城市主导产业决定经济发展阶段和城市空间形态，产业空间布局的不断变化引发城市空间的结构性重组，用地性质和规模、市场特征决定区位选择。产业结构高度化对城市空间的效应表现在用地性质和结构的变化、城市景观的变化和城市空间形态的变化。

不同发展阶段具有不同的产业、用地结构（见表2.6）。前工业化时期，城市产业以第一产业为主导产业，产业结构比较单一，以农业用地为主，工矿、交通城镇用地比重较小。工业革命之后，城市产业结构由农业转向工业，以棉纺产业为代表的轻工业较大地丰富了城市的生产功能。农业阶段和工业阶段，城市空间形态始终保持着空间集聚的特征，工业经济下的工业区、工业园、开发区是主要形态。第二、三次产业革命之后，城市主导产业转变为以资本密集型的冶炼、钢铁、汽车、化工等重化工业为主体的产业形态。第三次产业革命后，通信技术提高、城市土地集约利用、解决城市问题等推动重化工业退出了中心城区。信息革命之后，经济全球化和信息化革命推动了新产业经济的形成，生产型、社会型服务业成为城市产业主导。21世纪以来，城市产业的进一步发展和优化使知识经济和休闲娱乐成为现代大都市的重要特征之一。❷ 后工业化时期，城市多中心的形成，使得中心城区多元化、高级化，以及城市功能空间分散化布局，现代服务业集聚区、都市型工业区、高新技术区等多种灵活性空间组团分散了城市整体性，形成了新兴的金融商务区、文化产业园、会展中心、商业区、文化娱乐中心等中心区、综合体和专业化街区三种类型。❸

---

❶ 阎小培，许学强. 广州城市基本-非基本经济活动的变化分析——兼释城市发展的经济基础理论 [J]. 地理学报，1999（4）：13-22.

❷ 高军波，张润朋. 基于城市本质认识的城市规划模式探讨 [J]. 现代城市研究，2008（8）：6-12.

❸ 陈有川，孙博，尹宏玲. 产业结构高度化对城市生产性空间的影响研究 [J]. 地域研究与开发，2009，28（2）：1-4.

表2.6 不同经济发展阶段的产业结构与用地结构的变化

经济发展阶段	技术影响	产业结构变化	土地利用结构变化	代表性产业	城市形态
前工业化时期	农业革命	第一产业主导	农业用地为主，城镇用地比重较小	农业	空间集聚
工业化初期	第一次产业革命	一产比重下降；从以轻纺工业为主导转向以原料、燃料、动力等基础工业为主导；三产比重较小	农业用地向建设用地转移的幅度低；部分环境用地转换为农业用地	棉纺产业	空间集聚
工业化中期	第二、三次产业革命	一产比重低于20%；从原材料产业转向加工、组装工业；机械等传统重工业向精密机械、石化、汽车、计算机等新兴工业转变；三产较快发展，但低于二产	耕地大量减少，建设用地迅速增加	冶炼、钢铁、汽车、石油工业	空间集聚
工业化后期	信息革命	一产比重低于10%；二产比重升高；三产成为国民经济主导产业	农用地快速减少，环境用地、建设用地快速增加	生产型、社会型服务业	空间集聚
后工业化时期	高科技技术革命	一产一般为1%~2%；二产比重下降，技术密集型制造业发展；三产占绝对优势，知识密集型服务业崛起	工业用地比重趋于稳定或逐步下降，旅游、居住、交通用地比重趋于上升	知识型服务业、休闲娱乐业	空间分散

资料来源：王雅俊. 世界工业化理论研究的梳理拓展与评介［J］. 技术经济与管理研究，2013（8）：95-100.

产业结构高度化促进大都市现代产业体系的形成，是建设国际大都市的决定性因素，很大程度上决定了大都市的区域集聚与辐射能力。大都市城市空间结构是产业结构由"工业经济"向"现代服务经济和知识经济"的转型升级而形成的新产业主导的空间，主要包含金融、商业、文化创意、教育研发、商贸物流、会展博览和休闲旅游等产业空间类型。其主要空间形态可划分为三类：以中央活动区和中央商务区为主的综合化地区，以专业化产业集

群型为主的特色专业化街区，以及多种功能高度符合的紧凑型城市综合体。❶

20世纪80年代之前，我国城市是工业布局的主要地区，工厂单位、服务企业与居民社区构成城市空间，城市空间发展呈现以工业为单位的块状组合结构，城市空间相对均衡，社区差异较小，但是这种产业和居住空间不适应以服务业为主导的城市产业结构。20世纪80年代以来，经济全球化和城市化进程对我国大都市的城市经济发展产生了重要的影响，以生产型、工业型主导的城市经济向以服务型经济主导的城市经济转变，中心城区的空间差异不断加大，服务业的高回报对工业用地产生强大的空间挤压作用，人们对于城市居住和生活环境的要求也在提高。各种因素不断推动城市工业的郊区化迁移。我国以北京、上海、广州为代表的大都市仍然处于产业经济转型期，产业和空间置换的速度明显加快，有的大都市的工业已经迁出城市，部分地块已经进行了改造。都市空间体现出功能的多元化特征，金融商务、文化创意、会展博览、休闲旅游等逐渐构成城市的空间主体，城市建筑高度、密度、容积率和风貌构成的现代都市建筑展现现代城市魅力（见表2.7）。

表2.7 大都市新产业空间内部结构要素

要素	特征	作用	物质形态要素
用地结构	土地混合	建立平衡的工作、居住、娱乐和服务等混合功能，功能和使用性质在物质和要素联系上协作产生综合集聚效应	细密的空间纹理、密度以及渗透性
功能结构	功能复合	空间的功能应该注重有机复合，在垂直空间上也应该进行相关联的功能适度复合，形成多元化的功能复合型社区，增强社区内部空间活力，增强就业均衡性，降低交通灯的能耗，扩大人与人之间的交往空间	水平方向、垂直方向和综合开发
交通结构	人本综合	使生活在城市内的交通参与者用最少的时间和最经济的成本、最低的身心消耗和最愉快的体验方式实现其出行目的；形成综合交通的多元结构模式，实现便捷性、可达性、舒适性和低碳化的综合要求	自行车道与步行道结合、立体化步行系统、屋顶楼宇间交通系统，以及与可再生能源相结合的电车供电系统

---

❶ 杨德进．大都市新产业空间发展及其城市空间结构响应［D］．天津：天津大学，2012：64-66．

续表

要素	特征	作用	物质形态要素
多层次基面	立体化设计	满足城市通勤行为的便捷性，进而提高城市通勤效率；还能达到人车活动分离的要求，适应起伏地形活动基面组织的要求。促进土地利用的集约化、高效化；实现分合得体、整体有序的空间组织目标	地面-空中基面系统、地面-地下基面系统、地下-地面-空中基面系统和枝网状基面系统
密度与强度	紧凑开发	提倡土地多样性混合使用和公交优先等原则，并利用高密度、高强度、高效率的城市空间开发模式，实现人们日常通勤的便捷性	高度紧凑发展型地区、适度紧凑发展型地区和控制紧凑发展型地区
景观与环境	场所精神	倡导回归自然，重视生态环境，对区域内自然环境实施保护和改造利用；环境建设应尽可能实现自然与人工的相互融合，人工环境的规划与建设应与自然共生，创造有益的人文景观和生态环境。组织中，提倡延续多元文化的历史精神，并结合时代发展，充分展现具有现代化城市文化精神的特色景观和文化场所	景观环境空间塑造材料与制作工艺

2.3 休闲旅游发展理论

2.3.1 旅游地系统

旅游地系统是旅游发展的物质载体，是旅游者在旅行和目的地停留的过程中形成的各种旅游要素的组合，可以划分为功能系统、空间系统和经济系统。①旅游功能系统。莱佩尔（Leiper）认为，旅游系统包含三个要素，即目的地、客源地交通线路，以及两个功能要素即旅游者和旅游业。游憩系统由三部分组成，即目的地、客源市场与出行系统。申葆嘉认为除了以上旅游主体外，还包括与旅游相关的环境因素、市场因素和政策因素。[1] ②旅游空间系统。冈恩

---

[1] LEIPER N. The status of attractions in the tourism system a reply to Clare Gunn [J]. Annals of tourism research, 1980, 7 (2): 255-258.

（Gunn）认为旅游目的地空间是由吸引物组团、服务社区、中转通道和区内连接通道等组成的目的地地带，区域系统空间是由社区吸引综合体、区内外交通、非吸引物腹地、交通入口、区域边界等组成。❶ ③旅游经济系统。其包含四个主要组成部分，即旅游市场、旅行、旅游目的地与市场营销，并且由旅游购买行为、游客需求特点、旅游营销以及抵达市场等行为将四部分整合。吴必虎认为旅游系统由客源市场、支持系统、出行系统以及目的地系统组成，旅游目的地系统由吸引物、设施和服务三个部分构成。❷

其中，冈恩的旅游系统理论得到较多的引用和参考，他强调旅游系统依托景区（点），将服务社区作为核心，各要素自身发展并相互协调。不同旅游地系统的竞争力取决于其旅游资源吸引力的大小、服务社区形象（旅游中心城市形象）、旅游供给设施水平以及区际交通便捷性（如机场、火车站、高铁站、港口码头和汽车站的建设等级与规模）。❸ 保继刚等认为，在地理学中，旅游系统包含旅游客源地、旅游目的地和旅游通道。❹❺

不同时期和不同学科的国内外学者对旅游系统的功能、空间结构和系统环境等方面的研究成果一致表明，旅游系统是由旅游主体、旅游客体和旅游媒介等要素在一定空间范围内相互作用、相互联系而构成的具有特定结构和功能的有机整体和开放系统。

2.3.2 旅游地生命周期

旅游地生命周期是旅游地发展的客观现象，将其应用于城市旅游，可以为城市旅游地演化、旅游地发展预测、旅游产业政策制定以及旅游市场营销等内容提供富有意义的理论框架。

---

❶ GUNN C A, VAR T. Tourism planning: basics, concepts, cases [M]. London: Routledge, 2020: 41-42.

❷ 吴必虎. 旅游系统：对旅游活动与旅游科学的一种解释 [J]. 旅游学刊, 1998 (1): 20-24.

❸ GUNN C A, VAR T. Tourism planning: basics, concepts, cases [M]. London: Routledge, 2020: 41-42.

❹ 吴必虎. 旅游系统：对旅游活动与旅游科学的一种解释 [J]. 旅游学刊, 1998 (1): 20-24.

❺ 古诗韵, 保继刚. 城市旅游研究进展 [J]. 旅游学刊, 1999 (2): 15-20.

针对旅游地生命周期，克里斯泰勒（Christaller）对地中海沿岸旅游乡村演化过程的研究认为，旅游乡村生命周期分为发掘阶段、增长阶段、衰落阶段三个阶段。巴特勒（Butler）借用产品生命周期模式描述了旅游区发展过程，认为旅游地的演化经过六个阶段：探索阶段、参与阶段、发展阶段、巩固阶段、停滞阶段、衰落或复苏阶段。[1] 斯文·朗德托普和施特彭·温黑尔（Svend Lundtorp & Stepen Wanhill）的研究认为，不同产品具有的生命周期模型不同，一般有三种：①成长—成熟—衰落三阶段型；②主循环—再循环型；③扇贝型。这一研究支持了巴特勒的 S 形曲线。[2]

旅游地生命周期的影响因素包括旅游地容量和过度商业化[3][4]、旅游者群体的类型及其变化[5]、经济社会环境影响下的客源市场结构[6]、自然环境变化和休憩开发密度[7]、旅游竞争力维持[8]、旅游业自身的竞争性结构[9]（见表 2.8）。

---

[1] BUTLER R W. The concept of a tourist area cycle of evolution: implications for management of resources [J]. The Canadian geographer/Le Géographe Canadien, 1980, 24 (1): 5-12.

[2] LUNDTORP S, WANHILL S. The report lifecycle theory: generating processes and estimation [J]. Annuals of tourism research. 2001, 28 (4): 947-964.

[3] BUTLER R W. The concept of a tourist area cycle of evolution: implications for management of resources [J]. The Canadian geographer/Le Géographe Canadien, 1980, 24 (1): 5-12.

[4] DEBBAGE K G. Oligopoly and the resort cycle in the Bahamas [J]. Annals of tourism research, 1990, 17 (4): 513-527.

[5] PLOG S C. Why destination areas rise and fall in popularity [J]. Cornell hotel and restaurant administration quarterly, 1974, 14 (4): 55-58.

[6] STANSFIELD C. Atlantic City and the resort cycle background to the legalization of gambling [J]. Annals of tourism research, 1978, 5 (2): 238-251.

[7] MEYER-ARENDT K J. The grand isle, louisiana resort cycle [J]. Annals of tourism research, 1985, 12 (3): 449-465.

[8] COOPER C, JACKSON S. Destination life cycle: the Isle of man case study [J]. Annals of tourism research, 1989, 16 (3): 377-398.

[9] DEBBAGE K G. Oligopoly and the resort cycle in the Bahamas [J]. Annals of tourism research, 1990, 17 (4): 513-527.

表2.8 旅游地演化的影响因素及其复兴战略

旅游地演化的影响因素		旅游地复兴战略
内部因素	外部因素	
旅游资源特点 市场区位 旅游环境容量 旅游产品类型 旅游规划 企业营销 后续开发能力	社会经济条件 旅游地竞争 交通可达性 旅游偏好 政策因素 外部投资力度 突发事件	改善环境战略 重塑形象战略 深化内涵战略 产品组合战略 事件激活战略

2.3.3 城市旅游空间结构

宏观层面，莱佩尔（Leiper）强调旅游客源地、目的地和旅游通道三个空间要素，认为旅游空间系统是利用旅游通道将客源地与目的地相连接而构建的组合系统。❶ 皮尔斯（Pearce）对带状旅游核心—边缘空间结构进行了分析，把旅游核心区域划分为两个等级，沿一级和二级旅游核心环绕形成的边缘区域由内向外依次划分为1~4个旅游带。❷ 通过分析主岛屿和从属岛屿这一旅游空间结构，韦弗（Weaver）认为，旅游发展扩大了主岛屿和从属岛屿之间的空间关系，形成了环扣型旅游空间结构模式（见图2.1）。❸ 帕帕西奥多罗（Papatheodorou）从旅游流的角度探讨了区域性旅游核心—边缘空间结构的形成机制，认为该种空间结构的形成是客源地与目的地之间相互作用的结果，其影响因素包括了两地之间的社会、经济和文化交流等，并构建了基于旅游流的区域性核心—边缘空间结构模式。❹ 从微观层面上讲，旅游中

---

❶ LEIPER N. Tourism management [M]. Melbourne：TAFE Publication，1995.

❷ PEARCE D G. Tourism today：a geographical analysis [M]. London：Longman Press，1995：56-57.

❸ WEAVER D B. Peripheries of the periphery：tourism in Tobago and Barbuda [J]. Annals of tourism research，1998，25（2）：292-313.

❹ PAPATHEODOROU A. Exploring the evolution of tourism resorts [J]. Annals of tourism research，2004，31（1）：219-237.

心地理论指出旅游地是由旅游地内部的吸引物和旅游服务型设施、基础型设施共同形成的空间组织安排。[1] 20世纪80年代之后，我国以地理学者为主对旅游地空间组织形态的研究开始出现，主要研究内容包括空间尺度的旅游资源和旅游地区划[2][3]、区域旅游地域系统空间组织[4]、区域旅游空间演化的影响因素[5]、区域旅游系统空间结构的优化模式等。[6] 旅游目的地的核心表现有旅游区、旅游景（节）点以及旅游路径三种空间要素，高级别景区与旅游路径这两个因素对旅游地的区域发展影响较大，二者共同决定了区域旅游产业发展规模、空间分布以及旅游流向。[7]

城市旅游空间结构是依托城市空间结构形成的，城市产业布局、建筑格局、交通组织等很大程度上影响着城市旅游空间结构模式。城市旅游空间结构是城市游憩功能的空间表达。阿斯帕·戈斯泊迪尼（Aspa Gospodini）通过研究城市设计、城市空间形态以及城市旅游之间关系，认为影响旅游者偏好的因素之一是城市的空间形态，城市形态的改变、城市功能的改变或二者同时改变都丰富了城市旅游的多样性，增加了城市旅游的可选择性。如对城市滨水区的再开发利用现已成为城市旅游发展的重要途径之一。[8] 皮尔斯（Pearce）对典型的旅游空间分布及其旅游功能进行了研究，如地标性建筑、

---

[1] 林刚. 试论旅游地的中心结构——以桂东北地区为例 [J]. 经济地理，1996（2）：105-109.

[2] 秦关民. 旅游地理区划等级单位系统研究 [J]. 陕西师范大学学报（自然科学版），1992（3）：71-74.

[3] 秦关民. 旅游地理区划等级单位系统研究 [J]. 陕西师范大学学报（自然科学版），1992（3）：71-74.

[4] 黄泰，张捷，解杼，等. 基于区域城市体系的旅游地域系统空间组织研究——以江苏为例 [J]. 人文地理，2003（2）：49-54.

[5] 杨新军，马晓龙. 区域旅游：空间结构及其研究进展 [J]. 人文地理，2004（1）：76-81.

[6] 黄金火，吴必虎. 区域旅游系统空间结构的模式与优化——以西安地区为例 [J]. 地理科学进展，2005，25（1）：116-126.

[7] 杨新军，马晓龙. 区域旅游：空间结构及其研究进展 [J]. 人文地理，2004（1）：76-81.

[8] GOSPODINI A. Urban waterfront redevelopment in Greek cities, a framework for redesigning space [J]. Cities, 2001, 18 (5): 285-295.

排水系统等，了解不同旅游者对空间需求的差异，以期达到城市旅游对空间利用最大化。❶❷ 普雷斯顿-怀特（Preston-Whyte）通过对德班海边休闲空间的研究发现，休闲空间建设应结合当地特色资源，并以文化一致性为基调进行开发。❸

城市旅游空间结构的演化是由旅游主体（居民和游客的日常游憩、一日游或过夜游）、旅游客体（旅游景点、旅游节事、主题公园、现代城市休闲设施等）、旅游媒介（城市内外部旅游交通设施、基础设施、公共服务设施、宾馆和餐饮接待设施、康体娱乐设施等）三个子系统之间不断的联系和作用共同推进的。对于大都市旅游空间结构来讲，它是极化和分散两种力量不断对比、较量和抗衡的结果，空间结构成长演变方向呈现极核式—点轴式—网络式—圈层式的发展路径，即遵循点—轴—网—域面的一体化过程。❹

旅游地系统具有空间等级结构，高级旅游地系统统领次级旅游地系统，等级层次的变化会引起旅游区域等级结构的变化。旅游地系统的等级结构也受区域内城镇体系结构的影响。大都市通常是一个区域最高等级的旅游系统，围绕大都市形成的旅游目的地是一种特殊的大尺度旅游目的地系统，该系统是由诸多景区、城市旅游地、旅游带和旅游圈等组成，且各城市之间互为旅游目的地。旅游地开发以核心城市为中心向外扩散，大都市在区域旅游空间相互作用中具有中枢地位，呈现为旅游要素在城市间的相互流动及大都市向次级旅游地的垂直流动模式。❺ 受通勤成本、旅游地企业经营管理成本和空间阻力等因素影响，旅游需求随以大城市为中心的旅行距离的增加呈空间衰减性。旅游地具有不可移动性，旅游产品呈现可替代性和阴影效应。旅游地资源与企业之间存在空间竞争，需要引导广域旅游产业的合理空间配置。在

---

❶ PEARCE D G. Tourism in Paris studies at the microscale [J]. Annals of tourism research, 1999, 26 (1): 77-97.

❷ PEARCE D G. An integrative framework for urban tourism research [J]. Annals of tourism research, 2001, 28 (4): 926-946.

❸ PRESTON-WHYTE R. Constructed leisure space [J]. Annals of tourism research, 2001, 28 (3): 581-596.

❹ 吴国清. 都市旅游目的空间结构演化的网络化机理 [D]. 上海：华东师范大学，2008：37-42.

❺ 黄潇婷. 旅游者时空行为研究 [M]. 北京：中国旅游出版社，2011：16-17.

旅游需求与供给价格之间实现多重均衡，最终形成以大都市为核心的旅游圈层结构。大都市具有多中心性，不同的以城市为中心的旅游圈层结构产生空间相互作用，某些旅游地同时服务于多个城市，同心圆旅游圈层结构发生变形，变成多个中心封闭式环形结构（见图2.1）。

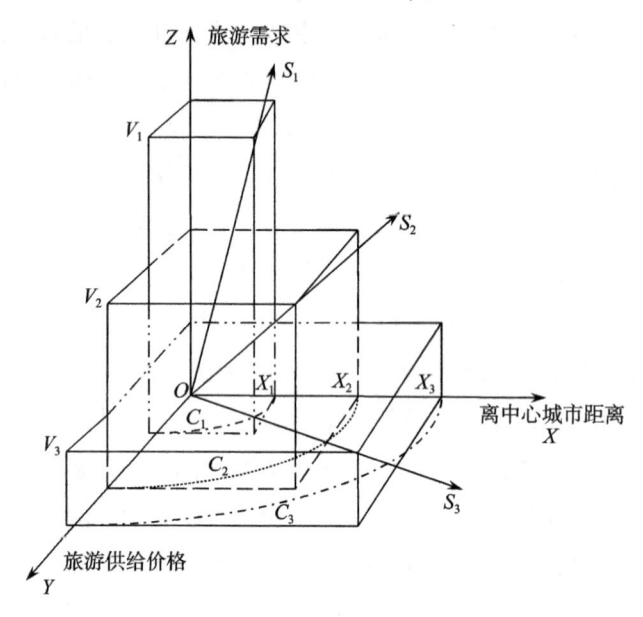

图 2.1　大都市旅游系统中单中心城市旅游空间发展模式

注：X轴表示离中心城市O的空间距离，Y轴、Z轴分别表示离中心城市O一定距离时的旅游供给价格和旅游需求总量，V_1、V_2、V_3为旅游经济总量，S_1、S_2、S_3为旅游空间发展方向，C_1、C_2、C_3为围绕中心城市O形成的圈层边界。

旅游系统（包括需求系统、供给系统和支持系统三部分）、旅游产业结构系统、区域旅游产业集群都是具有特定结构和功能的动态开放的复杂系统，与外部环境之间存在物质流、信息流、能量流交换，内部子系统、要素之间存在复杂的非线性相互作用以及外部因素影响下的"涨落"。旅游企业和旅游者等微观经济主体在市场经济条件下空间自组织，促进旅游生产要素的集聚与扩散，推动大都市旅游空间结构的完善。这种集聚与扩散的强度、内容和形式分别影响区域内部城市间相互作用强度、关联程度和作用方式（近邻扩散或等级扩散）。大都市旅游产业和空间在区域内的产业链条和价值空间增大，需要建立多主体、多中心和多种协调机制的管理制度，整合区域旅游资源、协调区域城市旅游的竞合关系、加强城市旅游合作和整体产品营销，对主体功能及产业结构、社会经济空间结构及支撑体系进行调整。

2.3.4 旅游中心地理论

克里斯泰勒的中心地理论是该理论发展的基础。该理论认为：中心吸引物是指少数中心地的生产和供给，由多数的客源市场来消费商品。旅游中心地即是供给中心吸引物职能的场所。以旅游中心地为中心的客源市场分布区域是市场腹地。旅游中心地级别有高低之分，经济距离是决定旅游产品和服务供给范围大小的重要因子。

旅游中心地在地域上体现出有规律的空间组织秩序，它受到资源条件、客源市场、区位条件和区位特征的多重影响。级别越高，旅游中心地吸引范围越大，低级别旅游地可能会因为新产品开发或区域交通条件的变化而跃迁为高级别中心地。不同旅游中心地在空间上形成多边形的空间分布格局，最理想的分布格局是正六边形。❶ 旅游中心地的具体内容包括组成要素、空间结构系统和职能。

（1）旅游中心地要素。一般来讲，旅游中心地等级的高低取决于城市在区域城镇体系中的位置。城镇职能的等级越高，所具有的促进旅游发展的基础设施、公共服务配套设施、软环境、公共政策等支持性因素越完善，旅游中心等级越高。

（2）旅游中心地空间结构。其主要包括三种要素：旅游节点（旅游中心地、旅游目的地，如中心城镇、旅游景区等）、旅游线路（旅行线路、旅游交通轴线等）、旅游域面（各类旅游节点等经济要素之间由空间竞合关系形成的旅游资源区、旅游功能区、旅游圈等）。这三种要素通过空间组合形成不同的空间系统。旅游地的演化即是点—线—域面的动态发展过程。❷

（3）旅游中心地职能。其表现为旅游地在区域旅游系统中所体现出来的

---

❶ 杜海忠. 对旅游区地域结构体系的初步探讨［J］. 重庆师范学院学报（自然科学版），2000（S1）：91-95.
❷ 卞显红. 长江三角洲城市旅游空间结构形成机制［M］. 上海：格致出版社，2008：176-184.

旅游流集聚、中转的作用。一般可以划分为五种职能：旅游交通服务、旅游接待服务、旅游信息服务、旅游管理服务和旅游集散服务。

2.3.5 休闲商务区

休闲商务区，也称游憩商务区、旅游商务区，它将休闲娱乐、主题旅游、精品购物等多种休闲娱乐产品加以整合，并与商务相结合形成新型休闲旅游产业，是当今国际城市形成的一种与商务中心功能相呼应的新兴产业区。1970年，斯塔斯菲尔德（Stasfield）和里克特（Rickert）研究旅游区购物的结构和功能特征时提出，休闲商务区是为满足季节性城市游客的需要，在城市的某一区域集中布置餐馆、娱乐及礼品商店的街区。这种以游憩和商业服务为主，结合各种活动设施（食、住、游、购、康体等）集聚的特定区域，形成的融合产业是城市游憩系统的重要组成部分。阿伦克尔特（Arenclt）对墨西哥湾海滨旅游胜地做了案例分析和理论补充。伯滕肖（Burtenshaw）通过对欧洲城市旅游业的研究，提出集中了城市大部分旅游活动的中心旅游区（central tourist district）的概念。盖兹（Getz）在斯塔斯菲尔德和里克特的休闲商务区理论上，提出了旅游商务区的概念，指出中央商务区、旅游吸引物以及必要服务之间在功能上存在一种协作关系，休闲商务区和中央商务区之间可能是相邻或重叠的。它可以延长旅游者的停留时间，但要加强开放空间的形象建设。❶ 斯蒂芬（Stephen）认为休闲商务区是布置在城镇或城市中，有纪念品店、旅游吸引物、饭店、小吃摊等且密度较高的特定区域，是能够吸引大量游客的零售商业区。综合来看，休闲商务区是以游憩和商业服务为主，结合各种活动设施（食、住、游、购、康体等）集聚的特定区域，该区域中的游憩产品和各类设施服务当地居民、游客等。

综上可知，工业区是大都市城市空间结构的重要组成部分，其生产生活空间的演变常带来城市整体空间结构的变化，是城市用地功能重置和城市更

---

❶ PEARCE D G. Tourism today: a geographical analysis [M]. London: Longman Press, 1995: 56-57.

新的关键区域。❶❷ 工业化时期，城市工业区布局快速推进了城市发展，之后，经济增长、人口扩张、公共空间需求等因素对城市发展空间提出新要求，而这些要求亟待内城传统工业衰退区空间进行改造。20世纪50年代后，随着城市产业集聚演替的不断变迁，欧美一些国家的大城市传统工业区逐渐被城市新建街区包围，工业区迁出造成城市中心大量工业遗址遗留、闲置，加之缺少财税投入和管理，带来土地环境污染、生活质量和就业率下降、人口外迁等问题。西方城市开发概念经历了五次转变，即城市重建、城市振兴、城市更新、城市再开发和城市再生。❸ 在经历传统工业经济衰退后，大都市的空间、产业、土地、交通等产业资源和公共资源重组及配置成为现代城市产业转型与提升城市品位和形象、满足人们休闲活动的关键。现代城市发展已经摆脱了工业城市化模式，城市消费由实体经济向文化经济转变，第三产业逐步推动了城市空间、职能转型以满足全球化高端产业链的发展需求。

---

❶ 周起业，刘再兴，祝诚，等. 区域经济学 [M]. 北京：中国人民大学出版社，1999：282-291.

❷ 殷祥瑞. 城市老工业区更新模式指标体系的构建与评价 [D]. 南京：东南大学，2009：11-17.

❸ 罗彦，朱荣远，蒋丕彦. 城市再生：紧约束条件下城市空间资源配置的策略研究——以深圳市福田区为例 [J]. 规划师，2010，26（3）：42-49.

第 3 章

大都市传统工业区休闲旅游转型价值与影响

　　全球化背景下，城市发展面临着产业结构调整的深刻变革，大都市以传统工业为主导的经济格局逐渐被第三产业取代，休闲旅游经济发展成为大都市传统工业区转型发展的重要途径。技术提升、开发理念、地方特色等一系列要素，决定了传统工业区的休闲旅游功能和空间置换是城市转型的重点。传统工业区休闲旅游转型发展是世界大都市发展中出现的普遍问题，也是中国现阶段城市化亟待解决的关键问题。

　　休闲旅游转型发展模式为大都市传统工业区转型提供了可行性路径，但传统工业区休闲旅游转型发展的研究尚待深入，转型更新过程中的模式选择、空间要素配置等方面缺乏有效实施路径。关于大都市传统工业区工业遗产开发的研究还相对薄弱，探索中国工业遗产发展和其他产业发展相协调的发展模式，有利于指导未来城市传统工业区的休闲旅游转型实践。

3.1 工业遗产与休闲旅游

3.1.1 工业遗产旅游研究的发展

工业遗产是工业革命的直接成果。20世纪50年代正式出现工业遗产研究，60年代取得较快发展。英国是开展工业遗产保护研究最早的国家。19世纪中期，英国开始重视工业遗产保护的问题，举办了与工业遗产相关的展览；20世纪80年代开始了对遗产产业的研究。[1] 发达国家从研究方法创新、组织机构建设和多样化功能开发和再利用模式探索等方面对工业遗产保护作出了积极努力。如1991年，耶鲁（Yale）的《从旅游吸引物到遗产旅游》，梳理了英国"工业考古"的有关研究，分类介绍了工业遗产旅游资源，并以英国第一个"世界遗产"——铁桥峡谷为案例地介绍其旅游发展历程[2]，这是综合介绍工业遗产保护和旅游开发的代表性成果。欧洲理事会1985年的"工业遗产，何种政策？"和1989年的"遗产与成功的城镇复兴"主题国际会议，以及历届国际工业遗产保护委员会大会上与工业遗产有关的研究论文、专题报告等学术成果，较多地涉及工业遗产保护与旅游开发。这些研究涉及的区域甚广，国外有关工业遗产的研究主要涉及欧洲、美洲（如美国、加拿大等）、大洋洲、亚洲（如日本等）。其中在欧洲地区，特别是英国、法国、西班牙、比利时、荷兰、瑞典等国家的研究较为集中，关于英国工业遗产的研究数量最多、内容相对丰富。国外工业遗产研究主要关注工业遗产的管理及利用、工业遗产保护、工业遗产与博物馆等方面。

随着近年来我国城市经济快速发展和城市工业布局的战略调整，工业遗产的战略抉择成为亟待解决的现实问题。1985年我国加入《保护世界文化和遗产公约》之后，逐渐开展了遗产研究。最初，遗产开发便与旅游相联系，

---

[1] 刘庆余，王乃昂，张立明，李钢. 中国遗产资源的保护与发展——兼论遗产旅游业的可持续发展[J]. 中国软科学，2005（6）：31-36.

[2] YALE P. From tourist attractions to heritage tourism [M]. ELM Publications，1991：97-153.

但"遗产旅游"的概念尚未引入，直到1999年遗产旅游的概念才开始出现。国内工业遗产旅游研究始于20世纪90年代，集中出现在21世纪初。2006年，无锡举行了首届中国工业遗产保护论坛，形成《无锡建议》，标志着我国工业遗产旅游进入了重要的转折阶段。

在大都市发展的层面，中国大都市的后工业化倾向已经开始出现，消费城市、创意城市的城市主题成为大都市融入世界产业职能体系的重要功能模块。北京、上海、天津等大多数一、二线城市都将工业区改造和工业遗产旅游作为重要产业方向。但是，中国相关研究还有待进一步深入，主要原因在于：①研究集中在工业遗产旅游开发本身和成功案例的经验总结上，未能将工业遗产旅游发展与所在地区的经济社会变革联系起来，没有突出其在城市化过程中的产业功能置换的空间效应，与解决城市社会问题的发展实践联系较弱。②对于工业遗产旅游研究的内容缺乏实质性、系统性的梳理总结。③研究者学科背景多为建筑学和社会学，研究内容多体现在工业遗产的社会文化意义及其历史遗存、工业厂房的再利用等相关方面（见表3.1），未能将其与城市更新、空间再生产的实践相联系。但事实上，工业遗产还具有社会价值、审美价值，与休闲旅游开发具有天然的关联性，通过促进工业区旅游业发展重塑区域产业增长极，是阐释工业遗产的意义和价值的关键，也是推动地区经济复苏的重要手段。

表3.1 不同学科对传统工业区更新研究的焦点

学科	研究焦点
地理学	探讨传统工业区转型模式、机制和空间效应
城市规划	关注旧工业地区、城市工业区、工业地段等更新发展策略、更新规划及实施等
景观建筑学	废弃工业地的环境更新，主要包括建筑外部环境和场地软质环境更新，形成后工业景观这一特殊的景观实践
建筑学	关注建筑群的适应性再利用及单体工业建筑的更新改造
遗产保护学	以保护为核心价值观，在城市层面上研究历史城镇保护，在地段层面上研究工业遗址保护，在建筑层面上研究工业历史建筑保护
生态学、经济学	结合城市发展研究旧工业区更新

3.1.2 工业遗产旅游的价值维度

3.1.2.1 区位和土地价值

大都市传统工业区的工业用地布局对城市用地形态影响巨大：①工业集中布局促成了工业地带或城市集聚区形成；②工业用地集中布局促成以母城为中心，市郊工业区、卫星城镇为分支的组合城市；③工业区布局促成了多功能综合区和带形城市的发展。工业化时期，城市传统工业区多发展重化工业企业，一方面大大刺激了城市经济增长，另一方面给城市生态环境造成巨大威胁。随着生产技术发展，工业产品的技术密集程度下降，产品生命周期经历创新、扩张、成熟阶段之后❶，逐渐走向衰退。后工业化时期，大都市传统工业区功能和性质陈旧，面临着物质性、结构性调整与更新，应建立新型产业体系、优化城市生产生活空间结构，以遏制经济衰退，保证城市可持续发展。

与一般城市相比，大都市传统工业区占地规模大、涉及人员多，通常占据城市区位优越地段❷，交通便捷、商业价值高、土地增值潜力明显。在新产业空间（房地产、创新园区、商业地产等）发展中呈现出较大的经济增长潜力，同时有利于提高地区居民的公共福利，遏制生态环境质量下滑。传统工业区以调整产业结构、引入活跃经济元素来升级传统优势产业、培育新兴产业，形成新经济增长点，可有效增加就业岗位、优化土地资源配置、改善环境和保护地方文化。❸❹ 休闲旅游转型发展对大都市用地功能重组、城市更新及整个城市和区域的长远发展意义重大。

---

❶ 陈秀山. 从"福特主义"到"后福特主义"——区域经济发展面临的新挑战[J]. 经济理论与经济管理, 2003（9）：67-70.

❷ 杨嚣. 老工业区经济调整与转型分析——德国鲁尔工业区的案例研究[D]. 杭州：浙江大学, 2004：4-24.

❸ 张卫宁. 改造性在利用——一种再生产的开发方式[J]. 城市发展研究, 2002, 9（2）：51-54.

❹ 周庆华, 雷会霞, 陈晓键. 探索城市旧工业区改造的和谐之路——西安纺织城改造规划研究[J]. 城市规划, 2009, 33（3）：67-70, 86.

3.1.2.2 社会文化价值

工业遗产是城市文化遗产的重要组成部分，具有历史、文化、技术、美学等多重价值。遗产是最为重要、发展最为迅速的旅游组成部分。遗产旅游可以增加收入、巩固社区品牌和特征，这也是遗产景点和旅游规划中的主要目标之一。❶ 景观与旅游地历史紧密相关，遗产和文化属于第二突出范畴。❷ 遗产旅游地城镇化为地方经济增长贡献巨大，但此类遗产地文化越来越表现为由游客创造，且是针对游客的文化。这个过程并非简单的"真实地方空间向虚假旅游者空间"的转型，城市的历史身份是通过本地人和游客之间的作用表现出来的。遗产是特定地点具有不同特征、记忆和历史的不同组织之间复杂斗争的结果。❸ 地方领导的遗产商业开发，并非意识形态原因，而是纯粹的经济考量。遗产作为盈利和游客渴望的主体，并非因为遗产是历史的表现，而是遗产主要作为一个灵活的商品，其意识形态也具有经济价值。❹ 卡顿（Caton）认为遗产旅游者并没有表现出旅游文学概念的怀旧特征，而更注重的是旅游经历。❺ 萨默比（Summerby）探讨了萨克威尔（Sackville）、新不伦瑞克（New Brunswick）两个铸造厂工业形象展现和重构的方式，认为遗产话语是通过重塑回忆、商品化和消费过程创造的。对旧工业某些方面的纪念、商品化和消费是创建地方身份、遗产话语的重要手段；由此产生的过度浪漫

---

❶ ÇELA A, LANKFORD S, KNOWLES-LANKFORD J. Visitor spending and economic impacts of heritage tourism: a case study of the Silos and Smokestacks National Heritage Area [J]. Journal of heritage tourism, 2009, 4 (3): 245-256.

❷ HANKINSON G. The brand images of tourism destinations: a study of the saliency of organic images [J]. Journal of product & brand management, 2004, 13 (1): 6-14.

❸ HUBBARD P, LILLEY K. Selling the past: heritage–tourism and place identity in Stratford-upon-Avon [J]. Geography, 2000: 221-232.

❹ MCMORRAN C. Understanding the "heritage" in heritage tourism: ideological tool or economic tool for a Japanese hot springs resort? [J]. Tourism geographies, 2008, 10 (3): 334-354.

❺ CATON K, SANTOS C A. Heritage tourism on Route 66: Deconstructing nostalgia [J]. Journal of travel research, 2007, 45 (4): 371-386.

化和神圣化的景观与地方特征显得格格不入。❶

3.1.2.3 休闲旅游开发价值

历史建筑和历史区域在繁荣经济、贸易、就业以及环境生态重塑等方面作用显著，工业遗产景点开发符合可持续发展目标。❷❸ 1977年，索尔兹伯里、阿伦德尔、伍德斯托克等地区的工业遗产、古迹、历史建筑和历史区域至少赚得5亿英镑外汇。❹ 1790年，黑石谷以棉花加工业出名，成为"美国梦"梦想之地；20世纪40年代，棉花加工业衰落、经济下滑、人口外流；1986年，美国国家公园管理局颁布特殊法令，利用黑石谷历史文化、景观资源吸引旅游者；2004年，黑石谷私人投资已经超出国家公园管理局投资的15倍。❺ 2005年，"澳门历史城区"被联合国教科文组织列入世界遗产名录，增强了澳门的历史吸引力，同时给予澳门这个综合型旅游地新的旅游内容（包括赌博娱乐、遗产旅游）。❻ 遗产旅游产品开发与保护同等重要❼，在澳大利亚悉尼内城乌鲁姆鲁指形码头，旅游成为城市工业遗产地保护的有力手段，市中心传统工业区从废弃状态被重新开发转变为一个广受欢迎的休闲游憩区。❽ 在自然资源非优区域

---

❶ SUMMERBY MURRAY R. Interpreting deindustrialised landscapes of Atlantic Canada: memory and industrial heritage in Sackville, New Brunswick [J]. The Canadian geographer/Le Géographe Canadien, 2002, 46 (1): 48-62.

❷ EDWARDS J A, I COIT J C L. Mines and quarries: industrial heritage tourism [J]. Annals of tourism research, 1996, 23 (2): 341-363.

❸ COLE D. Exploring the sustainability of mining heritage tourism [J]. Journal of sustainable tourism, 2004, 12 (6): 480-494.

❹ BINNEY M, HANNA M. Preservation pays: tourism and the economic benefits of conserving historic buildings [M]. London: Save Britain's Heritage, 1978: 135-152.

❺ BILLINGTON R. Federal leverage attracts private investment at US heritage sites: a case study [J]. International journal of heritage studies, 2004, 10 (4): 349-359.

❻ UNG A, VONG T N. Tourist experience of heritage tourism in Macau SAR, China [J]. Journal of heritage tourism, 2010, 5 (2): 157-168.

❼ 谢朝武，郑向敏. 关于文化遗产旅游研究的若干思考 [J]. 桂林旅游高等专科学校学报, 2003 (2): 27-31.

❽ FIRTH T M. Tourism as a means to industrial heritage conservation: Achille's heel or saving grace? [J]. Journal of heritage tourism, 2011, 6 (1): 45-62.

的工业遗产旅游景区（点）进行国家遗产投资，可以实现旅游业空间的分布平衡，减缓热点旅游地区压力。[1]但是，位置偏僻、景点分隔、规模小、缺乏个性、环境差等因素将影响遗产旅游吸引物开发价值。[2]工业遗产旅游吸引物与周边景点相结合，作为区域旅游产品的补充，产业定位更为合适，成功的概率也将会更大。[3]

大都市传统工业区在经历就业、环境质量下降的创伤之后，寻找新经济活动推进可持续发展具有政治优先权。它集中了工业遗产景点、文物的旅游发展潜力及统一的地区发展规划，为旅游业提供了一个适合在工业社区环境中的发展模式。但是，文化特征复兴是比较困难的，对于规划者和旅游营销人员来说，工业废弃景观向休闲旅游领域转变是一个重大挑战。如比利时琳堡（Limberg）地区产业转型历经多年的政治激辩后，休闲旅游转型发展才得到认可。[4]传统工业区休闲旅游转型重构过程中应关注遗产旅游点规划和管理，通过有形资产的利用更好地保护工业遗产的非物质价值，创建一个对于游客和地方利益相关者都较为真实和有意义的旅游区。[5]仅仅基于遗产历史或遗址保护是不够的，工业遗产旅游开发是否可行需要分析旅游市场价值，研究客源市场区位特征、需求规模、消费水平和结构及交通联系。[6]城市工业遗产景区（点）开发需要具有独特性、解释力和演示性、吸引力，必须适应游客和居民的双重需求，从供求两方面分析旅游价值，完善旅游业的发展

---

[1] BINNEY M, HANNA M. Preservation pays: tourism and the economic benefits of conserving historic buildings [M]. London: Save Britain's Heritage, 1978: 135-152.

[2] MCKERCHER B, HO P S Y. Assessing the tourism potential of smaller cultural and heritage attractions [J]. Journal of sustainable tourism, 2006, 14 (5): 473-488.

[3] EDWARDS J A, I COIT J C L. Mines and quarries: industrial heritage tourism [J]. Annals of tourism research, 1996, 23 (2): 341-363.

[4] JONSEN-VERBEKE M. Industrial heritage: a nexus for sustainable tourism development [J]. Tourism geographies, 1999, 1 (1): 70-85.

[5] FIRTH T M. Tourism as a means to industrial heritage conservation: Achille's heel or saving grace? [J]. Journal of heritage tourism, 2011, 6 (1): 45-62.

[6] 叶瀛舟, 厉双燕. 国内外工业遗产保护与再利用经验及其借鉴 [J]. 上海城市规划, 2007 (3): 50-53.

计划，同时管理者有责任为后代发展负责。❶❷

3.2 休闲旅游与城市发展之间的关系

3.2.1 休闲旅游产业是城市转型的重要路径

休闲旅游作为一项产业，具有很强的产业渗透性和关联性，与其他产业具有明显的融合特征。❸ 这种产业融合是"为了适应产业增长而发生的产业边界的收缩或消失"❹❺，改变了原有产业的特征，加强了产业间的竞争合作关系、降低了交易成本，刺激了市场需求，从而影响企业战略管理和政策发展。❻❼❽ 休闲旅游产业与其他产业或产业内部的不同行业之间相互渗透、相互融合，形成新产业或对原有产业进行改造。❾ 在开放的旅游产业系统内，产业系统的各构成要素的变革在扩散过程中引起不同产业要素之间的相互竞争、相互协作与共同演进，进而形成一个新兴产业，包括技术、

---

❶ UNG A, VONG T N. Tourist experience of heritage tourism in Macau SAR, China [J]. Journal of heritage tourism, 2010, 5 (2)：157-168.

❷ MILLAR S. Heritage management for heritage tourism [J]. Tourism management, 1989, 10 (1)：9-14.

❸ 张佰瑞. 产业融合与北京旅游业的发展 [J]. 城市问题, 2009 (9)：69-77.

❹ YOFFIE D B. Competing in the age of digital covergence [M]. New York：The president and Fellow of Harvard Press, 1997：12-34.

❺ GREENSTEIN S, KHANNA T. What does industry convergence mean [C]//YOFFIE D B. Competing in the age of digital convergence. Boston：Harvard Business School Press, 1997：201-226.

❻ 戴双兴. 产业融合与产业竞争力的提升 [J]. 山东工商学院学报, 2004, 18 (5)：14-17.

❼ 程锦, 陆林, 朱付彪. 旅游产业融合研究进展及启示 [J]. 旅游学刊, 2011, 26 (4)：13-19.

❽ 左学金, 等. 世界城市空间转型与产业转型比较研究 [M]. 北京：社会科学文献出版社, 2011：132-149.

❾ 张辉, 秦宇. 中国旅游产业转型年度报告2005：走向开放与联合的中国旅游业 [M]. 北京：旅游教育出版社, 2006：224-234.

企业、产品、市场、制度五方面的融合。❶

休闲旅游转型是城市更新的重要内容。城市更新，广义上涵盖了西欧国家自二战至今的一切城市建设，一般是指通过城市干预（政策、经济、空间、文化、环境等）改善基础设施、交通、土地利用、产业经济等方面的城市问题；狭义上是指20世纪70年代为解决内城衰退而采取的城市发展手段。1958年，荷兰海牙城市更新研讨会认为：城市更新是人们对于街道、环境或土地利用方面的大规模改善，以形成良好的生活环境和市容。❷ 根据众多学者的研究成果，可以看出城市更新在不同的发展时期所采用的发展战略、工作重点、主要内容都有较大区别。

传统工业区多保存有反映城市发展的历史遗迹和文化脉络，是城市休闲旅游和文化产业发展的重要资源。可以通过休闲旅游发展，完善城市文化旅游功能，改善公共设施和环境，带动就业和经济增长，促进产业转型，推动城市更新。其主要包括三种措施：①挖掘历史文脉，重现当地有特色的历史文化街区，如丽江古城、巴黎老城街区、伯明翰Soho House 历史街区；②通过大型项目，建设城市旅游和文化地标，重建城市形象；③形成创意产品与城市文化结合的创意街区，如英国曼彻斯特的旧工业区发展会议旅游，重新塑造城市形象。

3.2.2 休闲旅游引导城市更新与经济复兴

大城市工业化后期往往面临着"退二进三"（第二产业退出，发展第三产业）的现实问题，现代服务业成为城市寻求新动力的核心，城市功能结构调整和地区活化需要强调工业遗产保留和改造发展，以提升城市功能、优化产业空间，促进城市经济转型和土地集约利用，为城市产业升级提供空间载体。旅游是一种后现代文化，具有经济、政治和文化的多元维度，旅游业已经成为西方传统工业化城市经济复兴的重要部门和动力❸，通过对遗产的部署，旅游产

---

❶ 徐虹，范清. 我国旅游产业融合的障碍因素及其竞争力提升策略研究［J］. 旅游科学，2008，22（4）：1-5.

❷ 朱启勋. 都市更新——理论与范例［M］. 台北：台隆书店，1982：224-227.

❸ ROCHE M. Mega-events and micro-modernization: on the sociology of the new urban tourism［J］. British journal of sociology，1992：563-600.

业增强了地方推广活动的效果,旗舰项目和基础设施支持了商业发展。❶

工业遗产保护与旅游化利用可以引导传统工业区的空间规划——通过旧工业区的保护性再利用,活化城市功能,形成特色产业空间。澳大利亚悉尼内城乌鲁姆鲁指形码头的工业遗产开发为现代居民展现了一个熟悉的工业场景——由市中心的废弃老工业区转换为一个广受欢迎的休闲游憩区。❷ 宾尼(Binney)以索尔兹伯里、阿伦德尔、伍德斯托克、百老汇、平·卡姆登等地区为案例地的研究表明,1977年,工业遗产、古迹、历史城镇、教堂、历史园林等历史遗产的旅游业发展,至少赚得5亿英镑的外汇。❸ 美国很多城镇都拥有遗产旅游,目的是刺激经济增长,吸引新的商业企业和产业。❹ 曾经一度衰落的美国工业城市,如马萨诸塞州的洛厄尔(Lowell)、新泽西州的帕特森(Paterson)、亚拉巴马州的伯明翰(Birmingham)等地,已经通过回收和促进文化建筑遗产吸引小企业投资和旅游发展等一系列措施实现了城市的再度繁荣。❺ 而在加拿大,工业遗迹点的复兴构成了大西洋省区景观的重要组成部分。萨克威尔(Sackville)、新不伦瑞克(New Brunswick)周边两个19世纪末20世纪中期建成的铸造厂,通过工业形象展现和重构的方式创造了两地的地方身份。❻ 霍斯珀斯(Hospers)探讨了欧洲传统工业区退出规划领域的工业遗产旅游的发展趋势,表明前工业遗迹发展旅游是一项有效的区域更新策略。❼

---

❶ COLES T. Urban tourism, place promotion and economic restructuring: the case of post-socialist Leipzig [J]. Tourism geographies, 2003, 5 (2): 190-219.

❷ FIRTH T M. Tourism as a means to industrial heritage conservation: Achille's heel or saving grace? [J]. Journal of heritage tourism, 2011, 6 (1): 45-62.

❸ BINNEY M, HANNA M. Preservation pays: tourism and the economic benefits of conserving historic buildings [M]. London: Save Britain's Heritage, 1978: 135-152.

❹ HOWELL B J. Weighing the risks and rewards of involvement in cultural conservation and heritage tourism [J]. Human organization, 1994, 53 (2): 150-159.

❺ MCNULTY R H. Revitalizing industrial cities through cultural tourism [J]. International journal of environmental studies, 1985, 25 (4): 225-228.

❻ SUMMERBY M R. Interpreting deindustrialised landscapes of Atlantic Canada: memory and industrial heritage in Sackville, New Brunswick [J]. The Canadian geographer, 2002, 46 (1): 48-62.

❼ HOSPERS G J. Industrial heritage tourism and regional restructuring in the European Union [J]. European planning studies, 2002, 10 (3): 397-404.

同时，工业遗产旅游促进的休闲旅游发展可以推动城市特色、形象重构和品牌形成。工业遗产的空间性、时间性与城市文化空间的时间维度、情感维度契合共生，工业遗产是建构和培育城市文化空间的重要内容。遗产本身具有不同的经济和文化功能。❶ 同时，由遗产旅游带动的城镇化发展给地方经济增长带来巨大贡献；但是，城镇营销产生一系列地方特征保护和商品化的争议，城镇的遗产文化越来越多地由游客创造，而且是针对游客的❷，这一点在后续发展中需要注意。社区领导者可以通过制造新的合作关系，帮助控制遗产旅游发展的数量和质量，发展旅游业的同时要保留当前居民休闲游憩和交通的需求，检视规划的环境影响，并说明社会各界对旅游业增长的投资是可控的、有益的。❸

当旧工业区失去了产业功能，大都市工业遗产进行休闲旅游改造并具有政治优先权、区位优势、建筑结构优势等时，工业遗产推动的休闲旅游功能重构和再开发就成为城市传统工业区休闲旅游转型发展的重要内容之一。近年来，城市建设的快速发展使得工业遗产面临拆除或再利用的抉择，如何筛选具有重大历史价值和文化意义的工业遗产，并对其进行保护和再利用，是未来一段时间我国必须面对的一项重要课题。

3.2.3 增加休闲旅游功能是城市转型的重要内容

欧美城市在转型过程中都大力发展现代服务产业，如伦敦重铸了金融制度，鲁尔发展了工业会展和工业遗产旅游，巴黎成为时尚之都，汉堡发展现代航运服务，匹兹堡发展工业设计、科技研发等生产型服务业，纽约成为国际城市现代服务业发展的标杆。❹ 这些城市转型的成功之处在于根据区域产

---

❶ GRAHAM B. Heritage as knowledge: capital or culture? [J]. Urban studies, 2002, 39 (6): 1003-1017.

❷ HUBBARD P, LILLEY K. Selling the past: heritage-tourism and place identity in Stratford-upon-Avon [J]. Geography, 2000: 221-232.

❸ MCNULTY R H. Revitalizing industrial cities through cultural tourism [J]. International journal of environmental studies, 1985, 25 (4): 225-228.

❹ 左学金，等. 世界城市空间转型与产业转型比较研究 [M]. 北京：社会科学文献出版社，2011：67-225.

业基础进行产业升级或产业转换，大力发展现代服务业，保留更新制造产业，通过区域、城市规划促进中心城区复兴、卫星城建设和基础设施建设，强调城市设计、景观设计和土地利用计划的整合，实现对城市空间的秩序重构；同时制定传统产业升级扶持、产业转型的人才计划、历史文化保护以及环境保护的相关制度，作为转型的政策保证。到20世纪末，发达国家的主要大都市（如纽约、伦敦、东京、巴黎等）已经基本完成经济转型。当前，这些国际大都市经济发展的主要趋势是把城市建立在知识经济、现代服务经济、休闲经济和都市型工业经济兼有的多元化经济基础之上。❶后工业化时期，城市多中心的形成，使得中心城区多元化、高级化，以及城市功能空间分散化布局；现代服务业集聚区、都市型工业区、高新技术区等多种灵活性空间组团分散了城市整体性，形成了新兴的金融区、文化产业园区、会展中心、商业中心、文化娱乐中心等中心区、综合体和专业化街区三种类型。❷

我国以北京、上海、广州为代表的大都市仍然处于产业经济转型期，产业和空间置换的速度明显加快，一些大都市的工业已经迁出城市，部分地块已经进行了改造。都市空间体现出功能的多元化特征，金融商务、文化创意、会展博览、休闲旅游等功能逐渐构成城市的空间主体。由城市建筑高度、密度、容积率和风貌构成的现代都市景观展现现代城市魅力。

3.3 休闲旅游转型发展的服务对象

3.3.1 休闲旅游者

遗产的休闲旅游者是文化遗产景点服务检验的重要评估点。性别、年龄、教育水平等人口社会学特征影响遗产旅游者在需求、游览方式和空间行为上的选择。工业遗产游客多来自于中产阶级，他们更容易受到逃离工作压力的

---

❶ 张庭伟，王兰. 从CBD到CAZ：城市多元经济发展的空间需求与规划［M］. 北京：中国建筑工业出版社，2010：35-67.

❷ 陈有川，孙博，尹宏玲. 产业结构高度化对城市生产性空间的影响研究［J］. 地域研究与开发，2009，28（2）：1-4.

诱导，老年游客更偏好参观那些可达性较低、设施相对较少、具有真实历史底蕴且发展水平相对较低的遗迹。❶❷❸❹❺❻ 工业遗产旅游者选择的主要影响因素包括工业怀旧和回忆、好奇心、促销信息、旅行经验、旅行时间、性别、家人或朋友推荐、旅行距离。❼❽❾❿ 空间距离对遗产旅游者的旅游产品和目的地选择产生影响，市场发展需要开展相应的产品开发和营销策略。⓬⓭

---

❶ LIGHT D, PRENTICE R C, ASHWORTH G J, et al. Who consumes the heritage product? Implications for European heritage tourism. Building a new heritage：tourism, culture and identity in the New Europe [M]. London：Routledge, 1994：90–104.

❷ KERSTETTER D L, CONFEr J J, GRAEFE A R. An exploration of the specialization concept within the context of heritage tourism [J]. Journal of travel research, 2001, 39（3）：267–274.

❸ ESPELT N G, BENITO J A D. Visitors' behavior in heritage cities：the case of Girona [J]. Journal of travel research, 2006, 44（4）：442–448.

❹ KAUFMAN T J, WEAVER P A. Heritage tourism：a question of age [J]. Asia Pacific journal of tourism research, 2006, 11（2）：135–146.

❺ STODDARD J E, EVANS M R, DAVÉD S. Sustainable tourism the case of the Blue Ridge National Heritage Area [J]. Cornell hospitality quarterly, 2008, 49（3）：245–257.

❻ TCHETCHIK A, FLEISCHER A, SHOVAL N. Segmentation of visitors to a heritage site using high-resolution time-space data [J]. Journal of travel research, 2009, 48（2）：216–229.

❼ ÇELA A, LANKFORD S, KNOWLES-LANKFORD J. Visitor spending and economic impacts of heritage tourism：a case study of the Silos and Smokestacks National Heritage Area [J]. Journal of heritage tourism, 2009, 4（3）：245–256.

❽ KERSTETTER D L, CONFER J J, GRAEFE A R. An exploration of the specialization concept within the context of heritage tourism [J]. Journal of travel research, 2001, 39（3）：267–274.

❾ MCINTOSH A J. Into the tourist's mind：understanding the value of the heritage experience [J]. Journal of travel & tourism marketing, 1999, 8（1）：41–64.

❿ CHEN J S, KERSTETTER D L, GRAEFE A R. Tourists' reasons for visiting industrial heritage sites [J]. Journal of hospitality & leisure marketing, 2001, 8（1–2）：19–31.

⓫ BREATHNACH T. Looking for the real me：locating the self in heritage tourism [J]. Journal of heritage tourism, 2006, 1（2）：100–120.

⓬ LIGHT D, PRENTICE R C, ASHWORTH G J, et al. Who consumes the heritage product? Implications for European heritage tourism. Building a new heritage：tourism, culture and identity in the New Europe [M]. London：Routledge, 1994：98–116.

⓭ STODDARD J E, EVANS M R, DAVÉD S. Sustainable tourism the case of the Blue Ridge National Heritage Area [J]. Cornell hospitality quarterly, 2008, 49（3）：245–257.

3.3.2 社区居民

失业增多、人才外流、环境恶化是传统工业社区面临的重大问题。传统工业区的休闲旅游转型必须考虑社区居民再就业、生活环境的改造和更新。转型之后，如果使当地人拥有商店和餐馆的机会增多，可供当地人使用的零售商店与餐馆增多，社区居民生活水平得到提高，将得到拥护。❶❷ 社区参与和社区福利是旅游发展成功的重要保障，休闲旅游转型也应充分考虑社区居民的需求，使之成为当地社区居民的消费和休闲中心。

3.3.3 城市投资商

大都市是城市商业零售投资吸引力最高的地区。❸ 对于房地产、零售商业投资商来讲，它往往具有区位交通便利、不动产增值快、较高的人口消费门槛、接近顶层分销商以及快速消费方式等商业优势。其倾向于建立面向居民和旅游者多种市场对象，融合日常消费、旅游购物、休闲观光、文化体验等功能于一体的现代商业综合体。

城市管理者需要根据传统工业区的历史文化特质，制定合理的区域发展规划、引资策略，布局合理的公共服务设施，吸引并筛选商业投资者，同时考虑政府、地方社区、城市商业投资商和旅游者的多元需求，在公共和私人空间形态下寻找多方利益主体之间的利益平衡点。

3.4 传统工业区休闲旅游转型作用

工业遗产是工业革命的最直接成果，其研究具有历史必然性。20 世纪 50

---

❶ MATHIESON A, WALL G. Tourism: economic, physical and social impacts [M]. London: Longman, 1982: 16-24.

❷ HJERPE E E, KIM Y S. Regional economic impacts of Grand Canyon river runner [J]. Journal of environmental management, 2007, 85 (1): 137-149.

❸ 中国内地 18 座城市商业零售投资吸引力排名 [EB/OL]. (2011-05-25) [2022-04-21]. http://www.linkshop.com/news/2011163414.shtml.

年代正式出现了工业遗产研究，60年代取得较快发展。英国是工业遗产保护研究最早的国家。19世纪中期，英国开始重视工业遗产保护的问题，举办了与工业遗产相关的展览，20世纪80年代开始了对遗产产业的研究。发达国家从创新研究方法、建设组织机构、探索多样化功能开发和再利用模式等方面对工业遗产保护作出了积极努力。

3.4.1 工业遗产旅游促进产业置换、经济复兴和城市空间重构

从工业遗产保护到工业遗产旅游以解决传统工业区经济复兴，这一发展策略在西方国家经历了漫长的道路。如19世纪50年代，英国开始意识到工业遗产的保护问题，到1971年布里斯托工业遗产旅游项目的开展，历经100余年；德国鲁尔工业区在逆工业化和区域衰退的时代背景下，经历了10多年的探索，才真正在区域综合整治和发展中融入旅游开发。比利时琳堡地区的产业转向就是一场历经多年的政治激辩，直到21世纪初，旅游的发展潜力才得到认可，规划将其从一个废弃矿区建设成为一个成熟的旅游目的地。[1] 南威尔士（South Wales）布莱纳文（Blaenavon）的大坑采矿博物馆（Big Pit Mining Museum）于1979年构思，1983年建成。1994年5月，南威尔士同意英国国家图书馆和画廊保留博物馆，以留给子孙后代。[2] 许多地区选择利用工业遗产，甚至是不得已而为之，因为拆迁一座巨大的钢铁厂，比把它建成一座博物馆耗费的财力和物力要大得多。[3]

工业遗产旅游业发展增加了工作岗位和财富[4]，改善了居民生活质量和社会福利。工业遗产旅游是欧洲服务经济中工业领域的有趣"新组合"，但它的效应在区域重构中可能受到限制，工业遗产再利用也可以用于其他经济

---

[1] JONSEN-VERBEKE M. Industrial heritage: a nexus for sustainable tourism development [J]. Tourism geographies, 1999, 1 (1): 70-85.

[2] WANHILL S. Mines—a tourist attraction: coal mining in industrial South Wales [J]. Journal of travel research, 2000, 39 (1): 60-69.

[3] 文可馨. 城市工业遗产能否成为旅游大餐 [N]. 中国旅游报，2006-12-13 (11).

[4] COLES T. Urban tourism, place promotion and economic restructuring: the case of post-socialist Leipzig [J]. Tourism geographies, 2003, 5 (2): 190-219.

活动，而不仅仅是旅游业。❶ 旧工业区失去了产业功能，在振兴区域经济、解决就业岗位和环境质量下降、经济增长停滞等问题上具有政治优先权。旅游业为传统工业区工业遗产和文物的再利用提供了一个发展模式——通过地区发展规划定位区域产业的新增长点。❷ 随着后工业城市传统经济活动的衰弱，和城市更新有关的重大事件变得日益重要。如英国曼彻斯特积极寻求旅游和文化项目，通过英联邦运动会等节事展示城市魅力吸引游客，加速了城市更新进程。❸ 也有研究者认为开发融合商业活动的功能空间比单独的旅游区更为有效。吉布森（Gibson）等对加拿大和英国三个案例地的研究发现，鼓励零售或办公租赁促进增收的地区要比那些更依赖旅游和休闲的地区拥有更好的发展前景。❹

3.4.2　工业遗产旅游推动城市特色、形象重构和品牌形成

工业遗产是城市文化遗产的重要组成部分，具有历史、文化、技术、美学等多重价值，是建构和培育城市文化空间的重要内容。城市文化空间由传统文化的历史空间、现实文化的多元化空间和未来文化的伸展空间三个维度构成，工业遗产与当下文化直接关联，包含着人们深刻的城市工业记忆及其生活方式、情感经验。❺ 遗产本身就是概念化的东西，是过去附加于现在的意义，并被视为社会、政治和文化等知识的展现。遗产在知识经济根深蒂固的地方，对于创造地方代表物具有重要作用。❻ 墨菲（Murphy）等认为塑造英国后工业城市文化旅游的成功发展具有一些共性因素，通过对格拉斯哥

---

❶ HOSPERS G J. Industrial heritage tourism and regional restructuring in the European Union [J]. European planning studies, 2002, 10 (3): 397-404.

❷ JONSEN-VERBEKE M. Industrial heritage: a nexus for sustainable tourism development [J]. Tourism geographies, 1999, 1 (1): 70-85.

❸ CARLSEN J, TAYLOR A. Mega-events and urban renewal: the case of the Manchester 2002 Commonwealth Games [J]. Event management, 2003, 8 (1): 15-22.

❹ GIBSON H J. Active sport tourism: who participates? [J]. Leisure studies, 1998, 17 (2): 155-170.

❺ 王鑫. 工业遗产与城市文化空间构建研究——以北京和沈阳为对比 [J]. 中国名城, 2014: 50-54.

❻ GRAHAM B. Heritage as knowledge: capital or culture? [J]. Urban studies, 2002, 39 (6): 1003-1017.

(Glasgow)从事旅游经济和文化发展的工作者的深度访谈的研究表明,地方背景特征使得每个城市都各具特色。❶ 大城市传统工业区的工业遗址和遗迹,可以注入旅游业、商业、休闲服务业、艺术、会展等概念和功能,突出时尚、怀旧元素,改造成为工业遗产主题公园、工业旅游城等迎合都市人群品味的游憩商业空间,同时达到保护和开发的双重目标。❷❸

3.4.3 工业遗产旅游助推区域和城市全球化

(1) 遗产话语与地方嵌入。

城市、地区,甚至是国家之间的旅游竞争,都是去规划新的、提示性形象,以及具有特殊属性的"生产场所"。❹ 遗产在地方"异质化"扩散过程中起着重要作用❺,作为经济资源吸引力的基础要素,这种资源通过保护、修复和翻新项目,进而影响自然、建筑环境,强调地方之间的差异性。

遗产话语通过重塑回忆、商品化和消费创建地方特征❻,并通过旅游形式展现。遗产不是"虚假的历史",而是特定地点具有不同特征、记忆和历史的不同组织之间复杂斗争的结果。❼ 工业遗产作为文化和生产遗址,反映了人类活动与环境相互作用下的地区社会变迁过程,表现出人类作用于自然环境的物质和象征效应。工业遗产旅游发展中,从工业废弃景观向旅游领域

---

❶ MURPHY C, BOYLE E. Testing a conceptual model of cultural tourism development in the post-industrial city: a case study of Glasgow [J]. Tourism and hospitality research, 2006, 6 (2): 111-128.

❷ 杨宏伟. 我国老工业基地工业旅游现状、问题与发展方向 [J]. 经济问题, 2006, 9 (1): 72-74.

❸ 骆高远. 我国的工业遗产及其旅游价值 [J]. 经济地理, 2008, 28 (1): 173-176.

❹ REVILL G. Working the system: journeys through corporate culture in the "Railway Age" [J]. Environment and planning D: society and space, 1994, 12 (6): 705-725.

❺ WALSH K. The representation of the past: museums and heritage in the post-modern world [M]. London: Routledge, 2002: 18-54.

❻ JONSEN-VERBEKE M. Industrial heritage: a nexus for sustainable tourism development [J]. Tourism geographies, 1999, 1 (1): 70-85.

❼ HUBBARD P, LILLEY K. Selling the past: heritage-tourism and place identity in Stratford-upon-Avon [J]. Geography, 2000: 221-232.

的转向，文化特征的复兴将深刻反映地方演变史，在此基础上发展的旅游产品的生产和消费嵌入了深刻的地方文化特征。琼斯（Jones）等研究了布莱纳文以工业景观（联合国教科文组织的世界遗产）旅游主导的经济发展模式的政策，发现在促进国际游客的当地社区需求、地方文化价值、景点商品化特征上展示出独特的作用。❶ 约翰逊（Johnson）认为罗斯康芒县的斯特罗克斯敦（Strokestown）的公园房屋作为遗产景观，已经成为体现精英文化的社会空间。遗产体现了地方空间、外部地区和国家关系，可以帮助游客对过去重新理解。❷

（2）遗产语境下的城市空间更新。

遗产旅游可提供一种探索怀旧气息或简单的浪漫情怀，而且是一种复杂的现象。❸ 遗产一旦拥有了合适的开发利用环境，就会变成经济资源吸引力的基础要素。这种资源通过保护、修复和翻新项目，影响了自然、建筑环境，意在强调地方之间的差异性，具体体现在工业遗产旅游发展在城市产业系统、城市旅游空间、城市景观、城市人口结构、城市感知等方面。❹ 如20世纪80年代，生产专业化使得英国经济结构的区域差异日益扩大，一些受影响的、丢失区域特征的衰退社区面临着经济瓦解和城市重构。矿山和工厂作为工业遗址，不仅是单一的工作场所，也成为分享共同信仰和文化沟通交流的场所，其休闲旅游的开发模式促进了服务型经济的快速增长，对于寻求新经济投资和扭转衰退趋势，起到了极为重要的影响。有学者认为新加坡将旧的临街店铺改造成精品酒店、街头活动再创造为旅游景点项目，这些商品化的面向新加坡

---

❶ JONES C, MUNDAY M. Blaenavon and United Nation's World Heritage Site status: is conservation of industrial heritage a road to local economic development? [J]. Regional studies, 2001, 35（6）: 585-590.

❷ JOHNSON N C. Where geography and history meet: heritage tourism and the big house in Ireland [J]. Annals of the association of American geographers, 1996, 86（3）: 551-566.

❸ PORIA Y, BIRAN A, REICHEL A. Visitors' preferences for interpretation at heritage sites [J]. Journal of travel research, 2009: 92-105.

❹ PORIA Y, BIRAN A, REICHEL A. Visitors' preferences for interpretation at heritage sites [J]. Journal of travel research, 2009: 92-105.

游客的遗产开发对地方社区并没有构成负面影响。[1]

（3）工业遗产旅游与全球化过程。

工业遗产旅游是一种全球和地方的力量交互形成的产品，旅游景点开发、旅游政策制定、目的地营销等旅游活动，一部分是由国际旅游者的需求和兴趣决定的，地方和非地方因素共同影响旅游地功能的演变。[2] 解析和认知全球空间，除了考虑物质空间要素相互交织、组合构成的空间形式所具有的形态和格局外，还要考察这种空间形式背后的深层文化内涵和社会动因。[3] 全球范围内，城市滨海区和节日市场都充斥着排他的、唯一的和地方"差异化"的气息。这种"种族的全球化"，在城市遗产建设中的民族工艺、特色餐馆、新时代媒体和生态主题场所方面体现得淋漓尽致。[4] 这可能被视为"独特的模仿"[5]，城市和城镇已经变为"追求量化的旅游关注的潜在对象"。[6] 因此，强调地方特性已经成为全球"最佳实践"，而遗产旅游的全球—地方连接的发展也会增强。

遗产旅游是地方和全球力量互相作用的结果。[7][8] 经济、政治和文化框架以多种方式过滤了全球—地方关系，以致在旅游规划过程中出现不同的兴趣、

---

[1] CHANG T C, MILNE S, FALLON D, et al. Urban heritage tourism: the global-local nexus [J]. Annals of tourism research, 1996, 23 (2): 284-305.

[2] CHANG T C. Local uniqueness in the global village: heritage tourism in Singapore [J]. The professional geographer, 1999, 51 (1): 91-103.

[3] 童明. 城市肌理如何激发城市活力 [J]. 城市规划学刊, 2014 (3): 85-96.

[4] ROBINSON M, BONIFACE P. Tourism development in de-industrializing centres of the UK: change, culture and conflict [J]. Tourism and cultural conflicts, 1999: 129-159.

[5] ZUKIN S. Loft living as 'historic compromise' in the urban core: the New York experience [J]. 1982, 6 (2): 256-267.

[6] URRY J. Cultural change and contemporary holiday-making [J]. Theory, culture & society, 1988, 5 (1): 35-55.

[7] PORIA Y, BIRAN A, REICHEL A. Visitors' preferences for interpretation at heritage sites [J]. Journal of travel research, 2009: 92-105.

[8] CHANG T C. Local uniqueness in the global village: heritage tourism in Singapore [J]. The professional geographer, 1999, 51 (1): 91-103.

价值和主义。❶ 地方因素和机构可以在中介或调整全球—地方关系中扮演相当重要的角色。❷ 事实上，快速全球化环境中，遗产旅游在突出地方差异和维护地方特质方面提供了一种途径。❸

一方面，工业遗产旅游所体现的地方特征，以及城市更新与重构的重要手段，极大地促进了城市再生，继而又使城市拥有了参与全球化过程的空间载体。全球尺度上，广泛的经济重构和去工业化刺激了发达国家和发展中国家的工业遗产旅游发展，这些发展过程通过地方的经济、政治、社会文化和环境的影响传导出来。作为一种促进衰弱的城市经济和重建城市空间的手段，关于工业遗产旅游与城市旅游的相关研究通常陷入两种境遇：自上而下的角度强调全球因素、驱动城市更新；自下而上的角度强调地方影响。有学者对蒙特利尔和新加坡的城市遗产旅游发展中的全球—地方联系的研究，表明宏观规划过程已经推动了城市去适应遗产旅游发展作为城市复兴（redevelopment）战略，地方因素具有重要作用。❹

另一方面，全球化过程又促使城市文化符号的出现。在全球化影响下的国内、国际重构以及休闲导向的区域旅游需求下，现代旅游消费很大程度上是文化消费，城市旅游影响力的扩大和强化需要"城市文化符号"。❺ 旅游是当代社会传播遗产价值的主要途径，就历史真实性和现场感而言，遗产旅游具有较强的文化、政治价值的传播能力。德雷奇（Dredge）通过对中国浙江省梁祝文化遗产旅游规划的研究，认为内在派生的文化规则（如民族意义、文化概念、现代化进程中的地方性维护）在文化遗产旅游规划中具有强有力

---

❶ DREDGE D. Development, economy and culture: cultural heritage tourism planning, Liangzhu, China [J]. Asia Pacific journal of tourism research, 2004, 9 (4): 405-422.

❷ OAKES T S. The cultural space of modernity: ethnic tourism and place identity in China [J]. Environment and planning D: society and space, 1993, 11 (1): 47-66.

❸ ROBINSON M, BONIFACE P. Tourism development in de-industrializing centres of the UK: change, culture and conflict [J]. Tourism and cultural conflicts, 1999: 129-159.

❹ CHANG T C, MILNE S, FALLON D, et al. Urban heritage tourism: the global-local nexus [J]. Annals of tourism research, 1996, 23 (2): 284-305.

❺ 陈晓亮，蔡晓梅，朱竑. 基于"地方场域"视角的中国旅游研究反思 [J]. 地理研究，2019, 38 (11): 2578-2594.

的激励作用。❶ 政府规划部门和企业在旅游开发时，面临迎合国际游客和地方社区需求的双重挑战。遗产旅游发展恰好可以满足双方的需求。

3.5 传统工业区休闲旅游转型对城市发展的影响

3.5.1 促进城市功能转变与产业结构调整

腾挪传统工业区用地，引入无污染、耗能低、经济效益显著的新产业业态，将一些区位条件较好、厂房空置率高或产业结构层次低的旧工业区"腾笼换鸟"，可以有效更新工业区内部的产业形态，促进城市空间重组，优化城市产业结构，为大都市产业发展提供空间，同时达到工业遗产保护、厂房再利用、土地效能增值和产业结构升级的多重目标。

3.5.2 优化发展环境，解决就业和人口流失问题

传统工业区的衰落，会产生一系列的社会问题，如失业增加、人才流失、人口结构失衡、社会活力丧失、犯罪增多等。传统工业区的转型发展，可以刺激城市经济复苏，促进城市公共设施和公共服务的合理配置，为社会提供大量的就业岗位，解决区域人口就业问题；同时，也能提供大量的公共休闲娱乐场所，解决居民的日常休闲需求，吸引游客和外来人才，实现区域社会的有机更新。

3.5.3 吸引商业活动和人口回流，刺激城市经济复苏

20世纪80年代以来，世界大都市传统工业区制造业大幅下滑，而休闲旅游转型开发促进了城市餐厅、酒店、娱乐等相关商业活动的发展。其开发主要有两种手段：一是将工业遗产及其历史文化商品化，融入城市旅游生产

---

❶ DREDGE D. Development, economy and culture: cultural heritage tourism planning, Liangzhu, China [J]. Asia Pacific journal of tourism research, 2004, 9 (4): 405-422.

系统，刺激服务经济"新组合"❶❷；二是改善城市滨水区环境，吸引人口回流和商业游憩活动。两者都能提供大量就业机会，推动老工业城市转型、优化城市结构和城市功能。❸❹ 如英国铁桥峡谷地区、德国鲁尔工业区、美国俄亥俄州西北部港口城市托莱多等以工业遗产旅游为引导，通过对工业遗产旅游的推广、商业旗舰项目和基础设施的建设，推动城市商业发展和经济重构。❺❻ 2010年上海世博会时"后滩"地段的功能与景观改造取得巨大成功，促进了上海都市生活变迁和城市更新。

3.5.4 改善城市生态环境和人居环境

休闲旅游市场需求引发遗产地的商业化发展，休闲旅游发展和工业遗产地的共生成为城市保护和规划的重要目标。❼ 传统工业区土地再开发有利于缓解城市用地紧张、提高土地利用效率，改善城市生态环境和人居环境。❽ 按欧美等国家的估算，废旧工业厂房改造和再利用对比新建同样规模、标准的建筑，可以节省20%~50%的费用。❾ 传统工业区的再开发，也可改善人们对企业和景观的排斥心理，如犹他州的铜业公司除了建立旅游景点以增加

---

❶ HOSPERS G J. Industrial heritage tourism and regional restructuring in the European Union [J]. European planning studies, 2002, 10 (3): 397-404.

❷ WAITT G, MCGUIRK P M. Marking time: tourism and heritage representation at Millers Point, Sydney [J]. The Australian geographer, 1996, 27 (1): 11-29.

❸ HALL P. Urban development and the future of tourism [J]. Tourism management, 1987, 8 (2): 129-130.

❹ PEARCE D G. Tourism today: a geographical analysis [M]. London: Longman press, 1995: 78-97.

❺ COLES T. Urban tourism, place promotion and economic restructuring: the case of post-socialist Leipzig [J]. Tourism geographies, 2003, 5 (2): 190-219.

❻ PHILIP, XIE F F. Developing industrial heritage tourism: a case study of the proposed jeep meseum in Toledo, Ohio [J]. Tourism management, 2006, 27 (6): 1321-1330.

❼ NASSER N. Planning for urban heritage places: reconciling conservation, tourism, and sustainable development [J]. Journal of planning literature, 2003, 17 (4): 467-479.

❽ 常江，冯姗姗. 矿业城市工业废弃地再开发策略研究 [J]. 城市发展研究，2008, 15 (2): 54-57.

❾ 陆地. 建筑的生与死——历史性建筑再利用研究 [M]. 南京：东南大学出版社，2004: 228-314.

利润，还以旅游作为公共关系工具宣扬正面的铜工业形象，以抵消公众对铜业环境污染和环境退化的不良印象。

通过转型发展转移出高污染、高耗能产业，引入高附加值、低耗能、无污染产业，减少污染物排放量，优化城市生态环境。通过完善基础设施、优化公共空间、协调经济社会发展因素，带动城市产业升级和功能转变，改善人居环境。如美国"锈带"工业区转型发展对生态环境的优化，促进了区域人口回升，使"锈带"变成了"绣带"。

3.5.5 凝炼场所精神，提升城市文化品位

场所精神保护的对象是场所的本体特性及其对城市和公众的意义。场所精神的守护，延续和增强了城市空间的生命与活力，是维护和提升城市品质及文化魅力的重要路径。

作为概念化的认知，工业遗产被视为社会、政治、文化等知识的展现，具有不同的经济和文化功能。遗产、知识和城市之间具有重要关系：遗产在知识经济根深蒂固的地方，创造地方代表物。❶ 传统工业区的工业遗产复兴通过重塑记忆、商品化和消费构建城市地方身份或场所精神。❷ 如英国后工业城市文化旅游发展的地方性特征使城市各具特色。重视城市生活品质与内涵，重视城市公众权益的包容与平衡，已是城市建设发展的一种必然趋势和态度。❸ 以旅游业为主导的经济发展模式在国际旅游市场发展、地方社区需求、文化价值维护和景点商品化中展现出独特的作用。❹ 曾一度衰落的美国

---

❶ GRAHAM B. Heritage as knowledge: capital or culture? [J]. Urban studies, 2002, 39 (6): 1003-1017.

❷ SUMMERBY MURRAY R. Interpreting deindustrialized landscapes of Atlantic Canada: memory and industrial heritage in Sackville, New Brunswick [J]. The Canadian geographer/Le Géographe Canadien, 2002, 46 (1): 48-62.

❸ 母少辉, 黄卫东. 华强北·生活·延续——地方特征语境下的城市更新探索与实践 [C] //城市规划和科学发展——2009 中国城市规划年会论文集. 天津：天津电子出版社, 2009: 2859-2870.

❹ JONES C, MUNDAY M. Blaenavon and United Nation's World Heritage Site status: is conservation of industrial heritage a road to local economic development? [J]. Regional studies, 2001, 35 (6): 585-590.

工业城市，如马萨诸塞州的洛厄尔、新泽西州的帕特森、亚拉巴马州的伯明翰，通过文化建筑等遗产旅游化开发吸引旅游小企业投资，社区领导者通过开展新的合作项目、达成旅游发展共识等一系列措施，使旅游投资成为社区增长的一部分，逐步实现城市的再度繁荣。[1]

传统工业区污染严重、环境恶劣的印象，不利于吸引外来投资和人口流入，限制区域经济增长。休闲旅游转型，可以将工业遗产改造为文化设施、文化地标、日常休闲设施或娱乐场所，创造独特的城市意象，形成文化多样、内涵丰富的地区，保存城市记忆；休闲旅游活动可改善人们对城市的认知，并传播正面形象。

大都市传统工业区休闲旅游转型的相关问题如图3.1所示。

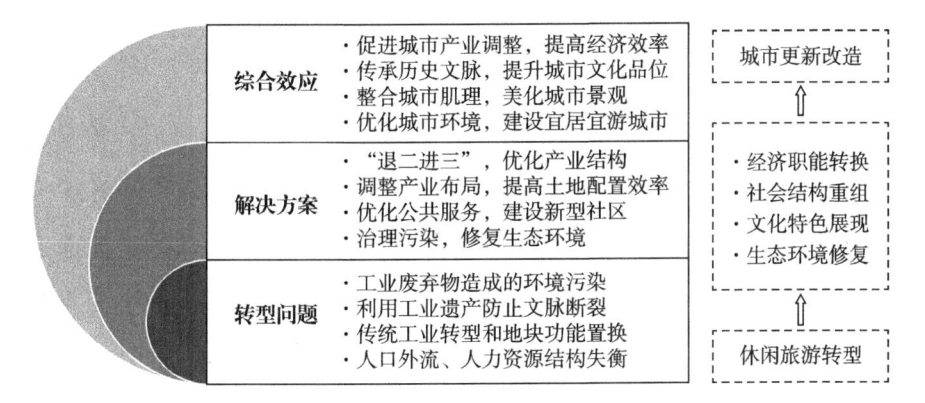

综合效应	·促进城市产业调整，提高经济效率 ·传承历史文脉，提升城市文化品位 ·整合城市肌理，美化城市景观 ·优化城市环境，建设宜居宜游城市	城市更新改造
解决方案	·"退二进三"，优化产业结构 ·调整产业布局，提高土地配置效率 ·优化公共服务，建设新型社区 ·治理污染，修复生态环境	·经济职能转换 ·社会结构重组 ·文化特色展现 ·生态环境修复
转型问题	·工业废弃物造成的环境污染 ·利用工业遗产防止文脉断裂 ·传统工业转型和地块功能置换 ·人口外流、人力资源结构失衡	休闲旅游转型

图3.1 大都市传统工业区休闲旅游转型

---

[1] MCNULTY R H. Revitalizing industrial cities through cultural tourism [J]. International journal of environmental studies, 1985, 25 (4): 225-228.

第 4 章

大都市传统工业区休闲旅游功能置换模式与策略

本章梳理了中西方城市传统工业区的转型背景、转型模式、转型策略和效应，并对鲁尔工业区和 798 艺术区等传统工业区休闲旅游功能置换的发展阶段、转型过程、经验进行了分析和阐述，从总体上把握大都市传统工业区休闲旅游转型的方向。

4.1 中外传统工业区休闲旅游转型比较

4.1.1 西方传统工业区转型背景

20 世纪 50—60 年代，西方发达国家以大机器为主导的产业逐渐步入衰退期，传统制造业的生产功能从城市中分离出来，出现大量闲置的产业历史建筑和地段。新兴产业取代传统产业成为城市主要产业，城市发展进入逆城市化阶段，社会进入后工业时代，工业遗产保护与再利用成为一个社会问题。城市结构和布局有了调整，城市功能质量提升，城市用地需求和城市空间规模增长，城市工业用地占据城市中心区夹心地块，影响城市整体面貌；传统工业地段逐渐被新功能取代，工业区地段及其建筑附属物的改造，逐渐成为城市面临的重要机遇和挑战。

该时期欧美国家后工业时代发展面临城市更新与城市工业遗产保护的矛盾。英国较早关注工业遗产保护，相继出台了一系列政策，利用丰富的工业遗产资源开发出了不同类型的工业遗产旅游产品，使深厚的工业文化得以继承和发扬。美国是最早将传统工业遗迹、遗址和区域经济发展相结合的国家，其通过工业遗产旅游发展休闲旅游产业，并取得传统工业城市的复兴。如20世纪60—70年代，美国巴尔的摩港逐渐成为经济衰退地区，一度被政府放弃；后来在政府、企业和社区居民的共同参与下，开始尝试将工业区域和遗产改造成为餐厅、游乐设施，并创办各种节日活动以吸引游客。这种旅游发展的模式取得了很大成功，巴尔的摩港逐渐成为美国著名的观光胜地，成为通过工业遗产旅游开发实现城市区域再复兴的成功案例。这种成功经验影响很大，很快在纽约、波士顿、多伦多等地传播，并影响英国、德国、澳大利亚等国家。荷兰从1986年开始调查和整理1850—1945年的产业遗产相关基础资料，法国从1986年开展搜集文献史料与建档的长期计划，日本在20世纪80年代末期开展了文化财产中工厂与建筑保存的普查工作。[1]

全球很多著名的传统工业城市，如纽约、巴黎、利物浦、匹兹堡、曼彻斯特、布里斯托，及其之后的东京等，都采用了传统工业区休闲旅游转型的发展模式，将文化创意产业、服务业等纳入城市产业结构取代的过程之中。如德国鲁尔工业区发展工业遗产旅游形成的区域工业遗产之路，促进了区域活力的恢复。同样，澳大利亚传统工业区达令港改造成为悉尼著名的景点。国外传统工业区休闲旅游改造可资借鉴的成功案例较多，典型的有英国的伦敦码头区、美国的纽约苏荷区、德国的鲁尔工业区、加拿大温哥华的格兰威尔岛、英国泰晤士河畔的泰特现代美术馆等。

欧美国家普遍采用财政补贴、奖励制度和培训制度，通过减免税收和扶持中小企业发展等措施创造就业岗位，通过再就业培训提高失业者的职业技能和重新择业能力，解决失业人口安置与再就业问题。如德国鲁尔工业区的转型由德国联邦和州两级政府协作完成。德国中央政府为转型再开发和转型

---

[1] BODUROW C C. A vehicle for conserving and interpreting our recent industrial heritage [J]. The george wright forum, 2003, 20（2）: 8-32.

的区域合作提供资金支持。联邦政府为使鲁尔工业区内县市的失业率降低和人均收入提高达到一定水平，资助该地区的基础设施建设和废弃厂房再利用项目。除提供资金外，德国联邦政府在经济部下设立联邦地区发展规划委员会和执行委员会，州政府也相应设立地区发展委员会并实行地区会议制度，市政府则设立劳动局和经济促进会等职能部门，专门负责综合协调老工业区再开发工作。❶❷ 纳普（Knapp）等在研究鲁尔工业区转型政策时指出，鲁尔工业区需要从区域协作与区域政策的制定方面确立一个未来协作空间（cooperative spatial future），不断提升区域组织能力建设。❸

4.1.2　中国传统工业区转型背景

我国工业化发展始于 19 世纪下半叶。西方殖民工业、洋务派以及民族资本企业，还有 20 世纪 50 年代以来的社会主义工业等，构成了我国工业遗产的主体，反映了中国工业化时代的发展特征。我国工业遗产保护与再利用滞后西方发达国家近 20 年，这一方面与工业化进程有关，另一方面与对工业遗产历史文化价值的重视不够有关。

由于经济发展阶段决定的发展观念、技术水平等差异，20 世纪 80 年代后期，我国传统工业区的建筑改造项目开始进行，城市更新大多采取拆迁重构的方式。近年来，我国城市发展逐渐重视这一问题，其中建筑行业、艺术企业、文化创意产业发展较快（见表 4.1）。2006 年，首届中国工业遗产保护论坛在无锡举行，国家文物局和中国主要工业遗产城市的代表及专家学者通过了保护工业遗产的《无锡建议》，提出工业遗产普查和评估、工业遗产保护与利用规划、纳入城市总体规划、合理利用工业废弃设施及其历史价值等具体措施，这标志着我国工业文化遗产保护与再利用进入新的阶段。传统工业区的真正价值不仅仅体现在区位和土地价值上，其中工业建筑改造与利

---

❶ 吴昂，文丹. 生态、历史、设计德国鲁尔老工业区改造［J］. 中国文化遗产，2015（2）：81-87.

❷ 白福臣. 德国鲁尔区经济持续发展及老工业基地改造的经验［J］. 经济师，2006（8）：91-92.

❸ KNAPP W, KUNZMANN K R, SCHMITT P. A cooperative spatial future for Rhein Ruhr［J］. European planning studies，2004，12（3）：323-349.

用对于城市软环境建设的促进作用越来越得到社会各界的认可。

表4.1 我国传统工业区休闲旅游转型的典型案例

工业厂区/地块	转型主体	转型结果	产业形态	城市
北京手表厂	多层厂房	双安商场	城市商业	北京
酒仙桥电子厂	片区建筑厂房	798艺术区 红三房画廊	文化创意产业	北京
中山粤东造船厂	船坞等建筑	岐江公园	公共休闲业态	广州
苏州河畔和莫干山路沿线仓库	仓库	艺术家创作室	文化艺术业	上海
江南船厂	土地、地块	世博园景区	文化观光业	上海
纺织厂集群	地块、厂房	M50创意园	文化创意产业	上海
成都国营红光电子管厂	地块、厂房	东郊记忆·成都国际时尚产业园	文化创意产业	成都
中车成都机车车辆厂	楼栋、厂房	中车产业城	数字娱乐产业	成都
禾创药业仓库	仓库	完美世界文创产业园	文化创意产业	成都
中央银行印钞厂	厂房	鹅岭贰厂文创园	文化创意产业	重庆

资料来源：靳志强，刘博. 城市工业遗产的社区化改造[J]. 中外建筑，2008（1）：144-147. 李沄璋，卢丽洋. 成都近现代工业建筑遗产的研究[J]. 工业建筑，2015，45（11）：49-52.

  我国大都市的后工业化倾向非常明显，已经开始了工业遗产保护与利用的实践。如上海、大连等城市将一些老厂房用作文化场馆，既减少了新建场馆产生的大量建筑垃圾，又创新了区位空间。这些城市发展政策也对该类项目给予很大的支持，如上海对租用旧工业厂房发展现代服务业和创意产业的公司，给予税收和其他方面的优惠政策支持。很多城市提出了传统工业区改造的战略方案，如上海提出了3个1/3的概念：城市更新重点主要在中心城区的工业用地之外，1/3的工业用地改造为都市产业园，1/3迁往外地，1/3迁往郊区。北京798艺术区，原是一个工厂厂区，其工业建筑质量、品质比较高。798艺术区现在是北京市艺术展演、文化交流、休闲娱乐的重要场所。[1]

4.1.3 中外相关研究对比分析

国内外相关研究都是根据时代发展和实践需要兴起的。第一，研究起步时间不同。由于工业化进程的时间差异，欧美发达国家的研究比我国早30年左右，其在传统工业区文化特征提取、旅游产品塑造方面积累了较为丰富的经验。我国传统工业区休闲旅游转型具有后发优势，转型研究借鉴了大量的国外成功案例，有利于规避转型路径中的通病（如发展方向不确定、资金筹集误区、工程技术难题等），这一点还反映在国内现代新型工业区的建设越来越多地考虑大众的休闲旅游需求，并认识到休闲旅游产业对于活化城市生产生活环境的优势。第二，受社会制度、人口结构、消费方式和社会文化差异等因素的影响，国内外大都市传统工业区休闲旅游在转型的目标、消费市场、休闲旅游阶段性偏好等方面存在差异。当前，中国传统工业区转型的资金并非最大问题，而是如何筛选负责任的发展主体、确立战略性的目标，兼顾地区经济增长、公共福利和环境质量改善的综合效应。第三，成果侧重经验案例的归纳总结，缺乏人地关系视角对传统工业区转型背景、要素、动力、空间演化的系统分析。第四，转型模式的总结多出现在20世纪90年代左右，随着人口结构、技术要素、消费理念以及现代国际大都市发展特征的变化，是否有新产业空间、新发展模式的出现，亟待在现有研究中进行探讨和总结。第五，研究主体集中在旅游者需求，对城市休闲群体需求关注不够，导致一些区域转型过于强调旅游功能，出现公共设施和服务使用效率不高、荒置率高、土地资源浪费、季节性失业、区域品牌难维护等系列性问题。

从研究理论看，前期研究以旅游学和社会学相结合为主；多选取德国鲁尔工业区、美国"锈带"工业区等著名的大型工业基地做分析，以经验总结、政策建议为研究导向，对城市功能置换之间的联系的研究较少；针对传统工业区的历史发展脉络、在城市功能演进中的角色演进、再开发战略模式及其支撑体系等理论性问题的研究深度尚显不足，对其内在运动模式、机制

---

[1] 沈峥嵘，陈雨薇. 工业遗产在"创意"中获得新生 [N]. 新华日报，2012-09-05 (B07).

等核心内容的分析不够；缺少在特定历史发展和宏观政策背景下总结传统功能区转型的区域效应；缺乏与城市产业和空间融合机制等深层次融合发展的研究。大都市传统工业区休闲旅游转型的理论根本是产业空间置换下结构性更新及其经济、社会、环境效应的研究，当前仍缺乏从社会地理学角度进行转型的空间演化、空间过程和空间机制的探讨，以致在转型的前因后果和趋势推断方面尚显不足，难以对后续实践提供具体的指导措施。❶

从研究方法看，国外研究多采用理论归纳法和比较研究法，对国外传统工业区转型的案例研究多以史料介绍为主，研究工具和方法较为单一，缺少历时性统计数据的定量支撑；研究多采用案例描述、归纳总结、基础统计的定性描述，对现象深层原因揭示不足，需要采用现代计量和空间分析技术从地方和区域层面对产业结构、空间要素、空间组织进行定量刻画，从理论共性和一般个案的综合路径进行理论探讨。

4.2　休闲旅游转型模式总结

大都市传统工业区常处于城市核心区域，区位优越、建筑功能改造初期投资相对较少、建设周期短。可根据新功能对传统工业区建筑进行更新改造，继承建筑外观的工业特色和独特风格，通过发展休闲娱乐、旅游、购物、居住、科教等多种形态的功能区，提高城市生活多样性——尤其是夜晚休闲、娱乐产业可促进中心区的夜晚活力，使中心城区社会生活多样化，能够有效解决内城衰退的问题。❷❸ 大都市传统工业区休闲旅游转型模式的选择需要根据全球产业价值链格局、区域和城市环境、国内外发展实践经验等因素，很

---

❶ 虞虎，李亚娟，陆林，等. 大都市传统工业区休闲旅游转型发展研究综述 [J]. 自然资源学报，2016，31（3）：526-542.

❷ BROMLEY R D F, TALLON A R, THOMAS C J. City centre regeneration through residential development: contributing to sustainability [J]. Urban studies, 2005, 42（13）: 2407-2429.

❸ KOCABAS A. Urban conservation in Istanbul: evaluation and re-conceptualization [J]. Habitat international, 2006, 30（1）: 107-126.

大程度上取决于场地规模、区位、资源特点和城市功能需求。

典型转型模式可以归纳为以下四种：城市公共游憩空间、现代城市商业区、文化创意产业区和混合功能区（见表4.2）。城市公共游憩空间又可以划分为大型景观公园、城市公共服务区、工业主题博物馆、工业遗址公园、特种旅游服务基地。❶❷ 其他三种模式的主导产业虽然并非休闲旅游产业，但是其功能的很大一部分包含了休闲旅游功能。

表4.2 大都市传统工业区休闲旅游转型发展的主要模式

转型模式	具体模式	转型目标	主要功能	典型案例
城市公共空间	公共开放空间、大型公共设施等	通过结构转型规划、扩建绿化面积、改造滨水空间等路径提升地方活力	公园、居住、体育、教育	瑞典马尔默西港区、德国杜伊斯堡景观公园、巴黎雪铁龙公园、上海世博园
金融商务区	金融服务中心	利用周边生态环境及构建便利交通系统，建设金融商务产业集聚区	金融、会展、办公、会议	伦敦道克兰金融商务中心、上海长风生态商务区
文化创意产业区	创意产业园	工业厂房、历史建筑保护和改造创建新产业空间，吸引文化机构	技术、创意产业化开发、知识产权	纽约曼哈顿SOHO区、上海田子坊和M50、北京798艺术区
混合功能区	居住购物区、大学园区、主题公园等	利用生产车间、厂房等空间载体和便利交通系统，建设以大型商业购物娱乐为中心的多功能商业区	多元综合功能	德国奥伯豪森中心购物区、巴塞罗那奥运村、上海莫干山

资料来源：王美飞. 上海市中心城旧工业地区演变与转型研究［D］. 上海：华东师范大学，2010：7-14. 陈运广. 城市工业区的改造探究［J］. 城市探索，2011（9）：26-27. WANHILL S. Mines—a tourist attraction：coal mining in industrial South Wales［J］. Journal of travel research，2000，39（1）：60-69.

---

❶ 汪希芸. 工业遗产旅游"资源—产品"转化研究［D］. 南京：南京师范大学，2007：27-29.

❷ 陆军. 城市老工业区转型与再开发：理论、经验与实践［M］. 北京：社会科学文献出版社，2011：44-78.

4.2.1 传统工业区转型与区域复兴模式

德国鲁尔工业区是西方城市传统工业区城市产业和空间成功转型的典型，在区域整治更新和复兴方面，特别是在工业遗产旅游开发方面展现出西方发达国家的一般模式和规律。彼得·霍尔德的《城市和区域规划》指出了一条有效道路，即20世纪20年代到60年代鲁尔工业区在鲁尔矿区住区联盟（Siedlungsverband Ruhrkohlenbezirk，SVR）框架下所进行的区域规划探索。

20世纪80年代中期，中国经济社会进入快速发展阶段，地方区域化发展面对的各种矛盾逐渐显现，社会各界借鉴鲁尔工业区区域规划技术有效引导了地方协调发展。21世纪以来，在中国社会经济经历了高速增长之后，诸多大城市的传统工业区或传统工业城市不得不面对产业结构调整的问题。因此，鲁尔工业区转型的成功经验逐渐被国内所吸收。有关鲁尔工业区工业结构转型、区域环境改善以及工业遗产利用等方面的研究大大增多，成为传统工业区转型的重要参考。

4.2.1.1 鲁尔工业区的发展阶段

鲁尔工业区位于德国北莱茵—威斯特法伦州的西部，为莱茵河下游支流鲁尔河和利伯河之间的连片城市带，包括以鲁尔为中心的西部工业区、以汉堡和不来梅为中心的北部工业区、以慕尼黑为中心的南部工业区、以斯图加特为中心的西南工业区和以柏林、哈勒—莱比锡为中心的东部工业区。❶ 其由"鲁尔工业区城市联盟"的北威州11个城市、4个县级市、54个镇组成，分别属于杜塞尔多夫行政区、明斯特行政区、阿尔恩斯伯格行政区3个行政区管辖❷，区内人口大于5万的城市24个，其中，埃森、多特蒙德和杜伊斯堡人口超过50万。

鲁尔工业区曾是德国工业命脉所在，是德国煤炭和钢铁生产的大本营。

---

❶ 左琰. 德国柏林工业建筑遗产的保护与再生[M]. 南京：东南大学出版社，2007：16-37.
❷ 刘健. 城市滨水区综合再开发的成功实例——加拿大格兰威尔岛更新改造[J]. 国外城市规划，1999（1）：36-38.

工业区面积4430km^2，约占该州土地总面积的10%；住宅与交通建设用地、森林、水域和农业用地的比例分别为36.6%、17.5%、3.1%和41.5%。鲁尔工业区煤炭地质储量达到2190亿吨，占全德总储量的75%，其中，经济可采储量220亿吨，占全国的90%。鲁尔工业区水路交通便利，铁路和公路交通优势明显，是与其他经济体联系的纽带地区。

(1) 区域工业化阶段。

鲁尔工业区的发展历时长达200多年，曾是德国的经济发动机。1811年，埃森市就出现了大型钢铁联合企业康采恩克虏伯公司。之后，蒂森公司、鲁尔煤矿公司等一批采矿和钢铁企业创建并发展起来。❶ 19世纪中叶开始，鲁尔工业区依托煤炭资源开始了大规模的煤炭开采和钢铁生产，形成了煤炭、钢铁、化学、机械制造等重工业主导产业，水路交通、水源、市场等有利条件促使其很快成为德国能源、钢铁和重型机械制造基地，三大产业产值占到全德总产值的60%。鲁尔工业区逐渐成为世界上最大的、最著名的工业区之一。

20世纪上半叶，经济发展促使需求增加以及采煤、冶炼技术进步，鲁尔的机械制造产业和煤化工产业快速发展，随后步入鼎盛时期，为德国提供了大量的煤炭和钢铁资源，被誉为"德国的动力工厂"。1870—1913年，经济发展和战争导致对机械产品和化工产品的需求增加❷，刺激了鲁尔工业区工业生产，为德国国家和地区战后经济重建提供了巨大支持。此外，德国用鲁尔的煤炭向法国赔款，共引进了15万矿工和45万家属，这种方式刺激了鲁尔工业区重工业的发展。❸ 蒸汽机械和级联技术进步加快了鲁尔钢铁工业发展。

大规模工业经济的发展，促进了欧洲最古老城镇集聚区的诞生，形成了多特蒙德、埃森、杜伊斯堡等著名的工业城市。该时期鲁尔工业区的产业结构单一，出现单一垄断性的企业结构，技术结构传统化，产业空间结构集中化。❹

---

❶ 吴昂，文丹. 生态、历史、设计德国鲁尔老工业区改造 [J]. 中国文化遗产，2015 (2)：81-87.

❷ 裘元伦. 德国鲁尔工业区是怎样发展起来的 [J]. 世界经济，1983 (10)：70-74.

❸ 冯革群，陈芳. 德国鲁尔区工业地域变迁的模式与启示 [J]. 世界地理研究，2006 (3)：93-98.

❹ 任保平，钞小静. 世界工业化发展的趋势及中国新型工业化道路的定位 [J]. 山西师大学报（社会科学版），2006 (3)：18-24.

很多城市都是在煤炭工业的基础上发展起来的，城市产业结构单一，没有其他工业和服务业，缺乏完善的基础设施，给后来的工业和城市转型带来了一定影响。

（2）再工业化与去工业化阶段。

20世纪50年代，新技术革命、世界石油和钢铁竞争给鲁尔工业区的区域产业经济带来了沉重打击，以采煤、钢铁、煤化工、重型机械为主的重工业经济进入萎靡阶段，平均失业率高达12%。鲁尔工业区从德国工业引擎区变为了产业衰退区，逐步陷入产业结构老化的结构性危机。工矿、建筑被遗弃、空置，大量废弃的工矿、厂房、设施和建筑成为需要解决的重要问题。❶

20世纪60年代开始，德国鼓励鲁尔工业区开展经济结构转型，对工业企业进行调整和改造。1966—1976年，德国政府拨款150亿马克用来资助煤矿集中改造，并制定相应的政策以保护煤炭工业，使得煤矿企业数量和从业人员锐减、设备与技术得以升级。之后的数十年，鲁尔工业区通过产业和空间转型，培育了富有竞争力的新兴替代产业，遏制了大规模工业衰退，使单一的煤钢经济转向了陶瓷加工、机械制造、金属加工等多样化的产业结构，形成了具有特色和影响的信息通信、纳米材料、医学技术、新能源、新材料等为代表的新产业体系。❷

20世纪70年代后期，逆工业化趋势和进程已经十分明显。在逆工业化进程中，地方工业的国际竞争力持续下降，工厂纷纷陷入破产、倒闭、外迁或转型的浪潮之中。❸逆工业化的区域影响远远超出了工业和地方的范畴，导致了一系列连锁式的社会问题：失业现象增加、城市税收减少、区域人口数量下降、年轻劳动力外迁、内城衰落、工业污染加重、城市中

---

❶ 李蕾蕾. 逆工业化与工业遗产旅游开发：德国鲁尔区的实践过程与开发模式[J]. 世界地理研究，2002（3）：57-65.
❷ 任保平，钞小静. 世界工业化发展的趋势及中国新型工业化道路的定位[J]. 山西师大学报（社会科学版），2006（3）：18-24.
❸ 佟家栋，谢丹阳，包群，等. "逆全球化"与实体经济转型升级笔谈[J]. 中国工业经济，2017（6）：5-59.

心地位消失、区域形象持续恶化和吸引力下降等。❶❷

20世纪80年代末期，鲁尔工业区出现了严重的失业问题；1987年，失业率达到了15.1%，比全国平均失业率高出7%。❸ 居德国人均国内生产总值（gross domestic product，GDP）首位的埃姆舍（Emscher）沦为德国西部问题最多、失业率最高的地区❹，长期的重工业发展也给该地区带来严重的环境污染。

(3) 转型复兴阶段。

在鲁尔工业区区域转型中，政府逐渐意识到大规模拆旧建新不仅耗费了大量的城市建设资金，而且难以扭转城市困局。20世纪80年代中期，政府开始将以工业遗产为依托的休闲旅游作为鲁尔工业区转型和新经济增长点的服务型产业来对待，发展重点放在大批工业厂房、车间、机械构架等工业遗产改造。在鲁尔工业区心脏地带埃姆舍河畔城镇群，对沿河废弃码头等设施进行更新改造，将废弃或闲置的工业遗迹作为独特的文化资源，以工业遗产保护为基础，开展工业文化遗产旅游，制订了为期10年的国际建筑展（International Building Exhibition，IBA）计划，希望通过国际建筑展的样板项目进行工业遗产旅游开发、刺激城市服务业增长，改善区域自然环境，吸引新企业进驻和人口回流，重振衰败的工业地区。IBA计划融合了项目分解与国际竞赛，二者相结合的方式成为工业遗产旅游开发的创意源泉。这种发展从局部逐渐扩展到区域，复兴地区和城市不断增多。

1998年，鲁尔工业区规划机构针对工业遗产旅游进行区域工业文化旅游线路设计，整合区域工业文化旅游景点，包括统一市场营销和推广、景点规划等，将全区的主要工业遗产旅游景点进行整合形成了"工业遗产旅游之路（route industrial cultural，RIC）"，将鲁尔工业区所有新文化场所连接为

---

❶ 李蕾蕾. 逆工业化与工业遗产旅游开发：德国鲁尔区的实践过程与开发模式 [J]. 世界地理研究，2002 (3)：57-65.

❷ 罗超. 城市老工业区更新的评价方法与体系 [M]. 南京：东南大学出版社，2016：132-137.

❸ 陈涛. 德国鲁尔工业区衰退与转型研究 [D]. 长春：吉林大学，2009：68-80.

❹ 吴唯佳. 对就工业地区进行社会、生态和竞技更新的策略——德国鲁尔地区埃姆舍国际建筑展 [J]. 国外城市规划，1999 (3)：35-37.

400km 长的环形自行车道，将工业遗产展示给地方居民和游客。沿线的 25 个锚点形成了车道的核心节点，包括各类历史博物馆、全景眺望点和工人居住区，共衔接了 19 个工业旅游景点、6 个国家级博物馆和 12 个典型工业城镇等，使独立开发的工业遗产旅游点转变为一个区域性的旅游目的地，方便游客进一步了解德国工业历史，旅游吸引力大大增强。这标志着鲁尔工业区文化旅游业发展进入了全新阶段。

鲁尔工业区的工业遗产旅游开发展现出西方发达国家的一般模式，转型过程先后经历了否定与排斥阶段、迷茫阶段、谨慎尝试阶段、战略化阶段（见图 4.1）。工业废弃地和工业空置建筑的再利用，体现出旅游开发的用途和价值。"工业遗产旅游"的概念得到地方政府和公众的广泛支持之后，鲁尔工业区逐渐平复去工业化的影响，摆脱对工业废弃地、废弃厂房与设施的一系列传统价值观的认识，重新发现了工业遗产的特殊历史文化价值，并将其视为重要的文化遗产，通过结合旅游开发、区域复兴等措施，对工业棕地（industrial brownfields）进行战略开发和整治。联邦政府一方面通过完善交通基础设施，提高经济效率，吸引经济要素重新流入；另一方面，制定了一系列整治、改造规划和措施，如成立鲁尔煤管区开发协会，以制定整治、发展规划；资金、税收等方面也采取了相应的扶持政策，以促进区域整体经济结构的转变。这些措施有力地推动了区域振兴和环境保护的综合发展，全区经济再次获得了振兴。

4.2.1.2 鲁尔工业区休闲旅游转型的典型模式

鲁尔工业区的工业遗产旅游开发包含区域和个体两个层面。区域层面是 IBA 区域综合整治计划形成的区域一体化模式，强调区域联合开发形成工业遗产旅游区域一体化，重点表现为区域旅游线路、区域市场营销与推广、区域景点产品规划与组合等，通过区域性经济增长点的塑造形成区域休闲旅游产品。这个计划提出的多目标区域综合整治和振兴计划，将鲁尔工业区中部工业景观最密集、环境污染最严重、衰退程度最高的埃姆舍地区，利用 10 年的时间，对旧工业建筑以及废弃地的改造和再利用、自然和生态环境的恢复、就业和住房等社会问题的解决等，给予系统规划。

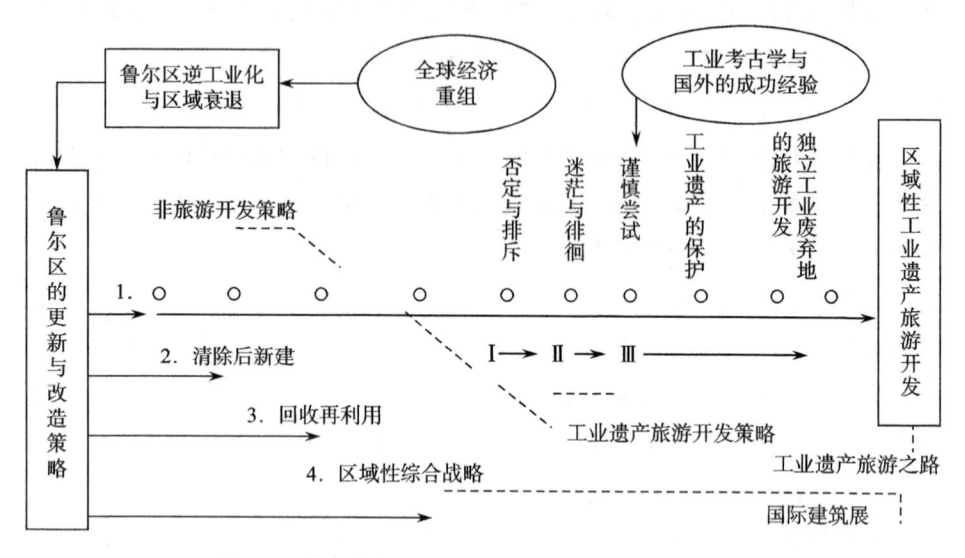

图 4.1　德国鲁尔工业区工业遗产旅游开发行动过程

资料来源：李蕾蕾. 逆工业化与工业遗产旅游开发：德国鲁尔区的实践过程与开发模式［J］. 世界地理研究, 2002 (3): 57-65.

个体层面是指独立的工业遗产旅游景点开发。鲁尔工业区休闲旅游转型的主要途径是对工业遗存申请世界文化遗产，建设博物馆、景观公园、购物中心，配套美食文化节、体育中心、游乐园、影视设施等旅游吸引物，不断推动城市功能置换、城市环境美化、区域形象提高等。鲁尔工业区区域规划联合机构实施了为期 10 年的改造计划，对核心区的 17 个城市进行了将近百余项的文化及其创意项目建设。

鲁尔工业区的休闲旅游开发主要包括四种模式（见表 4.3）：①区域性一体化模式，典型案例包括现代科学园区、服务产业园区、工商发展园区等；②博物馆改造开发模式，典型场所包括亨利钢铁厂、措伦采煤厂、关税同盟煤矿等；③工业遗址景观公园开发模式，典型场所包括北杜伊斯堡景观公园和北极星公园；④购物娱乐中心开发模式，典型场所包括奥博豪森中心购物区。

表4.3 鲁尔工业区休闲旅游开发的典型模式

开发模式	代表性场所	开发要点	所在城市
区域性一体化模式	工业遗产之路（Route Industriekultur）	鲁尔工业区的工业遗产旅游开发具有一体化特征，特别表现在区域化旅游路线、市场营销与推广、景点规划与景观组合等各方面； 规划设计了囊括整个鲁尔工业区、共500个地点的25条专题游线； 设计统一的视觉识别符号，建立RI独特的符号标志； 统一的旅游宣传册和专门的区域旅游网站	北威州
博物馆改造开发模式	亨利钢铁厂（Henrichshuette）	（1）开发露天博物馆，利用废弃工业设施设计成儿童参与活动游戏故事的场所； （2）原厂工人志愿者担任导游人员，活化旅游区的真实感与历史感，激发社区参与感与认同感； （3）整个旅游区的"生态旅游博物馆"氛围	文艺复兴时期的建筑与文化景观历史古城哈廷根
	措伦采煤厂（Zeche Zollern）	（1）规模较小，厂房建筑保存较好，新翻修的厂房和办公楼体现出古典风格，场所具有工业遗址历史文化氛围； （2）利用废旧火车皮改装为园区游览工具，增加吸引力； （3）以室内展览为主，旅游纪念品开发较丰富； （4）为北莱茵—威斯特法伦州工业博物馆总部所在地，其有8个类似的工业博物馆	多特蒙德

续表

开发模式	代表性场所	开发要点	所在城市
博物馆改造开发模式	关税同盟煤矿（Zollverein）	（1）矿区内部遗留的废弃铁路和旧火车车皮被用来当作社区儿童艺术学校表演场地； （2）焦炭厂保留，部分改造为餐厅、儿童游泳池，以及举办会议和节事活动的场所； （3）典型的包豪斯建筑风格，具有鲜明的现代艺术感染力； （4）诸多艺术创意、设计公司等的办公场所和作品展览场地	埃森
工业遗址景观公园开发模式	北杜伊斯堡景观公园（Landschaftspark Duisburg-Nord）	蒂森钢铁公司所在地：集采煤、炼焦、钢铁一体化的大型工业基地，改造成为一个基于煤铁工业景观的大型景观公园。 （1）废旧储气罐改造为潜水俱乐部的训练池； （2）混凝土堆料场设计为青少年活动场地； （3）墙体改造成攀岩墙； （4）巨型钢铁冶炼炉作为背景进行演出； （5）艺术灯光工程增强独特吸引力； （6）提供给生态爱好者宽敞的运动场所； （7）独特的恢复性生态景观	杜伊斯堡
	北极星公园（Nordstern Park）	举办各类大型的户外活动，因曾举办全国花园展而闻名； 与紧邻的埃姆舍河连为一体，通过滨水区改造由排污河修整为休闲旅游河	盖尔森基兴

续表

开发模式	代表性场所	开发要点	所在城市
购物娱乐中心开发模式	奥伯豪森中心购物区（Oberhausen Shopping Mall）	工厂废弃地依据摩尔购物区（shopping mall）的概念，重新建设了一个大型的购物中心；开辟了工业博物馆，就地保留了一个高为117m、直径达67m的巨型储气罐；配套设施有咖啡馆、酒吧及美食文化街、儿童游乐园、网球与体育中心、多媒体及影视娱乐中心以及由废弃矿坑改造的人工湖等；巨型储气罐不仅成为该地的标志性建筑和登高点，也成为一个可以举办各类展览的场所；拥有独特的地理位置以及优越便捷的交通设施	奥伯豪森

资料来源：李蕾蕾. 逆工业化与工业遗产旅游开发：德国鲁尔区的实践过程与开发模式 [J]. 世界地理研究，2002（3）：57-65.

(1) 区域一体化开发模式，又被称为德国的埃姆舍公园（Emscher park）模式，是通过整个区域的工业遗产旅游来推动鲁尔工业区工业结构转型、旧工业建筑以及废弃地的改造和再利用、自然和生态环境的恢复、就业和住房等社会问题的解决。

(2) 博物馆开发模式，是对工业遗产进行改造和包装，使之成为历史文物，形成展示工业化历史的博物馆，支撑文化旅游及其服务业发展，典型场所包括亨利钢铁厂、措伦采煤厂、关税同盟煤矿等。鲁尔工业区共有博物馆、画廊、戏剧院和音乐大厅共计200多处，极大地增强了文化旅游的吸引力。亨利钢铁厂废弃后被改造为一个露天博物馆，利用工业设施设计了儿童游乐园，由原工厂志愿者承担导游工作，再现了旅游区的真实感与历史感，也激发了社区参与和认同感。多特蒙德市措伦采煤厂将废旧火车皮改装为游览工具，以室内展览和旅游纪念品生产为主，是北莱茵—威斯特法伦州工业博物馆总部的所在地。埃森市关税同盟煤矿区改造成为具有典型包豪斯建筑风格的艺术博物馆，吸引了众多的艺术、创意、设计产业的集聚，成为办公场所和作品展览场地。

(3) 工业遗址景观公园开发模式，是利用废弃工业场所改造为展示工业文化景观和开展休闲旅游活动的公园，典型场所包括北杜伊斯堡景观公园和北极星公园。北杜伊斯堡景观公园原是采煤、炼焦、钢铁一体化的蒂森钢铁工业基地，于1985年停产，现在利用煤铁工业设施和景观建设成融合多种旅游活动的景观公园，如将废弃储气罐改造为潜水训练池、墙体改造为攀岩墙、仓库厂房改造成迪厅和音乐厅等，并留有大量的公共绿地空间可供休闲旅游者使用。盖尔森基兴的北极星公园视野开阔，可以举办大型的户外休闲旅游活动，与埃姆舍河连为一体，改造成为极具旅游吸引力的游憩空间。

（4）购物娱乐中心开发模式，典型场所包括奥博豪森中心购物区。奥博豪森中心购物区把购物旅游和工业遗产旅游相结合，在工厂废弃地上依托摩尔购物区的概念，建立了大型购物中心和工业博物馆，配套设施有咖啡馆、酒吧、儿童游乐园、美食文化街、网球和体育中心、多媒体与影视娱乐中心，以及由废弃矿坑改造而成的人工湖等。其以独特的区位和交通条件，为鲁尔工业区购物文化的发祥地和奥博豪森新城市中心吸引了大量的购物、休闲度假游客。❶

4.2.1.3 鲁尔工业区代表性地区和城市转型

（1）埃姆舍地区。

埃姆舍地区位于埃姆舍河流域的中心位置，面积约800km^2，集中了17个城市、200多万人口，曾是沼泽遍布、居民点稀少的低地，工业时代之后快速发展为德国钢铁和煤炭生产中心，是鲁尔工业区的工业中心地区之一。这里曾面对最严重的传统工业区转型问题，如高失业率、人口大量流失、生态环境恶化、居住区杂乱无章、中心性城市和休憩娱乐空间缺乏。

为了改造埃姆舍地区的景观，在杜伊斯堡和博格卡门之间，由7个城镇组成工作小组，共同规划了一个约300km^{2}的大型景观公园，共包括25个项目，具体为生态公园、绿化带、自行车道路网等。同时，对埃姆舍河地区的工业废水排污沟进行了工程技术改造，恢复天然的河流生态系统。实施了7个工程项目以保留工业建筑和遗址。对工矿企业的废旧土地进行回收利用，吸引创新型中小企业，建立科技园区。埃姆舍地区改造计划（IBA，1989—

---

❶ 李蕾蕾. 逆工业化与工业遗产旅游开发：德国鲁尔区的实践过程与开发模式[J]. 世界地理研究，2002（3）：57-65.

1999年)是鲁尔工业区工业地域改造规划的样板,主要以民间投资为主;规划期10年内,共完成了91个改造项目。❶

(2)奥博豪森市。

奥博豪森市曾是富含锌及金属矿的工业城市。早在1758年,其建立了鲁尔工业区第一家铁器铸造厂,因逆工业化导致的工厂倒闭和工人失业等问题,促使其寻找一条振兴之路,最后成功地将购物旅游和工业遗产旅游相结合发展。

奥博豪森市中心区地处一个废弃的旧钢铁厂,是德国北部人口密集的鲁尔谷地的新城市中心。奥博豪森市中心区土地规划项目是欧洲大陆最大的零售和多功能空间开发项目,包括新的轻轨系统、零售中心、停车场、办公大楼、体育场及住宅楼等。

奥博豪森市将煤气储气罐保留下来,利用其原有的通高圆柱形空间形成了奥博豪森市最具特色的展览馆,成为当地的一个地标性展览设施。这座储气罐始建于1927年,并于1929年投入使用。随着鲁尔区经济转型,炼焦和钢铁行业逐渐衰落,新能源天然气更具竞争优势,储气罐最终于1988年停止使用。1992年奥博豪森市议会决定收购储气罐并投资1600万马克将其改造为展馆设施。时至今日,储气罐展览馆已经承办过各类艺术、文化、历史及体育等多元化高品质主题展览。这种蕴含旧时工业记忆的纵向展览空间的形式为现今展览可运用的全新布展空间模式,建筑原有的金属结构围合形成的空间能够与当代的光影和音乐展览技术相融合,从不同视角感受展览所赋予工业遗产崭新的当代意义。❷奥博豪森市将当地废弃的工业设施改造为现代化的展览馆,不仅展示了奥博豪森市的工业发展历程,也承担了独特的旅游文化功能,是西方国家产业转型的典型成功案例。

4.2.1.4 鲁尔工业区休闲旅游转型效应

(1)城市功能的转变。鲁尔工业区内区域结构的变化集中体现在其所承

---

❶ 冯革群,陈芳. 德国鲁尔区工业地域变迁的模式与启示[J]. 世界地理研究,2006(3):93-98.

❷ 李论,刘刊. 德国鲁尔区工业遗产的"博物馆式更新"策略研究[J]. 西部人居环境学刊,2017,32(4):91-95.

担的城市职能的演变。鲁尔工业区的人口密度大、城市密集性较高，城市诞生于单一的煤矿产业，依次经历了钢铁城市、化工城市和综合性城市的发展道路；城市规划道路也从早期的无序、无规划状态走向全面性规划的现代化城市发展。区域更新的过程中，很多城市从单一职能演变成一专多能的综合性城市。大企业发展吸引了大量人口，城市规模不断扩大，同时加快了城市建设步伐，提升了城市能级。

（2）优化了区域和城市产业结构，增加了城市经济收入。从以煤炭、重工业为主的地区转变为以现代工业和休闲旅游产业为主导的发展地区，并使得诸多工业遗产进入世界文化遗产名录，为区域可持续发展提供了重要保障。2003年，在鲁尔工业区商业税中，当地10 000家文化产业的企业和个体经营者缴纳了7.5%，文化产业企业占7.7%，艺术家、音乐家、设计师、建筑师、编辑和音乐出版商等"创意核心"（creative core）人才占40%。

（3）改善了生态环境。鲁尔工业区区域总体规划提出营造"绿色空间"的计划，通过大量植树造林以控制工业污染、治理土地污染，美化环境、提高生活质量，营造宜居的城市环境。鲁尔工业区进行了大规模的植树造林，使废弃矿山、塌陷矿井成为风景优美的湖泊。目前，区内共有公园3000多个，绿地面积达7.5km^2，实现了20世纪60年代提出的"鲁尔河上蔚蓝色的天空"的构想。[1]

4.2.1.5 鲁尔工业区休闲旅游转型经验

鲁尔工业区复兴的成功在于解决城市功能转换、城市遗产再利用，开创了一系列多元化的开发模式和创新策略，对于传统工业区转型具有重要的启示。

（1）通过多种方式促进区域协调发展。鲁尔工业区建立了由多个城市组成的具有协会性质的机构［现今鲁尔区地方当局协会（Kommunalverband Ruhrgebiet, KVR）的前身］，以它为代表的地方联盟的区域联合机构的职能比较有限，在经历了数次变迁之后出现了职能权限缩小的趋势。20世纪60年

---

[1] 刘伯英，冯钟平. 城市工业用地更新与工业遗产保护 [M]. 北京：中国建筑工业出版社，2009：46-55.

代，鲁尔工业区经济转型之后，《鲁尔工业区区域发展计划》《鲁尔工业区开敞空间体系》以及北莱茵—威斯特法伦州政府的《埃姆舍公园国际建筑展》等项目的提出，大大促进了鲁尔工业区工业结构调整及社会经济的复兴进程。张晓军认为积极促进鲁尔工业区的经济复兴与环境特色塑造要注重两个重要理念，其一是将单一的实施项目融入整体空间系统来统筹考虑，其二是强调原有的传统工业的地域文化与地域景观的延续，在此基础上发展，并将高新技术应用到经济复兴与景观塑造以创造新的地域景观特征。❶

（2）鲁尔传统工业区的转型渗透了丰富的人文和生态思想，而非仅仅局限于发展新兴产业经济和大力发展工业遗产旅游。鲁尔工业区通过改善自然环境和优化生态系统，为新兴企业的发展创造了宜人的物质空间环境、良好的社会环境和文化资源。从埃姆舍河流域的环境污染整治和自然生态恢复，到产业工人和失业人员的社会保障制度的建立，以及传统工业遗存、工业文化旅游和新兴文化产业的发展，都体现出鲁尔工业区转型中的人文和生态关怀。将工业遗存进行文化设施、创意活动、国际展览方面的改造，改变了鲁尔工业区城市的形象和功能，结合城市休闲文化旅游的发展，充分带动了旅游服务业，使城市重现新的活力。虽然鲁尔工业区的文化产业并不能弥补传统工业中的失业问题，但就创造就业岗位和促进城市发展而言，它仍然是本地区新经济中的活跃元素，对于城市中心区的工业废弃建筑这一特殊空间要素和外观的利用，也具有较好的契合点。

（3）全面规划是结构转变的保证。鲁尔工业区的前期发展缺乏对土地利用、城镇布局、环境保护等方面的规划，随着煤炭、钢铁等重工业的发展，地区环境质量恶化、区域形象受到影响。1920年，鲁尔煤管区开发协会的规划协调机构建立，以协调城镇之间的建设事业，其职责主要包括森林绿地保护、垃圾处理、文化娱乐设施建设、市县发展规划、环境质量改善等。

（4）鲁尔工业区形象的改变主要得益于埃姆舍公园国际建筑展。1989年，北莱茵—威斯特法伦州为改变鲁尔工业区的环境形象发起了为期10年的计划。这项计划积极促进了创新企业和生产集群的发展。国际建筑展以新的

---

❶ 张晓军. 鲁尔工业区复兴的地域景观特色营造［J］. 国际城市规划，2007，22（3）：69-71.

方式展现出了地区复兴的未来愿景。同时，在此过程中，文化创意产业成为打破地区现代化进程中形象约束障碍的重要手段，并改变了大量棕地的用途。埃姆舍公园国际建筑展对埃森成为2010年欧洲文化之都起到了重要的奠基作用，该措施增强了鲁尔工业区对文化产业发展的重视，并被视为工业区结构调整的崭新手段。重大文化事件，可吸引州政府在政治上的关注和支持，增加举办文化活动和修建文化设施的机会，吸引更多的游客，也提高了居民对文化的兴趣，增强了城市认同感。

（5）鲁尔工业区还有若干专业委员会，负责区域专项咨询。鲁尔工业区经济区不是独立的行政和政治单元，1920年，鲁尔工业区地方当局协会负责区域性的发展事务❶，把绿化规划和土地利用规划放在重要地位，使得工业区和城镇都掩映在森林之中，塌陷区建成了具有休憩游乐功能的人工湖，或填充为农田牧场。同时城镇之间的道路交通等基础设施都进行了系统改造，形成了区域综合交通网络。

4.2.2 传统工业区转型与场所复兴模式

4.2.2.1 城市公共游憩空间改造模式

传统工业区转型以工业遗址为核心吸引物，对工业废弃地进行景观和功能更新，通过对场地自然要素、构筑物、建筑物、机器设备等进行改造和再利用（见表4.4），将传统工业区改建成城市景观公园、博物馆、大型公共设施等形成公共游憩空间；结合历史文化、工业特色创造新景观、新技术手段改善场地空间和生态环境，提供独具工业景观色彩和休闲娱乐功能的户外公共休闲场所。❷ 城市规划首先把遗产地类型是城市衰落码头的工业区改造成城市滨水区❸，然后推动内城传统工业区向工业博物馆、公共休憩空间、工

---

❶ 许景权，唐燕. 鲁尔地区区域治理的多元复合模式及其经验借鉴［J］. 北京规划建设，2011（5）：100-106.

❷ 章超. 城市工业废弃地的景观更新研究［D］. 南京：南京林业大学，2008：42-48.

❸ 陆邵明. 探讨一种再生的开发设计方式——工业建筑的改造利用［J］. 新建筑，1999（11）：25-27.

业博览园等类型发展。❶

表4.4 工业建筑的空间特征与功能置换类型

类型	工业建筑类型	建筑空间特征	功能置换方向	典型案例
常规型	多层厂房、多层仓库、车站站房等	框架结构的多层结构,空间开阔宽广,高度一般	博物馆、剧院、餐厅、住宅、超市、办公楼、娱乐中心等所需层高和空间较小的建筑	芝加哥海军码头的旧码头设施
大跨型	重工业生产的厂房、单层的大型仓库等	内部无柱,空间高大宽敞,结构牢固	剧场、礼堂、博物馆、美术馆等高层、大空间的建筑;或通过空间重塑改造成为餐厅、住宅、办公楼等	北京798艺术区
特异性	煤气储藏仓库、储粮仓库、冷却塔、船坞等	无明显特征、因生产功能而异	对大小空间均有需求的建筑,如研究中心、小剧场、博物馆、艺术馆、模型工作室等	日本横滨21世纪未来城

资料来源:黄滢. 城市工业废弃地景观的更新设计[D]. 南京:南京林业大学,2006:54-56.

德国北杜伊斯堡景观公园是工业遗产改造的一个典型案例。

后工业景观公园发端于20世纪60—70年代的欧美发达国家,成熟于20世纪90年代的德国。其中,鲁尔工业区的北杜伊斯堡景观公园是一个典型。❷

北杜伊斯堡景观公园位于杜伊斯堡市北部,占地面积2.3km²,前身是蒂森公司的梅德里希钢铁厂。该企业在20世纪70年代高峰时期的钢铁产量达到年产100万吨,后由于欧洲产品配额限制的要求而走向衰落,于1987年关闭。经历了50多年的遗弃状态之后,废弃钢铁厂的最终发展方向选择了利用工业遗产开发具有景观美学和生态特质的生态景观公园。

该项目购买了钢铁厂的用地,组建了开发公司,杜伊斯堡市政府将土地

---

❶ 冯立昇. 关于工业遗产研究与保护的若干问题[J]. 哈尔滨工业大学学报(社会科学版),2008(2):1-8.
❷ 刘抚英,邹涛,栗德祥. 德国鲁尔区工业遗产保护与再利用对策考察研究[J]. 世界建筑,2007(7):120-123.

性质调整为"公园用地"。工厂改造项目被纳入"国际建筑展埃姆舍公园"计划的"绿色框架"主题的景观公园系统。其后工业景观公园的设计方案通过国际设计竞赛的方式确定，强调对特色工业文化价值、废弃工业场地和设施保护与利用。该公园设计荣获"2000年第一届欧洲景观设计奖"。其改造具体措施包括：

（1）原址保留和改造原有工厂的整体布局和重要节点。全面保护和利用原有工业遗址的空间骨架结构（功能分区、空间组织和交通运输等）、空间节点、构成元素。

（2）结合实际情况，对工厂生产设施进行功能性改造。充分保留原有厂区布局、各类设施（储气罐、材料仓库、中心动力站等）（见表4.5），将其改造成为具有休闲娱乐、工业文化展览等功能的展示性和互动性场所，容纳各类游览参观、商业会议、体育运动、表演集会等多种活动。

表4.5 北杜伊斯堡景观公园的改造措施

原有景观	改造成的场所或景观	重塑功能
整体厂区	博物馆	向公众展示有关工业生产组织、流程、技术特征、相关设施、景观特色及工厂发展历史等
储气罐	游泳潜水池	向储气罐注水，改造成欧洲最大的人工潜水中心
材料仓库	料仓花园	容纳攀岩、儿童活动和展览等综合功能的活动场所
中心动力站	多功能综合活动中心	改造为多功能大厅，举办国际性的展览、会议、音乐等大型公共活动
鼓风机房综合体	多功能综合活动中心	改造为大剧场，举办音乐会、公司庆典、舞会、戏剧表演、产品发布会等活动
1号高炉铸造车间	多功能综合活动中心	改造为夏季露天影剧院舞台，场地加建轻钢支架，上覆玻璃棚，也可举办其他会议、演出活动
配电站开关设备用房	办公与餐饮	改造为游客服务中心、信息咨询中心和酒吧餐厅
5号高炉	观景台	改造为鸟瞰公园全景的观景平台
旧办公楼	旅馆	改造为拥有140张床位的青年旅社
净水池、冷却池、水渠	水公园	改造河道和水池，沿岸种植水岸植被，布置亲水平台和台阶

续表

原有景观	改造成的场所或景观	重塑功能
铁路站点、铁路线	铁路公园	与高架步道系统结合，通过楼梯、台阶等线性系统将独立的工业设施和其他空间层次相联结
草地、耕地	开放绿地	改造为户外休闲区域和供学校社团活动的生态中心
城市街道	公园道路系统	改造为公园步行道和自行车道，将原来零散的城市街道整合为慢行交通系统；建设公园灯光夜景

资料来源：李峰，夏雪婷. 后工业时代的思考——以北杜伊斯堡公园和世博后滩公园改造为例[J]. 现代装饰（理论），2014（7）：243.

（3）通过景观系统、交通系统将各类要素有机整合，以旅游系统、慢行系统、景观视线、开放空间的结构进行融合，使旧厂区的整体空间尺度和景观特征在景观公园的构成框架中得到保留和延伸。

（4）优化废弃工业区的生态环境。建设雨污分流、污水排放和处理系统，利用风能运输净化水灌溉农田或作为水体活动用水。在废弃地受污染土壤上种植野生植物降解土壤污染物，制造原生自然景观，吸引鸟类栖息。利用废渣、废物铺筑道路、广场及新建河床。

4.2.2.2 现代城市商务区改造模式

该模式有二：保留原有工业厂房和完整的企业生产设施，并改建为具有艺术气质的大型办公区、商业购物中心、特色餐馆等其他特色娱乐服务设施[1]；或对低效益工业区进行整治改造和功能置换，引入战略性新兴产业和高成长性中微企业，实施土地整备腾挪发展空间、引导产业有序转型、淘汰低端企业等措施，通过土地、空间和产业置换推动传统工业区向现代商务区、现代商业综合体转型。该模式主要是以经济复兴为核心，通过土地再开发实现区域和城市功能转型，对传统工业区实施产业结构和社会功能调整，发展由商业、金融、信息和休闲主导的第三产业，创造经济效益和更多就业机会；强调工业景观的维护和文化氛围的营造，进而植入新业态，提升

---

[1] 陆军. 城市老工业区转型与再开发：理论、经验与实践[M]. 北京：社会科学文献出版社，2011：44-78.

土地的经济价值。该模式适用于地理区位比较优越、规模较大、工业遗产相对集中、工业建筑保存完好的传统工业区。

青岛中央商务区改造是这一模式的典型。

青岛开发区位于西海岸经济新区的核心区，在区块的核心区存在着较多的老工业企业。在新一轮的工业区开发改造中，实施了旧厂房改造工程，将32家老工厂改造升级为中央商务区。青岛中央商务区是市北区于2005年获批动工建设的综合性商务中心，用地面积为2.46km^2，规划人口5.4万人，建筑面积约5 000 000m^2，是市内可供开发建设面积最大的一块商务用地。改造项目鼓励企业把工业生产项目迁入园区内工业区，利用闲置的旧厂房进行功能性改造，发展金融商贸、信息服务、物流配送、餐饮酒店住宿等现代城市服务业，推动城市产业的转型升级，目标是建设成为青岛市的中央商务区。

中央商务区不仅是一个国家和地区对外开放程度和经济实力的象征，也是现代化国际大城市的一个重要标志，有助于提高青岛市的核心竞争力。中央商务区的建设补充和完善了青岛市中心区的城市功能，打造了商业、金融、中介服务、科技信息等现代服务业的高端产业聚集区和核心区，显著改变了周边环境，提升了区域整体形象。青岛中央商务区重点建设项目是包括商业、住宅、休闲娱乐的多元综合体。此外，市政配套道路也全面提升，并建有供居民和游客休闲娱乐的中心广场。

4.2.2.3 文化创意产业园区改造模式

工业区建设开发前期具有空间大、租金低、环境安静的优势，传统工业区向创意产业园转变，为工业衰败区注入了新活力，成为城市创新产业门类、调整产业结构、激发城市活力、提升城市形象的有效途径。城市中心地段的传统工业区宜结合城市RB形成都市中心文化创意、休闲娱乐消费展示场所，城市边缘的传统工业区容易形成创意产业的生产区、工作坊和设计坊等。❶创意产业赋予传统工业区新内涵。园区举办各种展览、沙龙、表演，吸引大

---

❶ 李怡婉. 深圳利用旧工业区发展创意产业园区的实践探索——以深圳Oct-Loft、深圳动漫园为例［C］∥转型与重构——2011中国城市规划年会论文集. 南京：东南大学出版社，2011：7852-7862.

众前往消费，使园区及周边地区各类商业设施和服务设施（如艺术品商店、餐饮、酒吧、时装公司等）不断集聚，园区规模扩大引起周边地价上涨、文化向商业化转变，经济活力重现。更新活动中的大部分传统工业建筑是与创意产业相结合起来的，如我国的798艺术区就属于这种模式，很多游客已将参观创意产业园作为城市旅游的一个重要组成部分。

该模式利用工业区旧厂房、建筑、仓库、地段等历史风貌，更新具有重要意义和历史价值的工业遗产内部设施，同时融入文化创意和休闲娱乐商业，创造创意产业发展空间，建设文化产业和娱乐设施高度集中区，融合工作、居住、休闲娱乐多种功能，对工业遗产进行保护性利用，延续城市工业文脉，提升城市文化品位，实现文化产业、文化旅游与工业历史建筑保护相结合。该模式适用于有历史文化保护要求，或具有独特历史风貌和文化积淀的传统工业区改造。

埃森市文化创意产业区是这一模式的典型。

埃森市曾是德国鲁尔工业区的工业重镇。埃森矿业同盟矿曾是世界上规模最大、最有效率的煤矿，见证了德国150年煤矿业的兴起与衰落，具有独特的历史文化意义。1986年，它的结束营业标志着鲁尔工业区煤矿史的完结。煤矿倒闭后，北威州政府买下工业区内的全部工矿设备，使煤矿工业区结构得以完整保留。[1] 2001年，埃森煤矿被联合国教科文组织列入世界文化遗产之一，2010年，被命名为"欧洲文化之都"。这昭显了过去几十年埃森市所经历的巨大转变。

埃森市煤钢工业转型的关键措施就是发展文化创意产业，通过在特色工业遗产改造区域新增设施和活动场所，煤炭生产设施（运输系统、燃烧炉、桶架、走道等）、矿工生活服务设施（员工宿舍、市场、商店等）等改造为煤炭博物馆、展览馆、小戏院等开放性设施，和舞蹈室、私人艺术工作室、办公楼等办公区域，以及礼品店、餐馆、咖啡厅等商业设施（见表4.6）。还筹建了国际设计学校、工业设计院及国际建筑设计与艺术实验室，逐步完善了原来分散的文化设施结构体系，提升了经济发展机构和地产商发展本地区文化产业的兴趣；发展了文化产业，提升了城市形象，改善了居民的生活质量。

---

[1] 胡晓晶，喻继军，李江风. 资源型城市转型中旅游业地位与作用研究[J]. 资源与产业，2007（2）：5-8.

表4.6 埃森市矿业同盟部分重点工业设施改造情况

原型	现状	改造特点	功能
炉房	红点设计博物馆	旧炉房、矿场设施和新建展览空间结合	展示生活用品、电脑、汽车等，举办国际红点设计比赛
储存盐的货舱	展览馆	货仓内搭建大棚并分区，以主题形式展示新创意	展示俄罗斯艺术家大型装置作品
冲压车间	品质餐厅	空间改造	餐饮服务
炼焦厂	艺术展示场所	空间利用	艺术展示
清洗房	舞蹈中心	空间利用	舞蹈演出
运输带、地下矿场	摩天轮	设施利用	游玩娱乐，太阳能发电新能源展示
囤积肥料空地	绿化地	空间改造	改善环境
运煤火车铁路	脚踏车车道	设施利用	游玩娱乐

北京798艺术区是这一模式的另一典型。

北京798艺术区位于北京市朝阳区酒仙桥大山子地区，总建筑面积23万平方米。其前身是北京华北无线电联合器材厂，即718联合厂、北京国营电子工业老厂区。该厂于1964年4月撤销。2000年12月，其重新整合为北京七星华电科技集团有限责任公司（以下简称"七星集团"）。2002年之后，为了配合大山子地区城市综合改造，七星集团把部分产业迁出。闲置时期，该区域面临着拆迁的威胁。

改造后，园区低廉的房租、有序的规划、便捷式的交通、具有独特风格的包豪斯建筑等多方面优势，历史和艺术的凝聚为艺术、文化活动营造了特色空间，为创意产业活动提供场地，吸引了众多艺术机构和艺术家集聚，汇聚了画廊、艺术工作室、文化公司、时尚店铺，形成了文化展示、动漫影视、出版传媒、设计咨询、商业会展为主题的文化产业链，成为北京文化旅游的新地标，形成了结构合理、功能完善的文化旅游街区。

北京798艺术区的改造经验，主要包括以下五点。

(1) 前期方向选择认准了该地区的开发潜力。

在北京市政府当初未对798艺术区原址厂房未来发展做出决定时，佐佐木公司对该区的工业遗产价值做出了富有前瞻性的开发价值评估，为该区打造了愿景规划，整合了独特的建筑风格和工业元素，保留了现代包豪斯风格的建筑空间、红色墙体及标语和工业生产设施与仪器，强调将艺术作为该地区的中心主题，保留历史性工业美感的基本品质。

(2) 充分发挥了地理区位的发展优势。

798艺术区位于北京市东北部的朝阳区酒仙桥地区，总面积超过600 000km^2，曾是我国"一五"时期兴建的电子工业基地。随着北京市城区的不断扩大，该地区由城郊转变为城市功能拓展区的重要组成部分，区位优势明显。

(3) 将现代艺术与工业文化紧密结合，形成了极具吸引力的文化场所。

该区保留了工业厂房和煤气厂、铁道、工业桥式吊车等工业遗迹，并对内部空间、园区道路、公共绿地等重要节点进行了功能性改造；充分融入现代文化艺术雕塑、符号和其他载体，吸引了大量的艺术家和工作室进驻，后续延伸到了艺术画廊、剧院、展览厅等主要艺术空间，以及商品零售、咖啡厅、酒店、餐厅等服务型企业，使用线性步行系统对各个场所和公共节点进行有机整合，形成了特色鲜明的文化展示、体验场所，极大地提升了798艺术区的产业和旅游吸引力。同时，极富创造性的产业媒体、时尚设计、动画软件等企业又在创意创造方面不断地保持该地区的文化更新与持续复兴。

(4) 通过大型文化会展活动，大力传播798文化艺术品牌。

以国内外众多著名的文化机构为支撑，举办了各类艺术展览、时尚活动和其他商业活动，吸引了众多世界政要、影视明星等社会名流前来参观，如Bens（奔驰）、Dior（迪奥）、Nike（耐克）等国际著名品牌曾在798艺术区举办推广活动或新闻发布会，瑞典、德国、奥地利、法国等国家的总统先后到访过798艺术区，这些都大大地提升了该地区的文化知名度和影响力。美国《时代》周刊于2003年将其评为全球最有文化标志性的22个城市艺术中心之一。由于798艺术区的存在，北京更是被美国《新闻周刊》和《财富》杂志评为2003年和2004年世界城市艺术中心类别的年度Top12。

(5) 政策大力支持，规范管理发展。

随着北京市文化产业的快速发展，798艺术区以其独特的文化艺术产业集聚优势，获得了政府的更多关注。酒仙桥地区于1993年被定位为"集科、工、贸为一体，多功能、多产业、综合性的高科技工业区——北京电子城"；1999年，转变为"国家级高新技术产业开发试验区"，成为中关村科技园区的重要组成部分。798艺术区的发展也在产业政策转变的背景下找到了文化创意产业发展的突破口，先后被北京市政府授予"首批文化创意产业集聚区之一""中关村电子城文化创意产业基地"等；并成立了798艺术区建设管理办公室，在园区公共服务、展览展示和政策培育等方面提供优质的公共政策资源，进一步加强对艺术区的宣传与推广。

4.2.2.4 混合功能区改造模式

以零售或办公室租赁为主要收入来源的地区，比主要依赖旅游和休闲的地区更具可持续性。[1] 在工业建筑遗存利用方面，20世纪60年代至今，欧美等国工业建筑遗产再利用由旧建筑修复、外观保持等改造转向建筑结构的创造性更新设计，从内部空间、外部特征、环境特征三方面实现建筑再利用、整体环境质量提升和功能混合化。[2] 如西安纺织城改造依托产业布局和各类用地整合，以国际商贸中心为核心、水域生态环境为纽带、旧工业厂房改建和纺织文化延续为主线，形成由纺织、商贸物流、文化创意、房地产和旅游五大产业共同支撑的园区。[3] 再如2000年，"22@巴塞罗那"计划从复合功能重构、基础设施升级、公共空间优化、建筑保护改造四个方面打造紧凑多

---

[1] KOCABAS A. Urban conservation in Istanbul: evaluation and re-conceptualization [J]. Habitat international, 2006, 30 (1): 107-126.

[2] 杨丽霞，喻学才. 中国文化遗产保护利用研究综述 [J]. 旅游学刊, 2004, 19 (4): 85-91.

[3] 周庆华，雷会霞，陈晓键. 探索城市旧工业区改造的和谐之路——西安纺织城改造规划研究 [J]. 城市规划, 2009, 33 (3): 67-70.

样的城市模式，其目标是利用传统工业区更新引入高新知识产业，使城市功能多样化，将旧工业区更新纳入城市整体复兴之中。❶

西安纺织城综合发展区是这一改造模式的典型。

西安纺织城改造区面积为 32.39km^2，包括旧工业区和周边辐射区，曾是"一五"期间国家投资建设的西北地区最大的纺织工业基地。20 世纪 60—70 年代，其有"小香港"之称；90 年代之后，随着纺织行业的日益衰退，西安纺织城也逐渐走向了衰弱，大量陈旧的厂房、老式建筑闲置下来。

2007 年，通过调整产业结构、实施旧城改造、基础设施建设等措施推动了西安纺织城向商贸、宜居、生态城市转变。纺织城核心区是西安市灞桥区的政治、经济、文化中心，大量的企业生产区、生活区面临着改造的压力，同时面临着旧城棚户区改造、城市基础设施建设、公共服务功能提升、生态环境治理等大量工作。其改造目标是建设为老工业基地综合改造示范区。

西安纺织城的改造项目涵盖了基础设施、商贸物流、文化创意、生态建设等多个方面，改造目标是推动本地区科技园、商贸物流、房地产和休闲旅游等多个行业的发展，是典型的混合型功能改造模式。其改造规划分三步：第一步（2008—2009 年），启动节点和路网改造，启动商业街区、商贸物流园、文化创意园建设，重点发展商贸、房地产、文化创意和休闲旅游产业，整治城中村和浐灞河生态环境；第二步（2010—2011 年），对旧厂区土地进行回购出让，建设文化创意园和纺织工业遗产博物馆；第三步（2011—2012 年），通过纺织工业区改造来推动整体旧城改造，构建商贸新都、宜居新地和生态新城的雏形。截至 2015 年，西安纺织城工业区改造已初见成效，休闲旅游功能逐步融入地区产业发展，初步形成了纺织城商圈。

从以上四个转型模式可以看出，以工业遗产为依托的休闲旅游空间形态改造正向以休闲旅游与商业服务业融合发展的方向发展，即以金融商务、休闲娱乐、观光旅游、交通中转等活动形成的综合区，除集中发展金融及商业服务业外，与旅游相关的功能和活动更加集中，尽力为商务、旅游、零售等相关产业开发提供支持，成为全天 24 小时的活动中心，改变单纯以旅游经济

---

❶ 周婷，PLAMV. 巴塞罗那波布雷诺旧工业区更新策略探析 [J]. 住区，2013(3)：138-145.

为主导的空间形式以及与地方历史文化特征和经济社会活动割裂的问题，提升土地利用效率和经济活力。

4.3 休闲旅游转型路径与策略

综合来看，大都市传统工业区存在失业率较高、生态环境污染、生活品质低等问题，在转型路径和策略选择上要进行全方位考量。

4.3.1 充分发挥工业遗产的休闲旅游开发价值

转型要尊重工业发展历史，传统工业区改造忌大拆大建，应通过对厂房进行适宜的功能定位，辅以建筑立面设计和改造、公共设施的优化以及产业政策的引导，将工业文化融入城市发展之中，使厂房得以循环利用、地方活力再现，为城市功能进一步调整预留弹性空间。

不同地区、不同地块具有不同的经济社会环境、区位条件、资源状况，需要因地制宜选择不同的发展模式，以充分发挥区域和工业遗产的休闲旅游价值。要综合评价传统工业区的功能定位，分类分期开发，结合城市和产业发展的客观规律，充分了解市场需求和发展趋势，综合考虑工业区发展的内外部因素，如工业区产业结构和业态、工业遗存情况、公共设施配套、周边地区的发展情况等。要评价工业遗产改造区域的全新功能定位，依照新的功能定位进行分类分期改造，逐步进行产业结构调整和功能置换。

4.3.2 多方参与，建立政府主导的合作运营网络

传统工业区的利益相关者包括政府、社会机构、地方居民、公众，在开发利用时应搭建沟通交流平台。政府在策略制定时，应邀请专家学者对发展战略进行充分论证，统筹协调多方利益诉求，尊重和维护业主与地方居民的所有权、知情权、参与权和收益权，引导社会组织和私人开发商参与。

其中，资金是工业遗产旅游发展的最主要挑战。[1] 可由政府部门主导，吸纳私人部门投资，形成网络化合作组织，确保资金和合作的有效性。传统工业区改造的资金筹措、管理方法、组织结构是改造的重点。要形成利益各方共同参与、资金使用有效监督的长效机制，这是确保区域经济复苏和持续吸引力的关键。建立一个公私部门联合的多方参与机制是城市管理及地方民主的重要措施[2]，这种做法在英国伯明翰市布林德利地区的城市更新中取得了较大成功。[3]

4.3.3 以举办重大节事为契机，推动工业区更新改造并吸引人流

以举办重大节事为契机，实现废弃土地产业空间置换，吸引文化企业进驻，提升社会经济活力和城市形象。重大事件举办及其发展政策影响城市旅游产业和经济社会发展的诸多方面。[4] 它可以促进城市功能完善、加速基础设施更新、提升城市知名度[5][6]，为商业、旅游业、会展业等现代服务业提供巨大的发展机遇[7][8][9]，对收入、就业、城市旅游文化和经济社会现代化产生

---

[1] ALONSO A D, O'NEILL M A, KIM K. In search of authenticity: a case examination of the transformation of Alabama's Langdale Cotton Mill into an industrial heritage tourism attraction [J]. Journal of heritage tourism, 2010, 5 (1): 33-48.

[2] BRAMWELL B. Rural tourism and sustainable rural tourism [J]. Journal of sustainable tourism, 1994, 2 (2): 1-6.

[3] 张险峰，张云峰. 英国伯明翰布林德利地区——城市更新的范例 [J]. 国外城市规划, 2003, 18 (2): 55-62.

[4] 白福臣. 德国鲁尔区经济持续发展及老工业基地改造的经验 [J]. 经济师, 2006 (8): 91-92.

[5] 张艳. 2008年北京奥运会与我国非主办城市的互动和影响——以上海、秦皇岛、大连、青岛、桂林为例 [D]. 桂林：广西师范大学, 2007: 68-94.

[6] KIM K S. Exploring transportation planning issues during the preparations for Expo 2012 Yeosu Korea [J]. Habitat international, 2011, 35 (2): 286-294.

[7] O'BRIEN D. Event business leveraging: the Sydney 2000 Olympic Games [J]. Annals of tourism research, 2006, 33 (1): 240-261.

[8] O'BRIEN D, Gardiner S. Creating sustainable mega event impacts: networking and relationship development through pre-event training [J]. Sport management review, 2006, 9 (1): 25-47.

[9] MCHONE W W, RUNGELING B. Practical issues in measuring the impact of a cultural tourist event in a major tourist destination [J]. Journal of travel research, 2000, 38 (3): 299-302.

重大影响。20世纪90年代，重大旅游节事就已经成为西方传统工业区经济复兴的重要动力❶，其引发的体育设施建设、娱乐活动和旅游产业投资对商务会展、体育遗产旅游等城市休闲旅游产业具有重要的促进意义。❷❸

奥运会和世博会这两个重大事件对城市传统工业区更新的作用最为典型。2000年悉尼奥运会选址是废弃制砖厂。该传统工业区借助奥运会转变成风景优美的城市运动休闲区，赛后经精心策划融入商业功能形成了绿色公园和新商业中心。❹ 2010年上海世博会选址在江南造船厂旧址和黄浦江两岸的临江传统工业区，世博园建设推动了该区基础设施、交通配套和服务企业的进驻，给旅游业发展带来了巨人的产业、空间效应和后续效应，建成的黄浦江滨江城市公共空间加速了黄浦江两岸经济社会空间重组，提升了经济社会活力、城市形象和周边社区生活和环境质量。❺ 大型城市节庆展览活动也作用巨大，如德国鲁尔工业区国际建筑展对衰退工业区社会经济环境的综合更新起到较大的推动作用。❻

4.3.4　实行土地混合利用发展模式，分地段周期式开发

根据城市土地价值规律，调整城市土地利用结构，转换城市土地功能，可以改善城市空间布局，提高城市土地的综合利用率。❼ 鼓励土地混合利用，可以并入整体城市设计，在构筑道路广场、公园绿地等公共空间体系和空间结构框架等方面获得优先权，确保城市战略目标整体性和城市肌理结构整体性。

---

❶ ROCHE M. Mega-events and micro-modernization: on the sociology of the new urban tourism [J]. British journal of sociology, 1992, 43 (4): 563-600.

❷ ROSENTRAUB M S, MIJIN J. Tourism and economic development: which investments produce gains for regions [J]. Tourism management, 2009, 30 (4): 759-770.

❸ WOOD J. Olympic opportunity: realizing the value of sports heritage for tourism in the UK [J]. Journal of sport tourism, 2005, 10 (4): 307-321.

❹ 胡燕, 潘明率. 城市旧工业区再利用研究——以悉尼奥林匹克公园为例 [J]. 华中建筑, 2013, (4): 161-164.

❺ 陈浩, 陆林. 北京奥运会与上海世博会旅游业效应及对比分析 [J]. 经济地理, 2003, 23 (6): 844-848.

❻ 吴唯佳. 对就工业地区进行社会、生态和竞技更新的策略——德国鲁尔地区埃姆歇国际建筑展 [J]. 国外城市规划, 1999 (3): 35-37.

❼ 刘玉龙. 城市更新中的土地置换 [J]. 北京规划建设, 2006 (2): 82-84.

坚持渐进式改良，注重"过程"而非"终极蓝图"。城市传统工业区以旅游文化为先导进行改造，将工业区历史遗产用于旅游发展，带动工业区及其周边地带的经济结构产生重大转变。❶通过部分更新和定点更新，借助城市重大节事、重大基础设施建设、城市遗产商业和旅游开发、创意文化产业发展促进传统工业区土地和空间置换重组。❷

4.3.5 打造开放性和综合性的公共交通体系

完善公共交通体系，鼓励公共交通多样化和多功能化，发展公共交通和轨道交通，加强传统工业区与中心城区的联系，以及街区内外部的交通联系，提高区域的可达性、便捷性和吸引力。根据核心区的公共、休闲设施建设，设立方便的步行系统和道路标识，形成便捷的道路交通中转体系，提高工业遗产改造地区的便利性和流通性。

4.3.6 保存和弘扬地方工业历史文化精神

大都市传统工业遗产地再开发需尊重内外驱动因素，激发周边地区和城市经济繁荣。要深刻理解改造地段历史文化，将地方特质融入工业遗产休闲旅游改造的进程。传统工业区开发前期需要结合地方审核与市场规划内容，理解城市发展的地段外环境（环境背景、城市文化、政策导向、市政设施等）和地段内环境（区位、环境质量、地段风貌等），从土地权属信息收集、改造意愿空间化、合理划分改造地块、建立控制体系四个方面，对传统工业区改造规划编制提出创新和建议。❸更新功能定位需符合城市和区域整体发展战略目标。❹

---

❶ 王雪松，温江，孙雁. SOHO对就工业建筑更新利用的启示 [J]. 重庆建筑大学学报，2006，28（3）：4-6.

❷ 桑轶菲. 城市空间置换与重组的策略思考 [J]. 浙江建筑，2011，28（6）：5-7.

❸ 张建荣，李孝娟. 旧工业区改造规划编制的困境与探索——以深圳市宝安区试点旧工业区改造专项规划为例 [C] //生态文明视角下的城乡规划——2008中国城市规划年会论文集. 大连：大连出版社，2008：1-6.

❹ 刘健. 城市滨水区综合再开发的成功实例——加拿大格兰威尔岛更新改造 [J]. 国外城市规划，1999（1）：36-38.

第 5 章

大都市传统工业区休闲旅游功能置换过程与机制

  城市功能的演化是由单一至多元、简单到复杂的过程。世界城市化经历了工业革命前、工业革命时期和后工业化时代三个阶段，不同时期的工业化决定了城市经济特征的差异，以及城市经济职能和城市空间结构的特征的不同。在这个过程中，当传统工业区衰落和转型时，新的城市功能叠加或置换衰落工业区的工业生产功能，以此推动城市功能和城市空间结构的变化。传统工业区的休闲旅游转型和功能置换，体现的正是城市工业生产功能的转出，和以休闲旅游为主导的现代服务业植入的过程。这一过程使城市功能由原来的生产功能转向服务功能，带动城市空间结构优化重组，从而影响城市经济的产业形态和发展方向。

5.1 城市功能、区域功能与城市空间结构

5.1.1 城市功能与区域功能

5.1.1.1 城市功能

城市功能是指城市在国家或区域政治层面、经济层面、文化生活层面中所担负的任务和作用[1]，主要包括生产功能、服务功能、管理功能、协调功能、集散功能、创新功能。它反映的是城市系统对外部环境的作用和秩序，是城市发展的动力因素。根据城市整治、经济和文化等活动对城市发展的作用，可以划分为基本活动部分（为城市本身提供所需货物和服务的经济活动）和非基本活动部分（为城市以外的区域生产和服务的经济活动）。其中，基本活动对城市功能起主导作用。[2]

经济功能是现代城市功能的主要发展动力，不同经济发展模式产生不同的组织形式和专门机构，城市商业、服务业、金融、交通和通信等活动使城市内部空间产生分化，形成内部复杂的地域功能分区。城市经济的转变往往是决定城市功能演变的决定性动力，其引导的城市功能转变将使城市在区域中的地位和作用发生变化。城市发展和成长依赖于自身基本经济活动的多元化与层次化的广度和深度。如果一个城市的基本经济功能受消极因素的影响而衰落，又没有新的基本功能替代，那么，这个城市就将会走向没落。[3]

大都市的出现不仅迫使城市地域空间形态与规模发生变化，同时伴随着城市功能的演变和转型。[4] 娱乐和游憩是城市的主要功能之一[5]，旅游功能逐

---

[1] 张复明, 郭文炯. 城市职能体系的若干理论思考 [J]. 经济地理, 1999 (3): 20-24.

[2] 许学强, 张俊军. 广州城市可持续发展的综合评价 [J]. 地理学报, 2001 (1): 54-63.

[3] 肖金成. 加快体制创新促进区域经济发展 [J]. 宏观经济管理, 2004 (3): 41-42.

[4] 王建军, 许学强. 城市职能演变的回顾与展望 [J]. 人文地理, 2004 (3): 12-16.

[5] 明庆忠. 旅游开发影响效应研究 [M]. 北京: 科学出版社, 2007: 35-42.

渐成为大都市定位的重要依据之一。随着现代大都市的经济水平提高和人们日益增长的休闲旅游需求,城市旅游已经成为重要的经济增长点,在城市产业中的比重不断增长,旅游功能的规模、强度和产业辐射效应不断增大,城市旅游功能已经成为城市竞争力的重要组成部分。❶

5.1.1.2 区域功能

区域是由一定空间内各种经济社会资源要素的组合形成的,经济地理发展要素包括基础设施水平、劳动力质量、经济社会发展水平、产业结构等。❷❸ 区域功能定位需要依据基础要素,综合权衡地域分工、社会文化、资源禀赋、区位交通和产业经济基础,根据主导产业建立区域产业体系,进而影响区域功能和地位。❹ 区域功能引导城市经济发展,依据资源环境条件、区域经济联系、产业发展趋势和外部环境进行调整。❺❻ 区域功能定位根据区域发展竞争力或优势等确定。

城市是区域城镇体系的主要组成部分,其形成和发展与区域经济社会发展和环境基础条件的变迁密切相关。❼ 城市功能是城市在区域中所起的作用或承担的分工❽,自然资源、劳动力、土地等基础性生产资料是确立城市功能的基础要素,区域战略、区位条件、产业结构演化、技术进步影响、城际

---

❶ 金世胜,汪宇明. 大都市旅游功能及其规模影响的测度 [J]. 旅游学刊,2008(4):72-76.

❷ 崔功豪. 城市问题就是区域问题——中国城市规划区域观的确立和发展 [J]. 城市规划学刊,2010(1):24-28.

❸ 高宜程,申玉铭,王茂军,等. 城市功能定位的理论和方法思考 [J]. 城市规划,2008(10):21-25.

❹ 北京市区域经济功能定位课题组. 北京市区域经济功能定位及主导产业选择 [J]. 经济研究参考,1998(42):2-28.

❺ 北京市区域经济功能定位课题组. 北京市区域经济功能定位及主导产业选择 [J]. 经济研究参考,1998(42):2-28.

❻ 谈绪祥,沈金箴. 谈谈北京的区域功能定位 [J]. 前线,2005(6):43-44.

❼ 崔功豪. 城市问题就是区域问题——中国城市规划区域观的确立和发展 [J]. 城市规划学刊,2010(1):24-28.

❽ 周一星. 城市体系规模结构分析的两个误区 [J]. 城市规划,1995(2):13-16.

竞争协作、政策和外部发展环境等共同影响城市功能演变。❶❷❸❹ 城市功能定位考虑三个方面：区域社会经济发展及其动态趋势，城市与区域（不同尺度）之间社会经济联系特征，以及城市自身发展条件、基础、方向、模式和潜力。❺ 城市旅游的发展具有区域经济效应，它通过旅游流、旅游交通网络联系等，同周边地区产生旅游要素交换。当前，我国许多大都市都面临着区域旅游一体化的问题。

5.1.2 城市功能与空间结构

城市空间结构是城市功能区的地理位置与分布特征的组合关系，它是城市功能组织在空间地域上的投影。❻ 集聚和扩散是城市空间结构演变的两类基本运动形式，不同阶段、不同区位的组合特征影响着城市空间结构的具体形态。

城市空间结构演变的本质是城市结构形式不断适应城市功能变化的需求。❼ 城市功能主导着城市空间结构发展的阶段性和演变方向，城市的每个发展阶段都有与之匹配的城市功能和城市空间结构，两者之间的相互作用和动态发展过程，共同推动城市的不断发展。城市经济发展水平的提高促进城市产业结构的优化升级，城市经济业态的变化引发产业经济组织形式的变化，反映在城市空间上表现为城市用地功能分区及其空间结构的变化。❽❾ 在自身

---

❶ 许学强，张俊军. 广州城市可持续发展的综合评价 [J]. 地理学报，2001（1）：54-63.

❷ 李玲，许学强. 50 年来我国城市主导功能的发展变化——从消费城市向生产城市、生活城市的转变 [J]. 人文地理，2001（2）：22-25.

❸ 骆方金. 当代桂林城市功能定位研究 [J]. 社会科学家，2005（2）：206-208.

❹ 葛海鹰，丁永健，兆文军. 产业集群培育与城市功能优化 [J]. 大连理工大学学报（社会科学版），2004（4）：36-40.

❺ 张复明，郭文炯. 城市职能体系的若干理论思考 [J]. 经济地理，1999（3）：20-24.

❻ 许学强，张俊军. 广州城市可持续发展的综合评价 [J]. 地理学报，2001（1）：54-63.

❼ 孙樱. 试论新时期城市职能研究的必要性 [J]. 城市规划，1995（5）：22-24.

❽ 徐逸伦. 谈经济组织形式与城市空间结构 [J]. 城市规划汇刊，1999（2）：18-20，81.

❾ 朱英明，姚士谋. 苏皖沿江地带城市空间演化研究 [J]. 经济地理，1999（3）：48-53.

经济因素或者外界因素的影响下，城市职能处于不断演化的过程中，从而带来城市空间结构的演变。城市经济职能转型是城市空间结构演变的先导，其转变能够促使城市产业结构的演变，导致城市用地结构变化，进而导致城市空间结构的变化。反之，城市空间结构也会影响城市功能的发挥。

从城市形成到城市功能空间的分化可以划分为五个阶段：均质化阶段，商业空间分化阶段，综合服务型空间形成阶段，新工业空间形成阶段，居住空间的独立与多中心的形成阶段。❶ 工业经济时代，城市经济结构以工厂生产为主体，生产功能是城市主导功能，城市以急剧扩张和集中生产为典型空间形态。伴随着逆城市化、郊区化或城市规模的不断扩大，传统工业区向外迁移，造成工业区城市功能的消失而走向衰败，此时就需要寻找新的经济活动，重新塑造新的城市功能空间。后工业时代，城市由传统的制造业中心转变为现代城市中心，城市功能发生根本性的转变，以居住区、商业区、工业区、游憩空间等城市功能地块构成了城市的有机空间，这些功能区的地理空间集聚对城市空间结构的演化产生了重要作用。❷ 大量传统制造业转移和人口流出，城市服务业取代工业成为城市主导产业，服务功能取代生产功能成为城市发展的主体。以休闲旅游产业为主导或增长极的现代城市服务业为城市产业发展提供了新空间，也是众多城市传统工业区转型的主要选择，这种功能置换使城市空间发生重构。❸

5.2 城市功能演化下的传统工业区休闲旅游转型

5.2.1 传统工业区休闲旅游功能置换过程

工业化是城市发展的主要推动力，不同时期的工业化决定了不同的城

---

❶ 赵航，安实，何世伟. 城市公交系统宏观网络优化整合研究 [J]. 交通运输系统工程与信息，2011，11（2）：112-118.

❷ 赵航，安实，何世伟. 城市公交系统宏观网络优化整合研究 [J]. 交通运输系统工程与信息，2011，11（2）：112-118.

❸ 龙绍双. 论城市功能与结构的关系 [J]. 南方经济，2001（11）：49-52.

市经济特征,以及不同的城市经济职能和城市空间结构的特征。工业企业在产业经济中的比重和工业企业布局的变化,对城市功能和城市空间结构的演变产生重要影响。城市功能的演化是由单一到多元、简单到复杂的过程。传统工业区的休闲旅游转型,使城市功能由原来的生产功能向服务功能转变,带动城市空间结构的重组;休闲旅游吸引物的出现,影响区内外旅游线路的空间组织,进而对地方旅游形象和区域旅游产品构成、旅游流空间组织产生影响。最终表现为休闲旅游经济的发展影响城市经济的产业形态和发展方向。

大都市传统工业区改造不仅涉及工业区功能的调整以及土地功能的转换,还经常与产业布局结构的变化调整相结合。因此,大都市传统工业区更新改造的关键在于城市不同性质用地之间的功能转换,鼓励用地混合发展,以优化城市用地配置,实现城市功能在区域中的合理定位。❶ 根据发展阶段,可以用三个阶段总结传统工业区与城市功能、城市空间结构发展之间的关系(见图5.1、表5.1)。

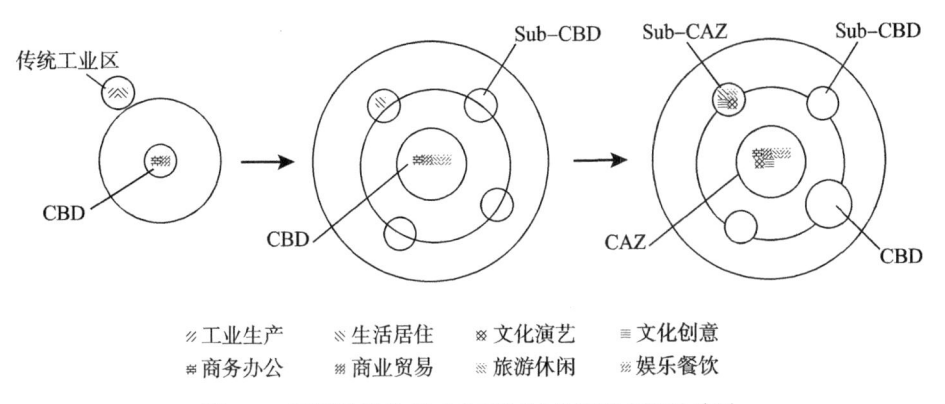

图5.1 不同阶段传统工业区与城市发展之间的关系

注:Sub-CBD指城市副中心,Sub-CAZ指城市次中心活动区。

---

❶ 刘玉龙. 城市更新中的土地置换 [J]. 北京规划建设,2006 (2):82-84.

表 5.1 传统工业区发展与城市功能和空间形态的对应关系

传统工业区发展状态	承担城市功能	发展特征	城市空间形态	城市发展阶段	休闲旅游功能
增长阶段，工业化时期	工业生产功能、生活居住功能、卫生教育功能	工业生产为主导，各种经济社会要素都围绕工业生产进行配置	单一中心增长，空间集聚	传统工业城市	无
衰落阶段，去工业化时期	生活居住功能	工业外迁，人口流失严重，失业人员留守	多中心发展，空间集聚与扩张	综合大城市	较弱
复兴阶段，后工业化时期	生活居住功能，休闲旅游、餐饮等休闲娱乐功能、文化演艺、文化创意等文艺创新功能，商务办公、商业贸易等商业功能	通过公共设施及环境改善，吸引部分现代服务业入驻；大量工业遗址被改造为文化旅游或公共休闲活动场所	多中心发展，空间分散，文化消费增强	现代大都市	商务旅游、文化旅游、休闲娱乐

5.2.1.1 传统工业区增长阶段

工业化初期，城市发展较大地受到生产力发展水平的限制。该时期的城市功能主要是政治功能和军事功能，城市主要是行政、宗教、军事或手工业中心，职能单一，商业功能不强，可以提供给城市居民需要的农产品有限。

工业化在城市化进程中发挥了重要作用。城市为工业区提供了劳动力、资金、技术、广阔市场和优惠政策，使工业区逐渐成为城市经济的主体。城市作为产业集聚的载体，成为产业经济活动的主要场所。工业区生产组织形式的经济效率指向性促使大规模工业企业在城市集聚，以享受城市提供的公共服务、市场信息交流便利、共同分摊基础设施费用，形成集聚经济。世界上多数传统工业区主要布局在矿产富集区或滨水地区，企业间联系主要包括三种类型：垂直联系企业；以同种矿产资源为原料但产品相同或不同的企业；利用同一地区内不同矿产资源的企业。在城市发展早期，城市规模不大，工业区选址多是在城市郊区，以工业生产和生活居住为主要功能，形成一个独立的功能组团。

工业经济时代的城市功能及空间结构有两个主要特征：①不同功能之间以互不干扰的空间隔离为原则，功能内部以集聚、规模化发展为主；②不同城市功能的联系和完成都要通过城市道路网来实现，形成以可达性为准则的区位原则。上述特征在空间上形成了以土地成本、交通成本为约束，按区位分布的分区布局特征。

世界上著名的老工业区的主导产业一般都是煤炭、钢铁、采掘、机械制造等大型重工业，产业聚集性和规模效益较大，机器大工业生产体系和组织方式使人口和资本大规模向城市集中，城市成为区域工业生产和经济中心。但其常常是产业类型单一、结构不合理，过多依靠刚性产业结构，限制第三产业发展，对市场需求的反应较慢；从单个产业内部的演进过程看，从轻纺工业转向依靠矿产资源、以原料采掘为主的重化工业。传统工业城市的空间结构特点是具有单一中心结构的高密度聚集区，中心城市和中心商业区占整个大都市区的主导地位。❶城市集聚经济效应将原材料、资源、资本等要素吸引到城市后，经过工业加工形成工业产品并源源不断地销售到外围地区，实现资本增值。城市传统工业区强调城市生产和经济功能，工业区承担区域（城市）工业与制造中心、能源基地、经济增长极和社会发展动力的多重功能。工业生产服务的发展也使得城市商业贸易、金融、交通运输和消费等中心出现，以及与之附属的文化、教育、科技、信息等功能也逐渐发展起来。❷

5.2.1.2 传统工业区衰落阶段

城市产业结构影响城市功能和城市空间结构的发展和演化。随着经济社

---

❶ 孙群郎，郑殿娟. 西方发达国家后工业城市的主要特征 [J]. 社会科学战线，2007（5）：122-127.

❷ 邓丽君. 试论城市功能与社会经济发展之关系 [J]. 现代城市研究，2002（2）：52-55.

会环境的变化，去工业化进程使传统工业区逐渐走向衰落，工业企业大量向城市郊区、边缘区或次级城市扩散，为城市新经济发展腾挪空间，城市工业组团的外迁也使工业生产功能随之消失，城市功能和空间结构随之发生改变。此时，大都市正处于快速发展阶段，不断地向外扩张将工业区纳入城市内部，成为城区的组成部分。城市产业结构调整引起企业选址的重新调整，促使城市土地利用结构变化，逐渐使土地资源在新的资源配置原则下区域最优化，导致城市用地功能的大规模置换，城市产业空间布局和城市空间结构随之转变。

该时期，现代服务业不断向中心城区集中，城市功能向服务型转变，使城市空间结构发生巨大变迁。这一时期，城市空间形态最主要的特征是城区中心中央商务区的形成，其承载商务办公、商业贸易、休闲旅游和娱乐餐饮等功能。现代交通条件的改善，和城市中心区人口集中、用地紧张、环境污染等原因，引发了人口和企业的向外扩散，出现城市郊区化和郊区城市化。由于城市中心区的居住、商业、工业、娱乐、文教、金融等要素也随之扩散，中心城区的功能向外围中心分散，出现郊区商业区。[1] 该时期多数城市在中心城区建设中央商务区的同时，也会在郊区建立次级中央商务区以满足当地的市场需求，从而使大城市呈现多中心结构。传统工业区由于在该时期的衰落和转型方向不定，仅承担原有工业区的生活居住功能，并且人口处于大量流失状态。

5.2.1.3 传统工业区休闲旅游转型阶段

随着工业生产中心逐渐向商品、金融以及信息流通中心转变，城市经济由物质生产部门转向服务业，传统制造业向技术密集和灵活区位的生产部门转变，第二产业逐渐被第三产业取代，一些服务型的职能部门不断向城市中心或新城市中心迁移。中心城区拥有中心性、聚集效益和集中的基础设施供给，成为服务业聚集的理想场所。服务业向中心城区集中，推动了综合大城市向大都市的方向发展，城市主要职能也由工业生产转向服务管理，城市功

---

[1] 孙群郎，郑殿娟. 西方发达国家后工业城市的主要特征 [J]. 社会科学战线，2007（5）：122-127.

能的调整和升级不断发生。❶

城市空间结构上,现代大都市的空间结构一般由内向外形成了都市中心区—都市建成区—都市边缘区—近郊区—远郊区的圈层结构,其中,都市中心区出现了中央商务区、中央休闲区及中央活动区等面向公众休闲服务的功能区。并且存在的一种发展趋势是,传统的中央商务区逐渐向具有功能更为健全的中央活动区方向发展。中央活动区作为中央商务区的发展和升级,延伸了中央商务区的商务、商业等主要功能,进一步强化了文化旅游、商务休闲、酒店居住等功能,具有完备的商业贸易、商务办公、行政办公、文化演艺、休闲旅游、娱乐餐饮、生活居住等功能,成为24小时的城市活力区域。中央商务区已经被世界各国大都市列入了新阶段建设大都市中心和副中心的重要战略,商业商务、娱乐休闲、商贸会展、文化旅游等功能色彩更强,以此为主要目标进行传统工业区的改造,可以进一步增强转型后的地区空间活力和经济社会效益。

传统工业区在城市工业文化传承、新城市中心建设、生态保护等方面为大都市的发展提供重要支撑,重要的选择方向就是建设次中央活动区,主要体现在:①传统工业区依托历史文化、工业遗产和建筑景观,发展城市休闲旅游产业,以其作为产业增长极,拉动城市新兴产业、促进现代服务业转型;②传统工业区的功能置换与综合改造、通过工业遗产发展延续城市历史文脉,成为传统工业区应对后工业城市发展、城市更新和复兴的重要措施;③通过绿地建设、建筑维修、景观和河流等物质性改造,实现功能的置换和综合改造;建设富有地方特征、地方记忆的城市文化❷;④大都市对零售业、饮食业、文化娱乐业、休闲游憩业等服务型部门的需求大大增加,传统工业区转变为功能特色鲜明的特色商业区、游憩区等组团对城市发展起到重要的支撑作用。

---

❶ 孙群郎,郑殿娟. 西方发达国家后工业城市的主要特征 [J]. 社会科学战线,2007 (5): 122-127.

❷ 陆军,王栋. 世界城市的综合判别方法及指标体系研究 [J]. 经济社会体制比较,2011 (6): 104-111.

5.2.2　我国大都市传统工业区转型主导下的城市功能演变

5.2.2.1　大都市传统工业区的集聚与增长

在城市化增长阶段，我国城市数量和市辖区面积快速增长，宏观层面，中央政府希望加快城镇化来刺激城市内需消费，提高经济社会发展水平，提高区域和国际竞争力；中观层面，城市经济规模扩大影响土地地租、政绩考核机制等的变化直接推动行政区划调整的进程，增加城市发展空间、优化产业和人口空间布局；微观层面，乡镇街道人口数量的快速增加、经济社会管理事务的增多也需要进行相应的区划制度改革，以便更好地进行城市管理。从外部发展因素来讲，通信科技进步、交通改善、管理手段的现代化等使行政管理的空间幅度和效率都大有提高。

近年来，我国各个层次的城市都在进行区划调整，撤县（市）改区、撤县设市、区县合并等区划调整大幅增加，调整密集区集中在长三角、珠三角、京津地区和辽东半岛等发达区域，形成了城镇人口集聚的连绵带。尤其是大都市在大规模的"摊大饼"式的城市扩张中，逐渐将近郊区县调整为市辖区，原本外围地域划归为城区，相应的工业统计也被纳入城市之中。从全国范围看，我国三次产业发展大致可以划分为三个阶段（见图5.2）：①1978年之前，计划经济时代工业布局，形成城市工业区集聚与极化阶段。②1978—2010年，工业经济不断增长，形成城市传统工业区调整与再工业化阶段。其中，1978—1994年，属于低水平发展期；1995—2002年，属于低速增长期；2003—2010年，属于快速增长期，第二产业的增长速度加快，并始终高于第三产业。③2010年之后，第二产业比重开始下降，之后第三产业超过第二产业成为我国主要的产业经济形态。

（1）城市工业区集聚与极化阶段。

改革开放前，传统工业区的生产大规模扩张，城市功能以工业生产为主导，空间上呈现出工业区独立式组团的发展方式，与城市发展方向相分离。1949年中华人民共和国成立后，受特定的国际形势影响，我国选择了一条以计划经济体制为基础、优先发展重工业的道路。1953年围绕"一五"计划开始了大规模的经济建设。中国最早形成的城市传统工业区以苏联援建的156项重点建设项目为基础，大多是冶金、机械、能源和军工等重工业生产项目，资源依赖性强、产品运输量大、用地需求大，城市用地一般占城市建成区用地的35%~55%。❶

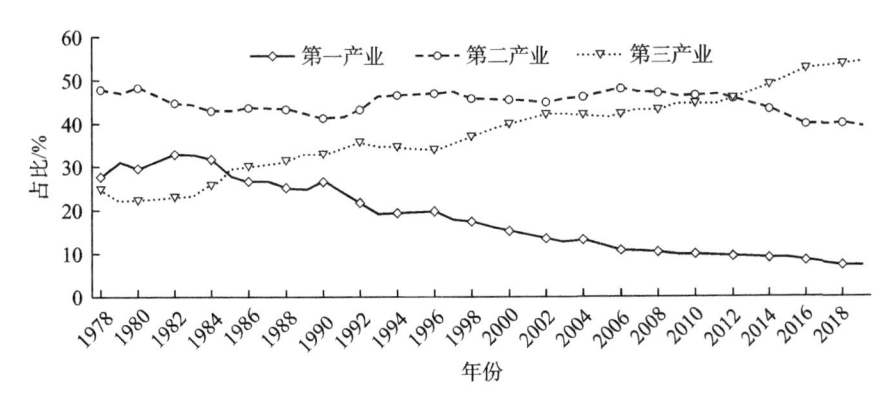

图 5.2 我国三次产业发展情况（1978—2018）

资料来源：中华人民共和国统计局. 中国统计年鉴[M]. 北京：中国统计出版社，1978-2018.

当时，中央政府根据区域均衡发展、重点发展内地工业的原则，并考虑资源分布、国防安全等因素，工业主要布局在以下地区：①东北和上海，充分发挥老工业基地的作用；②将长江以北，包头、兰州以东地区作为新的工业基地。为了发挥规模效益，相当一部分大企业经过联合选厂、成组布局，与城市建设相协调，成组分布在新兴工业区的核心城市和重要的配套城市中。其中，北京、包头、太原、兰州、武汉、洛阳、沈阳等18个重点城市布局的工程项目占58%以上。同时，为这156项工程配套的694个限额工业项目也以城市为基地进行建设，大体分布在91个城市和116个工人镇中。❷ 到1957年，建成了以大中城市为核心的8大工业区：以沈阳、鞍山为中心的东北工业基地；以京、津、唐为中心的华北工业区；以太原为中心的山西工业区；以武汉为中心的湖北工业区；以郑州为中心的郑洛汴工业区；以西安为中心

---

❶ 张晓平. 改革开放30年中国工业发展与空间布局变化[J]. 经济地理, 2008, 28(6): 897-903.

❷ 陈夕. 156项工程与中国工业的现代化[J]. 党的文献, 1999(5): 28-34.

的陕西工业区；以兰州为中心的甘肃工业区；以重庆为中心的川南工业区。❶中华人民共和国成立前夕，经济功能弱小、低层次消费型城市占主导地位。中华人民共和国成立后，计划经济体系强化了城市的经济职能。国家优先发展重工业和建设生产型工业城市的政策，共同推动城市由消费型向生产型转变，许多行政中心城市发展成为多功能的综合性工业城市。这代表了计划经济体制下中国城市的发展方向。

该时期，以大工厂为核心的工业生产模式使农业社会的小农经济快速解体，大量农民和手工业者集聚到城市，成为产业工人。城市逐渐发展为资本、人口、生产与生活最密集的地区，此时城市工业发展速度加快，但城市土地利用强度不大、城市发展规模有限，城市内部空间结构尚未出现明显分化。工业区用地布局直接关系到城市总体功能结构和空间形态。这些由国家大量投资建设的工业区，推动我国城市进入以重工业优化战略为导向的发展模式，使城市发展呈现城市职能经济化、城市化高速化、大中城市优先发展以及区域城市发展均衡化等特点。许多消费型城市逐步改建为生产型城市，旧工业城市改造和新兴工业城市迅速发展，我国建立了一批核心工业城市和重要的配套工业城市，尤其是北京、天津、上海、武汉、重庆、太原等综合性工业城市和重型工业城市的出现，奠定了我国工业化和城市化发展的基础。❷ 该时期城市功能主要以工业生产和生活居住为主，工业区内兼具卫生科教等功能，城市休闲旅游的功能受到忽略。

由于各种体制的单位自成一体、各自投资和规划，企业各自为政，形成了以大中型企业为中心，内部具备独立的生产线和交通线以及生产生活配套设施的独立组团，出现了以生产厂区、产业工人及其家庭大量集聚的生产区、居住区为核心，周边布局相关的文化娱乐区和商业区的功能完善、规模巨大的工业区。这一时期，工人住房以单位分房为主，邻里结构构成单一，独立的单位制组团在城市空间形成巨型蜂窝式空间结构。受资金和财力限制，原有的城市工业基础薄弱，工业区布局主要依托旧城发展新城区，空间发展模式是借助原有城市的基础，以新建的重点项目为中心，在旧城的远郊或近郊

---

❶ 董辅礽. 谈民族工业的命运 [J]. 环渤海经济瞭望, 1999（1）: 8-10.

❷ 陆大道. 关于我国电力建设问题 [J]. 云南地理环境研究, 1990（1）: 10-13.

拓展新区，或以采掘型的工业项目为依托，分散建设新的工矿区或工人镇。❶ 这种发展模式下，我国城市工业区可划分为三个地带：①以市中心街坊工厂为主的工业地带；②包围旧城区，由大、中型工业企业构成的混合工业地带；③新型的郊区工业地带工业区。❷ 城市工业区的空间布局主要包括以下四种模式（见图5.3）：①包容式，原有工业区分布在城市内部，之后在城市外围建设拓展工业区，以拓展旧城的原有工业区；②毗邻式，依托旧城在近郊建新区；③飞地式，依托旧城跳跃式发展新区；④散点式，在资源开发点建新工矿点或工人镇。❸ 我国156项工程及配套项目主要以内地大中城市为中心，按照"成组布局、相互协作"展开选址和建设，其中相当一部分城市是省会城市或中等城市，吸引了工厂职工、技术人员、管理人员及其家属等大批人口集聚。

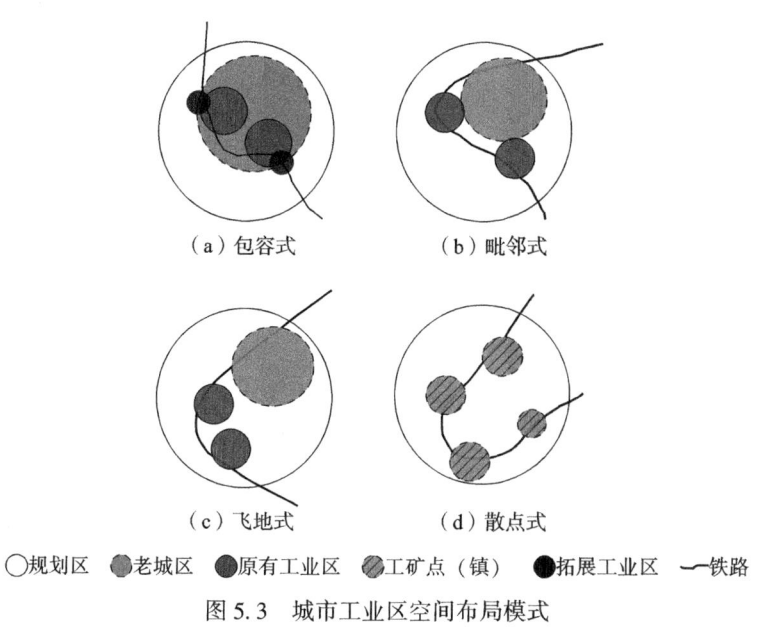

（a）包容式　　（b）毗邻式

（c）飞地式　　（d）散点式

○规划区　●老城区　●原有工业区　◎工矿点（镇）　●拓展工业区　——铁路

图5.3　城市工业区空间布局模式

---

❶ 彭秀涛. 中国现代新兴工业城市规划的历史研究［D］. 武汉：武汉理工大学，2006：23-25.

❷ 顾朝林. 新时期中国城市化与城市发展政策的思考［J］. 城市发展研究，1999（5）：6-13.

❸ 彭秀涛. 中国现代新兴工业城市规划的历史研究［D］. 武汉：武汉理工大学，2006：23-25.

(2) 城市传统工业区调整与再工业化阶段。

改革开放至20世纪末期，城市传统工业区体现调整和再工业化态势，中心城区空间外拓将工业区纳入城市中心区范围，原传统工业区也逐渐成为城市问题区域。1978—1998年，随着改革开放和工业结构性政策的调整，中国工业发展经历了由重工业转向轻、重工业均衡发展的战略，食品、纺织服装、家电、冶金、建材、能源等新兴工业行业加速发展，传统工业中心让位于新兴工业中心，沿海地区工业快速发展，工业规模和发展能力迅速提升，内陆地区和传统老工业区呈现明显的衰退现象。在计划经济体制下形成的传统工业中心如辽宁、黑龙江、吉林、湖北、四川等省份，逐渐被处在对外开放前沿的沿海省份如广东、江苏、山东、浙江、福建等替代。上海、北京等城市的工业比重也大幅下降。

这种产业转变大大地改变了城市工业区的空间布局，从而影响城市功能和空间形态。从20世纪80年代中期开始，全国掀起了以经济增长为中心的发展浪潮，城市建设从单纯的生产服务走向全面的经济发展。我国城市产业结构调整步伐逐步加快，一些区域中心城市的传统工业区进行原址升级改造或向外迁移，金融、商业、交通运输业等第三产业快速发展，房地产开始兴起，城市基础设施建设力度加大，城市经济职能不断得到强化，城市的工业生产职能逐渐衰退。

到了20世纪90年代，受土地使用和住房制度、经济体制等一系列改革开放政策的影响，城市中心地区地价大幅上升，金融、商务、房地产业成为城市中心区的主导产业，城市第三产业获得较大发展，形成了以城市中央商务区为代表的功能空间。伴随着城市规模和空间范围不断扩大，服务业进入、土地价格攀升、交通便捷性增强和资源承载力有限、环境污染等一系列要素推动城市传统工业区向外（郊区或次级城市）迁移；原来位于城市外围的工业区，在城市扩张的影响下被逐渐包围，成为城市的中心地区（如北京、成都的东郊工业区）。1998—2006年，重工业在中国工业总产值的占比从51%提高到70%。

在经济全球化的影响下，中国工业处在高速发展阶段，中国逐渐成为全球性的制造业基地。这不仅受到了部分西方发达国家的高新技术与信息化发展的影响,还受到来自一些新兴工业化国家成本低廉的劳动密集型工业化发展的压力,从而使快速城市化和城市郊区化发展形成双重影响,城市与工业发展之间的关系也受到越来越多的关注(见表5.2)。

表 5.2 传统工业区和新兴工业区的区别

工业区类型	生产规模	主要工业部门	生产过程	资金集中程度	布局模式
传统工业区	以大型企业为主	重工业	集中	高	集中
新兴工业区	以中小型企业为主	轻工业	分散	低	分散

(3) 大都市全面去工业化与现代服务业快速发展。

21世纪以来,传统工业区向现代服务业转型,其转型与城市发展融合性不断提高;城市功能多元化,文化消费成为主要导向之一,休闲旅游的功能得到充分体现;传统工业区的外迁,现代交通和通信网络的发展,推动城市空间结构向多核心、分散式的方向发展,传统工业区原址的休闲旅游改造将促使其成为城市次中心之一。

经过几十年的城市扩张,工厂的区位由以往的城市边缘、城市郊区演变为中心城区。基于产业更替规律、区位价值的提高、环境保护的需要❶,一些区域性中心城市由综合性中心城市升级为大都市,其中一些经济较为发达的大都市相继进入了后工业化时期。产业结构实现了由传统产业向现代服务业的转型,以旅游业为增长极、以现代服务业为主导的第三产业的发展成为城市经济的主要组成部分。❷ 传统工业区的更新面临的是城市发展"腾笼换鸟"的功能和空间置换,休闲旅游转型既要符合现代服务业发展的需求,又要符合城市可持续发展和宜居城市的发展要求。北京、上海、天津、广州等把建设现代国际化大都市作为目标的特大型城市,于20世纪80年代中期就开始了工业企业外迁,产业结构逐步优化,城市空间进行着剧烈的扩张和重组,工业郊区化趋势不断加快,城市中心区被商务区、商业区、休闲区替代,

---

❶ 刘抚英,邹涛,栗德祥. 德国鲁尔区工业遗产保护与再利用对策考察研究 [J]. 世界建筑, 2007 (7): 120-123.

❷ 李润田. 关于我国沿边开放中几个问题的初步探讨 [J]. 人文地理, 1993 (3): 14-16.

高科技产业、创意产业等都市型轻工业和休闲旅游产业成为工业区转型的重要方向。❶

我国多数城市的工业遗产没有受到应有重视,在快速城市化进程中因处理不当而大量消失,直至目前,有的工业区的更新改造仍然采取"推倒重来"的方式,保护工业遗产迫在眉睫。工业遗产再利用与工业用地功能置换紧密相关,传统工业区转型改造的重要对象,包括大量的产业类历史建筑、地段和工业遗存,是文化遗产的重要组成部分。❷ 传统工业区的三类资源——土地、建筑遗存、工业景观,是城市更新和开发的重要对象。从工业经济所占第二产业的比重来看,工业经济的发展呈现波段式发展特征,2012年之后比重显著下降,反映出我国大都市传统工业区兴衰对城市功能和城市空间形态的影响(见表5.3)。

表5.3 我国大都市传统工业区对城市功能和城市空间形态的影响

时间	发展内容	城市功能影响	城市空间影响
改革开放之前	大力发展重工业,传统工业城市发展迅猛	以生产职能为主	独立的工业组团、交通线为区位布局依据
改革开放至20世纪末	20世纪80年代,以经济为中心,进行旧城改造、住宅建设、工业技术改造与升级;90年代,进行工厂外迁、开发区建设,中心区得到发展,出现城市郊区化与郊区城市化	经济职能不断强化,由生产型城市发展为综合性大城市	城市空间外扩,原来位于城市边缘的工业区成为城市中心区之一
21世纪以来	城市更新、交通整治、信息空间规划、环境治理、历史文化保护、中心区重新规划,城市呈现网状结构	日益重视经济和文化功能	工业生产功能走向衰落,城市商业消费、休闲娱乐、旅游的功能日益强化,城市发展成为现代大都市

---

❶ 刘伯英.关注工业遗产更要关注工业资源[J].北京规划建设,2009(1):151-152.

❷ 李林,唐建林,王小健,王玉邦.文化水平对居民饮食行为习惯的影响[J].江苏卫生保健,2005(6):40.

5.2.2.2 大都市传统工业区的调整与空间扩散

在城市规模扩张、产业升级和旧城改造的步伐下，我国城市工业产值在全市的比重大体上处于不断下滑的趋势。通过分析1998—2012年我国城市工业产值和企业数量占全市比重的演变进程可以看出，这种变化表现为三个阶段。①绝对主导期。1994年之前，市辖区工业产值占城市的比重都保持在70%以上，有50%以上的工业企业集聚在城市内部，高峰期在1993年总量最高达到了80%，是城市发展的绝对主导产业。②调整与小幅增长期。1995—2002年，市辖区工业产值占城市的比重有所下降，平均比重维持在50%~60%，工业企业数量也下降至40%~50%，在经历了1995—1997年的短暂调整之后，1998—2002年市辖区工业产值和工业企业数量占城市的比重都在小幅增长之中。③退工业化期。2003—2012年，市辖区工业产值和企业数量所占比重出现较为稳定的衰减，这一期间，市辖区工业产值占城市的比重从68.96%下降到55.12%，工业企业数量也从52.65%下降到了43.99%，城市工业的从业人员年平均人数从61.44%下降到50%左右。这表明这一时期城市工业的布局已经逐渐从市区布局转向外部其他地区。显然，这一部分转移出去的是调整中遭到淘汰的"耗能大、废物多、污染高"的传统工业，从而导致了城市传统工业区逐渐走向衰落，出现了城市退工业化现象。

城市功能发展方面，2000年以前，我国的城市功能往往定位为工业生产基地，城市多是地域中孤立的生产综合体，第三产业没有受到应有的重视，致使城市在发展过程中出现了诸如结构保守和发展惰性、与城市化和社会化结构联系较弱等缺陷，存在二产超前、三产严重滞后的现象[1]，与之相伴的是城市活力衰减和城市地位的下降。可以说，三产产业发展的不足制约了我国城市功能的发挥。同时，城市规划中涉及旅游建设的内容较少，主要通过建设一些城市公园和绿地广场，改造城市市容和满足居民的日常游憩需求，

---

[1] 周岚. 第三产业发展与城市规划 [J]. 城市规划, 1993 (4): 16-21.

没有特别考虑城市旅游发展。❶ 同时，这一时期我国大都市逐渐参与国际劳动分工的潮流，城市经济发展与国际经济接轨程度不断提高，城市三产迅速发展，逐渐超过二产，成为城市的支柱产业，北京、上海、广州、天津等城市功能转变的趋势凸显，传统工业生产中心的地位明显下降，金融、保险、信息咨询、房地产开发等功能成为城市发展的主体❷，市辖区的工业生产总值占全市的比重也在减少。旅游市场的旺盛和居民休闲的需求也推动着城市环境的改善和城市旅游产品的建设。

总体来看，20世纪90年代以来，我国城市传统工业区对城市的依托性逐渐下降，城市工业逐渐从市内向市外转移，传统工业区出现了不同方式的空间转移：传统工业区不断由市区转向远郊区和周边其他省份，市区工业转而以高科技产业园区和现代工业园区的形式出现，如北京市的传统工业纷纷转向了河北省的城市。工业产品的交通物流不再成为限制性要素，许多东部地区淘汰的工业企业转向中西部地区的二、三线城市或城市工业开发区。城市新型工业开发区作为一种产业集聚模式，在发展中也出现了配套设施不全、生活休闲氛围较弱、服务不完善等不足，而且与主城之间的空间联系和行政管理等方面都出现了一些问题。其未来的发展方向除了加强公共服务设施配套之外，也需要充实一定的现代服务业。

许多大中型城市，尤其是发达地区的大都市在产业的不断调整中实现了传统工业的"退工业化"和现代工业的"再工业化"的过程，大都市工业转型升级，轻工业、现代工业代替了原有的传统重工业。中西部一些中小城市正在承接产业转移，城市工业化进度加快，正在成为城市的支柱产业。发达地区的大都市已经完成了传统工业区的退出，城市工业由重工业转向轻型工业、现代制造业和高新技术产业等。中西部的省会城市和大城市正经历着工业区的转型发展。传统工业区所带来的土地废置、空间改造、产业再生成为新的现实问题。这个演变过程中，以人为中心的社会功能逐渐得到强化，城

---

❶ 虞虎, 陆林, 朱冬芳, 等. 城市旅游到城市群旅游的系统研究 [J]. 地理科学进展, 2012, 31 (8): 1087-1096.

❷ 李润田. 关于我国沿边开放中几个问题的初步探讨 [J]. 人文地理, 1993 (3): 14-16.

市产业由以工业产业为主导的单中心向以现代工业、现代服务业和都市现代农业的多业态的方向发展。休闲旅游产业对相关产业之间的关联融合作用，不断地催生着诸如工业旅游、文化创意旅游、农业休闲旅游等多种业态的形成，这些业态发展也反过来推动了现代服务业的消费增长。

以上分析的这种变动间接表明了传统工业在城市内部的经济作用和对城市空间形态的影响作用。其间造成大都市城市工业总产值占城市比重升高的原因之一为行政区划调整，即行政区划调整使大都市的地域范围扩大，原本位于远郊区的县市被调整为市辖区，工业统计值被纳入市辖区统计，增高了比重，但总体上不影响上文宏观趋势的判断。

5.3 传统工业区休闲旅游转型动力机制

5.3.1 城市发展阶段与产业升级是内在驱动力

5.3.1.1 产业结构演化背景下传统工业区的产业结构升级

产业结构演化的规律是一、二、三产业有规律地阶段性演进，从而引发产业和劳动力的转移。传统工业区衰落的根本原因是主导产业衰退导致的经济增长停滞，复兴的主要途径是主导产业的重建与产业结构的调整。[1] 相应地，城市传统工业区的休闲旅游转型，也体现出城市工业化、去工业化、再工业化或多元发展的演化过程。

城市工业化时期，发达国家的主导产业多是以冶金、煤炭、纺织等产业为主，传统工业区多是依托城市区位和资源区位建设起来的，工业制造业在生产和就业领域占据主导地位，较多依赖能源。产业形态形成了以物质生产为主的就业结构，服务业主要依附于工业发展，在产业结构中处于从属地位。工业产业的高度集中、环境保护意识的薄弱，导致了土地承载力下降、交通堵塞、生态恶化、环境污染等一系列问题。二战之后，世界各国的经济基础

---

[1] 邱爱莲. 中外老工业基地改造方法的比较研究 [D]. 沈阳：沈阳工业大学，2005：29-34.

设施重建对原材料的大量需求,刺激了煤炭、钢铁为主导的工业区经济的快速增长。我国工业化过去的粗放式发展,导致产业经济增长方式不合理、产业组织结构不完善,也同样面临着城市产业结构升级和环境污染的双重压力。

去工业化时期,去工业化作为"一场发生在国家基础生产领域的普遍化、系统化的资本撤离",引发了经济疲软和制造业国际竞争力的下降,以及大规模的结构性失业。[1] 它是经济增长的自然结果,而非一个病态经济现象。罗森(Rowthorn)和拉马斯瓦米(Ramaswamy)指出,去工业化并不是负面现象,而是发达国家经济活动转变和生活水平提高的结果。[2] 弗雷格斯坦·尼尔(Fligstein Neil)认为,去工业化主要是为技术变化所驱使,而非低工资的竞争,或者制造业由高成本地区向低成本地区的流动。[3] 去工业化过程使得物质生产的比例不断下降,服务业逐渐占据经济发展的主体地位。去工业化前期以工业中心为推广诉求,后期则会以旅游目的地为中心。[4]

后工业社会多元化发展时期,现代交通和通信等信息技术革命大大提高了工业生产选址的灵活性,降低了生产成本,小型集约化生产相较传统的批量化生产模式展现了更大的生产优势,新兴工业逐渐取代了传统产业的地位。这一时期,传统制造业发展势头逐渐衰落,原有的产业结构及就业结构发生了改变,新的经济发展模式逐渐形成。[5] 工业制造业与服务业之间的产业联系更加紧密,制造业劳动力转移出服务业的时候,通过产业间关联效应从相反方向导致中间服务需求的减少,使得服务业就业比重趋于下降。[6]

---

[1] ADRIAN W. How trade hurt unskilled workers [J]. Journal of economic perspectives, 1995, 9 (3): 57-80.

[2] ROWTHORN R, RAMASWAMY R. Growth, trade, and deindustrialization [J]. IMF staff papers, 1999, 46 (1): 18-41.

[3] NEIL F. Is globalization the cause of the crises of welfare states [D]. California: University of California, 1999: 24-26.

[4] SPILIMBERGO A. Deindustrialization and trade [J]. Review of international economics, 1998, 6 (3): 450-460.

[5] 赵黎晴. 美国北部工业区去工业化问题初探: 1960—1980 年代 [D]. 长春: 东北师范大学, 2008: 6-11.

[6] 张月友,刘丹鹭,周经. 去工业化、再工业化与经济服务化——产业联系的视角 [J]. 财贸研究, 2014, 25 (3): 32-40.

传统工业区的功能置换与工业遗产旅游发展联系紧密。随着产业融合带来的产业结构形态和边界的重组，休闲旅游产业融合方式日趋多元化、范围不断扩大、程度不断加深，旅游新业态不断产生。转型初期，由于缺乏对工业遗产价值的认识，大量的工业遗产资源被拆除，更新多采用"推倒重来"的方式。随着联合国世界文化遗产保护对工业遗产再利用的重视，世界各国逐渐认识到依托工业遗产开发文化旅游在促进城市产业结构调整、经济增长和塑造城市品牌等方面的巨大价值。❶

5.3.1.2 城市发展潮流决定了大都市传统工业区的休闲旅游转型方向

城市定位和功能的转变是不断适应日益加剧的全球产业分工格局与重组、国际经济竞争和信息化迅速发展等因素做出的调整。❷ 工业化时代的城市产业和结构带来的城市病问题严重影响了城市可持续发展，逆城市化或郊区化虽然在一定程度上优化了城市空间布局结构，但是工业化城市的本质并未发生改变。❸ 在第二次技术革命中，传统工业区的发展加快了世界城市化进程，在全球经济发展中发挥了重要作用。二战之后，随着世界经济产业格局一体化、物流方式的发展，世界各国工业结构受到很大影响，城市传统工业区产业结构单一、资源消耗加剧、煤炭能源地位下降、环境污染等问题凸显。技术和交通进步、生产生活方式的变化、土地区位价格变化等一系列因素，使城市传统工业区的产品成本增高、环境制约增大、基础设施条件滞后老化，工厂、铁路、码头和旧公共设施的关闭、停用导致大量土地与房屋闲置。同时，工业区的外迁减少了就业岗位，并带走了大量的中产阶级，出现城市经济衰退、高失业率、高犯罪率、贫困人口激增等一系列问题；大都市的传统工业区纷纷陷入产业衰落、就业率降低和城市衰退的恶性循环之中，经济活力随之丧失，城市的工业生产功能不断减弱。城市传统工业区的功能衰退，

---

❶ 刘伯英. 关注工业遗产更要关注工业资源［J］. 北京规划建设，2009（1）：151-152.

❷ 梅琳. 经济全球化与国际产业转移［J］. 当代经济管理，2011，33（3）：14-18.

❸ 龙绍双. 国际大都市与国内一般城市的结构差异［J］. 特区理论与实践，2001（12）：54-55.

导致老城区基础设施严重失修、大量建筑闲置、技术工人外迁和贫困人口遗留、城市财政收入锐减等一系列负面效应，如1973—1979年，美国底特律就业增长率为-5.5%，全美就业增长率则为16.7%。❶

现代大都市的转变过程出现了工业外迁和城市重构：一方面，采取相应措施将新企业及老工业区企业建于或迁到城市边缘地带，在城市不发达的地区构建新的工业中心，防止工业基地空间分布过于密集状况的出现；另一方面，采用高科技等方式促使企业设备更新与技术升级，发展现代服务业，以推动传统产业散发新活力。20世纪80年代之后，世界老工业城市进入"后工业"时期，发达国家的传统工业向发展中国家转移，城市发展由大规模外扩转向旧城更新，以传统工业区为重点的旧城改造成为欧美发达国家20世纪后半叶面对的重要问题。许多西欧国家积极推进城市复兴运动，采取将工业遗产保护融入城市复兴的整体规划中，以保护促进复兴、以复兴带动保护，使区域社会、经济、文化、环境全面复兴，重现往日活力。在长达半个世纪的历程中，以棕地再开发、城市绅士化为手段的城市更新、城市复兴浪潮中，欧美发达国家为代表的大都市传统工业区都在通过积极的转型使大都市向国际性大都市的方向发展。

第三次技术革命催生了一大批新兴工业部门，改变了传统的生产组织模式，逐渐取代传统工业部门，金融、贸易、科技、信息与文化等功能逐渐成为城市主要职能。由于传统工业区多处于城市中心，区位、交通和景观资源是城市新兴产业的首选地段，工业场地遗存和工业建筑再开发可以减少新产业发展的前期投资，缩短建设周期。❷ 通过对传统工业区产业结构升级、功能塑造等手段创造新产业空间，加强办公、医疗、教育、休闲、居住等综合功能配套，吸引产业和人才集聚，以迎合新形势下城市发展新职能、新生产生活方式；城市空间发展由规模化转向空间集约，通过限制城市建成区规模，保护外围绿带和室内绿地等公共开敞空间，增加开发强度，发展紧凑型城市。

---

❶ 卢晓. 美国城市化的负效应及其政府对策 [J]. 高等函授学报（哲学社会科学版），1998（4）：34-37.

❷ 陈卓，梁宜，金凤君. 基于陆路综合交通系统的中国城市网络通达性模拟及其对区域发展格局的影响 [J]. 地理科学进展，2021，40（2）：183-193.

这些都成为 21 世纪大都市经济增长、城市品质提升以及参与全球竞争的重要发展途径。

休闲旅游是现代城市的重要职能之一。城市发展旅游战略的制定必须着重依据国家政策、体制结构、区域规划、提高就业率、可持续发展等因素。❶城市旅游影响城市空间布局，城市空间形态的改变也会改善城市旅游的多样性。❷由于传统工业区的绿化、休憩等公共绿地用地比重比较低，传统工业区转型和再开发过程中都相当重视公共绿地的建设。如 1989 年的国际建筑展埃姆舍公园改造工程将鲁尔河以北的埃姆舍地区的公共绿地面积增至 $300km^2$ 以上，占总面积的 3/8 左右，工业废地被改造成为 17 个高新技术园区和 3000 多套新型住宅，同时保留一部分有价值的工业设施改造成为博物馆或工业艺术馆。❸苏黎世西区的工业区改造则完全放弃煤炭、钢铁等传统产业，重点发展金融、商贸、旅游等服务型产业，将原来单一的工业用地改造成为居住、商务、娱乐、休闲等多种土地利用方式，其中，零售业占 2%，文化、餐饮和体育用地占 5%。❹波恩则在由单纯的首都政治功能向多元化功能转变的过程中，一方面扩展国际政治、经济功能，建设国际性的城市创新中心，另一方面开展文化之都建设，加大现代服务业基地的支持力度，大力推动酒店业、会展业、旅游业等现代服务业建设，形成拉动经济增长的主要动力。❺

20 世纪 80 年代以来，我国中心城市包括省会和副省级城市发展迅速，工业逐步搬离市区，商贸、金融等服务业成为城市经济的核心❻，城市逐渐成为我国旅游业发展的依托、枢纽、门户和中心。城市旅游奠定了整个旅游产业的发展基础，日渐成为现代旅游的主体和区域旅游的中心。城市转型、

---

❶ OTGAAR A H J, VAN D B L, FENG R X. Industrial tourism: opportunities for city and enterprise [M]. London: Routledge, 2016: 101-113.

❷ HJALAGER A M. Stages in the economic globalization of tourism [J]. Annals of tourism research, 2007, 34 (2): 437-457.

❸ 沈璐. 世界服务贸易的发展及对中国的影响 [J]. 科技咨询导报, 2007 (5): 77.

❹ 江泓, 张四维. 后工业化时代城市老工业区发展更新策略——以瑞士"苏黎世西区"为例 [J]. 中国科学 (E辑: 技术科学), 2009, 39 (5): 863-868.

❺ 梅琳. 经济全球化与国际产业转移 [J]. 当代经济管理, 2011, 33 (3): 14-18.

❻ 王成金, 王伟. 中国老工业城市的发展状态评价及衰退机制 [J]. 自然资源学报, 2013, 28 (8): 1275-1288.

旧区改造、经济扩张推动着城市旅游规划对城市商业区、历史文化遗产的建设力度，对城市经济文化、生态环境和空间整合优化带来了显著的影响。❶

5.3.1.3 休闲旅游的发展态势与社会需求是外在因素

休闲旅游经济已经成为当代世界经济发展的重要方向。现代大都市空间结构演化越来越重视人性化和现代化，强调城市文化建设和环境改善，城市公共设施用地、道路广场用地、市政公用设施用地的比重逐渐上升，城市建设越来越强调休闲游憩场所、娱乐场所，以及多功能设施和场所的建设，如城市公园、风景区、商业街区、文化馆、娱乐中心等，以满足地方居民和游客的双重需要。

（1）休闲旅游成为当今城市产业经济的重要增长极。

城市旅游依托发达的城市经济、现代化城市设施、繁荣的文化和良好的服务设施开展休闲旅游活动，如商务会议、探亲访友、文化游学、观光购物以及休闲游乐等。城市作为人类物质文化发展的集聚体，为大众旅游对文化、艺术和休闲娱乐的需求提供空间场所，已经成为一种世界上快速发展的产业和大众消费形式。1975—2005年，世界旅游业增长速度达到4.7%，高于同期全球GDP 1.2%，对商品和服务的贸易出口贡献率约为7%。一些发达国家的大城市，旅游业增长值占当地GDP比重达到10%以上。城市的旅游中心功能也在不断强化，城市旅游作为当代旅游产业的重要组成部分，已经成为世界上快速发展的产业之一。旅游大众化和需求多元化不断推动城市旅游发展，传统自然观光旅游发展模式已向城市会展、休闲、商务、购物等方式转变。无论是在新兴经济体还是在发达经济体，旅游消费已经成为大城市社会经济发展的支柱产业之一，显著带动城市经济、出口贸易和人口就业。

中国旅游发展的40年，旅游业在国民经济中的地位不断提高，宏观发展环境进一步优化。❷ 2009年底国务院提出"把旅游业培育成国民经济的战略

---

❶ 虞虎，陆林，朱冬芳，等. 城市旅游到城市群旅游的系统研究［J］. 地理科学进展，2012，31（8）：1087-1096.

❷ 王红兰. 论城市旅游的发展机遇与挑战［J］. 北京城市学院学报，2006（1）：27-29.

性支柱产业和人民群众更加满意的现代服务业"。2013年《国民休闲旅游纲要》大力支持休闲旅游业发展,全国大多数省区将城市旅游业作为重要的经济增长极。城市旅游业发展对实体经济贡献的比重日益增加,既带来巨大的经济收入、创造大量就业机会,又促进相关行业发展。随着中国经济不断融入世界经济,外商投资和经贸往来明显增加,旅游外资投入、国际会议、重大节事和体育赛事对中国城市旅游的推动作用进一步增加。2008年北京奥运会和2010年上海世博会的举办,极大地带动了旧城传统工业地区的城市基础设施建设、城市改造,扩大了中国城市的世界影响力和知名度。截至2015年,中国旅游需求将达到世界第二,产业规模超过2650亿美元。世界旅游组织曾预测,2020年中国将会成为世界第一大旅游目的地国及第四大旅游客源地,接待游客份额将占世界市场份额的8.6%[1],这给中国城市旅游的发展提供了重大机遇。

城市环境改善、配套设施和现代城市功能的完善使城市具有旅游管理接待、集聚和辐射中心的功能,为城市旅游者提供了更为丰富的旅游吸引要素、便捷的交通联系,增强了城市作为旅游目的地的吸引力。反过来,城市旅游经济增长也成为现代城市发展的重要驱动力,推动城市基础和服务设施建设,刺激城市第三产业的发展,休闲旅游产业成为当今城市第三产业经济的重要增长极。旅游与城市发展的关系越来越密切,"城市旅游化"成为当代中国城市功能演变的重要特征。从1998年开始,中国国家旅游局出台了《中国优秀旅游城市检查标准(试行)》和《中国优秀旅游城市验收办法》,北京、上海、西安等成为中国重要的国际旅游城市。该举措极大地推动了中国城市旅游的发展。

(2) 休闲旅游化改造是城市传统工业区转型发展的重要方向。

推动城市旅游发展的传统工业区四因素包括:①经由长期发展而形成的城市工业化的衰退;②需要新型经济活动以满足城市发展或者解决失业率较高;③旅游是一个朝阳产业;④城市旅游发展能够推动旧城中心区的改造。世界发达国家大城市传统工业区转型由推倒重建到保护性改造再利用,在观

---

[1] 柴燕菲. 世界旅游组织2020年中国成最大旅游目的地国 [N]. 西部时报, 2006-11-03 (11).

念和规划指导思想上都经历了长期曲折的过程,在总结经验和教训的基础上走出保护好的部分,改善、整治差的部分,走渐进式、小规模、兼容型的转型之路。世界重要城市传统工业城市的转型,都涉及实施休闲旅游产业发展战略,一方面引导城市商业体系构建,通过对传统工业区工业遗产的再开发塑造良好的文化环境,不仅有助于区域形象树立和旅游吸引力提升,而且可以减少传统工业区再开发投资成本。另一方面,城市传统工业区的工业遗产都具有较多地方历史文化和建筑学价值,可以较好地体现地方特征,这对于塑造城市特色和改善城市环境具有重要作用。

(3) 休闲旅游转型是传统工业区工业遗产利用与改造的重要措施。

20世纪90年代以来,随着中国城市化和产业结构转型,大量位于城市中心区或中心区边缘的工业企业因产业布局或改制重组而外迁,这个过程中遗留的工业建筑、附属设施、机器设备等具有深刻时代特征和历史价值的工业遗产的保护开发与否面临着两难选择,成为城市地理、城市规划、建筑学、旅游学等学科以及政策层面关注的焦点问题。

与国外传统工业区对工业遗产利用相比,中国工业遗产再利用模式较为单一,易忽略对工业区历史环境、工业遗产的保护和再利用,地方政府为了弥补保护资金不足的缺陷,往往采用商业性开发模式,关注对点的塑造、忽略对工业文化特征的利用。工业遗产保护制度不完善、遗产开发未受到充分重视,城市发展过程中传统工业区大拆大建现象频现。如北京首钢工业遗产旅游项目、青岛青啤博物馆工业遗产旅游项目,都较多地关注对单体工业遗产的工业旅游开发,未能充分体现传统工业区的综合开发对相关产业、区域空间组织、环境改造等方面的作用。上海泰康路田子坊、M50创意园和8号桥上海时尚创意中心以及北京的798艺术区等工业遗产开发的文化创意产业区模式取得了一定的成功,但经过一段时间的发展,商业氛围过重,城市旅游相关产业(酒店、餐厅、商店)过度集群发展取代了城市传统功能(住宅、学校、零售店等),旅游对公共空间产生季节性或暂时性压力,与周边居民社区形成一定的隔离。

同时,以休闲旅游产业为导向的城市传统工业区转型也有较为成功的案例,如中国上海世博会通过对黄浦江西岸旧工业区改造和环境改善,优化了城市功能布局和产业结构。深圳39个已建的创意产业园中的88%由旧工业区作为创意产业的物质空间载体,通过工业用地性质和功能的转换,集聚了大量的服务业,对城市创意文化、旅游餐饮、房地产等产业产生了直接或间接影响,使工业遗产得以焕发生机。

这些案例充分表明,以城市传统工业区的工业文化和景观建筑遗产为重要开发对象,塑造城市地域形象和文化体验环境,培育以休闲旅游业、文化创意产业为增长极的现代城市服务业,改善城市环境,加强公共和商业设施建设,带动相关产业发展,提高居民居住幸福感和游客满意度,是大城市传统工业区的重要开发方向,也是城市可持续发展的关键举措。

5.3.2 外部发展环境是引导传统工业区休闲旅游功能置换的重要因素

5.3.2.1 世界经济格局的转变使国家和区域出现"城市去工业化"进程

世界能源结构的变化导致城市传统工业区的衰落,进而促进了区域功能的转变。20世纪,城市发展先后经历了两次世界大战、战后重建、能源短缺、交通拥堵、环境污染等一系列问题。二战之后,城市重建对原材料的巨大需求,使欧美国家的城市出现了短暂的大规模建设和高速发展黄金期。20世纪50—60年代,随着世界能源结构的深刻变化,很多产业,诸如采掘业、钢铁工业、煤炭工业和汽车、机械制造业等纷纷陷入不同程度的衰退,极大地冲击了传统工业区的生产结构。20世纪70年代开始,经济全球化背景下,资本主义生产方式开始由福特主义转向后福特主义,新劳动地域分工逐步形成,带来了世界经济格局的巨大变化,传统工业区的经济增长速度放缓甚至停滞,产业增长率及利润降低,对区域经济的贡献度也不断降低,传统工业在国内经济中的地位逐步下降,大量企业破产、转型或迁移,城市产业经济结构发生重组。

经济全球化引发了产业结构和空间调整、资本流动、去工业化进程。传统工业向全球城市扩散,对转出城市和接受城市双方的城市产业经济、人口社会结构、文化和生态结构都产生了巨大影响❶，双方都经历了城市功能、空间结构、等级体系的巨大改变。经济全球化背景下，制造业逐渐向服务业转型，与劳动力结构性失业、产业资本外流、城市郊区化等因素综合在一起，逐渐使传统工业城市丧失了发展优势。❷

专业性产业和高技术劳动力的国家间迁移，与世界体系中旧工业中心在衰落过程中经济结构的转型关系巨大。经济全球化进程中，工业生产过程在国际上产生分化，非技术部门可以分拆出来并转移到低工资地区。跨国企业为了绕过地区性的贸易堡垒、对抗先进国家中的工会运动，以及利用落后国家的劳动力市场等原因，20世纪70年代开始，将生产工序分拆为不同的部分散布于全球不同地域。

跨国企业促进了国际产业的地域分工。资本流动和工业重组理论将部分工业区的衰落归因于公司向多元化和跨区域经营方式的转变，以及对外直接投资的增长和跨国公司的发展。❸ 跨国资本主导的社会经济要素在不同地方呈现大规模流动，引起了生产过程在全球范围内的扩散和重组。经济全球化引起国家之间的经济竞争，使不同国家和地区在比较优势的原理下组织生产，发达国家倾向于专业化生产并出口熟练劳动密集型产品和服务，进口非熟练劳动密集型产品和服务，导致发达国家的去工业化。

5.3.2.2 城市去工业化引发的城市产业结构和空间形态的变化

去工业化引发城市传统工业功能的消退。去工业化是工业化进程中工业型经济向服务型经济的转型，或者是制造业份额下降、服务业份额上升的经济发展阶段。❹ 同时，去工业化也是一个历史性的城市转型的过程，使得就

---

❶ 龙绍双. 国际大都市与国内一般城市的结构差异［J］. 特区理论与实践, 2001 (12): 54-55.

❷ FENG R X, OTGAAR A, BERGER M C, et al. Industrial tourism: opportunities for city and enterprise [M]. Farnham: Ashgate Publishing, Ltd., 2012: 89-96.

❸ YAGO G, KORMAN H, WU S Y, et al. Investment and disinvestment in New York, 1960-80 [J]. The annals of the American academy of political and social science, 1984, 475 (1): 28-38.

❹ ROWTHORN R, RAMASWAMY R. Growth, trade, and deindustrialization [J]. IMF staff papers, 1999, 46 (1): 18-41.

业数量、质量，以及与工业化相关的社会结构等多方面发生巨大变化。❶ 区域城市化水平的提高，一些国际化大都市呈现明显的"去工业化"趋势，取而代之的是新兴的第三产业在城市中大量集聚。传统国际劳动分工模式下，去工业化主要方式是产业转移，发达国家将一部分制造业转移到具有成本优势的发展中国家。新国际劳动分工体系中，主要体现为生产外包，产业内外部分工被产品内国际分工取代，跨国公司将生产过程分解为多个连续的过程或环节，在全球范围内配置不同环节或工序；去工业化往往为结构性去工业化，通过各种形式的"外包"，去掉低端生产环节，提高在高端产品价值链中的地位。❷

去工业化引发国际城市中心出现新格局。城市是全球化的网络节点、空间载体和落脚点，在全球化过程中，国际大都市作为全球经济控制中心的功能得到强化。20世纪80年代冷战结束之后，在全球化和新信息技术革命的推动下，经济要素迅速在全球范围内扩展和流动，少数国际化城市成为全球性经济指挥中心、金融中心、管理总部、运输与通信枢纽。全球城市在新经济增长动力、新经济组织、新区位因子和新技术支撑下，正在进入以信息革命、知识经济和全球化大市场为基础的新经济时代，大大改变了传统经济塑造的城市空间。西方国家的城市化转型呈现两极分化的态势。一方面，世界级城市在全球网络中的地位和作用不断得到强化，逐渐成为控制世界经济运转的关键中枢；另一方面，许多历史悠久的传统工业城市面临着产业老化、人口流失、地区复苏困难的经济社会危机。城市发展形态出现了银河大都市（galactic metropolis）、边缘城市（edge city）、无边缘城市（edgeless city）。❸城市内部空间进一步碎化和分解，出现了二元城市（dual cities）、被分割的

---

❶ MORRIS M, WESTERN B. Inequality in earnings at the close of the twentieth century [J]. Annual review of sociology, 1999: 623-657.

❷ 王秋石. 后金融危机时期全球经济的五大特征——兼议中国后发展地区的机遇 [J]. 当代财经, 2009 (12): 5-9.

❸ GODFREY B J. Restructuring and decentralization in a world city [J]. Geographical review, 1995: 436-457.

城市（divided cities）、碎片化的城市（fragmented cities）。❶ 同时，对发展中国家的城市空间形态也产生了巨大变化，大都市区的城市功能向外围扩散，二级都市卫星城和边缘城市不断增长和扩张，工业、服务业和交通网络的发展使大城市的边缘活动增强。❷

去工业化引起城市空间的分化。一方面，城市化进程的加快使城市规模不断扩大，城市空间形态从中心集聚向逆中心化（decentralization）和郊区化（suburbanization）方向发展的过程中，大量工业用地和工业建筑被闲置，经济衰退、社会贫困和生态恶化等问题接踵而至。另一方面，在市场经济机制的作用下，城市内部土地价格的分异导致土地利用空间重新配置，中心城市主要发展城市商业、办公为主体的中央商务区，城市近郊则成为新的城市工业集聚地，总体上呈现出城市空间结构的重组。❸ 城市内城更新和传统工业区转型发展中，常通过文化创意重塑城市竞争力，如推动滨水区改造、文化旗舰工程、创意产业园建设，以及会展城市、创意城市或知识城市建设等城市复兴计划。❹

5.3.2.3 后工业时代发展对工业遗产文化旅游开发价值的重新认识

后工业化时期，随着资源枯竭和外部环境变化，技术和产业附加值不断提高，老工业区受路径依赖效应影响而面临设备老化、技术落后，传统工业区日益衰落，带来了失业人口增多、社会分化、住房拥挤、环境污染等诸多城市问题（见表5.4），逐步走向衰落和转型。此时，传统工业区转型已经无法适应现代城市发展的要求，主要体现在以下几方面。

---

❶ MCHONE W W, RUNGELING B. Practical issues in measuring the impact of a cultural tourist event in a major tourist destination [J]. Journal of travel research, 2000, 38 (3): 299-302.

❷ GREENSTEIN S, KHANNA T. What does industry convergence mean [J]. Competing in the age of digital convergence, 1997: 201-226.

❸ 张庭伟. 1990年代中国城市空间结构的变化及其动力机制 [J]. 城市规划, 2001 (7): 7-14.

❹ COLES T. Urban tourism, place promotion and economic restructuring: the case of post-socialist Leipzig [J]. Tourism geographies, 2003, 5 (2): 190-219.

表5.4 传统工业区衰落存在的问题

存在问题	特征	具体表现
产业问题	产业类型单一、结构不合理	倚重"刚性"产业结构，限制第三产业发展，市场反应度较低
	生产设备陈旧、技术落后	设备更新、新技术和新工艺的资金和成本高昂，制约产品性能改善和提高
	生产成本高昂、产品竞争力降低	生产资源减少、开采难度加大，工人工资和工业用地成本提高，环保意识的影响
	企业经营管理方式落后	人事制度、劳资关系、利润分配等经营组织和管理制度难以满足现代企业的发展要求
	经济增长缓慢、发展停滞	产业结构单一、成本增加、产品竞争力不足以及企业管理问题
社会问题	基础设施建设不足	工业区原有基础设施老化，缺乏资金改善，水电、燃气供应、道路设施等供给数量不足、品质低
	公共服务不完善	教育、卫生医疗、文化功能缺乏，休闲游憩功能不足，公共服务水平和居民生活质量低，发展和投资环境恶化
	社会贫困	工作岗位减少、失业率增长、居民收入下降、贫困人口大量增加
	社会治安问题	酗酒、吸毒、偷窃、抢劫等暴力犯罪问题剧增
人口问题	失业人口增加	大量的产业工人失业，失业保险、养老保险等社会公共资金压力增加，全社会保障体系面临重大冲击
	再就业压力增大	接续性和替代性产业发展缓慢，专一性工作技能的失业人口再就业困难重重
	人口流失	大量高素质人才外迁，滞留人群缺乏活力
	青少年培训匮乏	教育、财政、环境资源缺失，青少年技术、就业能力缺乏

（1）服务业成为后工业化阶段的主导产业，以高新技术为背景的一系列新兴产业，如电子信息产业、新材料和新能源等成为工业发展的重点，高新技术应用到钢铁、机械和化工等重化工产业之中，其地位也日益提高，老旧

工业区在逐步更新的工业化进程中被淘汰。

（2）城市化步入平稳发展阶段，城市发展的主题从城市规模扩张向城市经济重振、功能完善和环境治理等城市质量优化转变。

（3）传统工业区曾是城市经济的主要载体，随着时间的推动和经济环境的变化，传统工业区中城市景观衰落、环境污染、公共服务水平较差等问题成为新城市发展的障碍。传统工业区转型改造。

城市文化作为城市发展的根基，对城市功能和空间的演变具有重要作用。工业化后期，随着经济水平的提高，城市生产功能逐渐弱化，后工业化消费者对服务业的消费倾向不断增加，为旧城更新带来了新的活力，经营型城市成为主要特征。文化政策对经济目标的追求，推动了城市旅游化和旅游城市化的进程。丹尼尔·贝尔在《后工业社会理论》中指出，劳动力由制造业向服务业的转变是从产品生产经济向服务型经济转变的一部分。后工业社会的主要特征是服务业超过制造业而在经济结构中居于主导地位。[1] 在此背景下，基于文化吸引力发展城市旅游在国际旅游产业中已成为一个主题，城市文化旅游的基本要素有休闲和零售服务、传统的开发、城市象征物的开放、文化事件和节庆、废弃场地的再造等[2]，其在城市发展中的作用日益突出。后工业化时代，逆城市化、逆工业化和郊区城市化造成城市人口向大都市边缘地带扩散，中心城市出现空心化。传统工业区已经丧失了工业制造业的功能，通过后工业社会对文化审美的重新定义，工业遗产和场所成就了文化消费的新经济活动，一些环境独特的地方可以改造成为咖啡馆、艺术画廊、历史遗产景区和城市建筑景观，具有别样的文化内涵和吸引力。[3] 对于欧洲许多后工业化城市，文化在推动体验经济中成为旅游发展的中心角色。[4]

---

[1] 孙群郎，郑殿娟. 西方发达国家后工业城市的主要特征 [J]. 社会科学战线，2007（5）：122-127.

[2] ROBINSON M, BONIFACE P. Tourism development in deindustrializing centres of the UK：change, culture and conflict [J]. Tourism and cultural conflicts, 1999：129-159.

[3] COLES T. Urban tourism, place promotion and economic restructuring：the case of post-socialist Leipzig [J]. Tourism geographies, 2003, 5 (2)：190-219.

[4] HOLDEN M, ROSELAND M, FERGUSON K, et al. Seeking urban sustainability on the world stage [J]. Habitat international, 2008, 32 (3)：305-317.

后工业城市发展中，城市旅游可以创造更多的服务业就业机会，对经济转型产生重要影响，其作用也变得日益重要。20世纪70年代，许多城市的去工业化引起了对经济再生问题的关注，文化在城市经济发展中的作用越来越受到重视，许多城市利用文化资本去减缓传统产业下降的势头，城市政府通过旅游发展在促进就业、增强商业吸引力、刺激经济复苏等方面取得了较大成效，推动了现代服务业体系的形成和发展。到了20世纪80年代，一些国际城市作为工业生产中心的地位逐渐下降，服务业为主导的经济比重逐渐上升，开始由生产型向消费型转变，逐渐摆脱了工业化时代的遗留问题。

大都市的游憩功能对于国际大都市建设至关重要。①文化功能的体现。文化旅游项目的成功开发需要保持地方的特殊性，此时，以工业遗产旅游、工业文化旅游成为后工业化城市转型战略中的重要内容。❶ 文化消费需求的增长改变了旅游产品内涵、类型和空间组织方式。②城市意识的传播。通过休闲旅游业的发展促进城市产业结构升级、改善城市环境，增强城市的对外政治、经济、文化交流与合作能力。❷ ③引领现代服务业的发展。城市综合功能增强、环境改善、历史文化的显现，以及城市住宿、娱乐、交通、休闲、购物等多种功能的完善，使许多大城市成为重要的城市旅游目的地，一些制造业中心城市，如英国伯明翰、加拿大蒙特利尔等为新型的旅游目的地。

一些国际大都市的游憩功能在传统工业区的转型中得到全面发展。传统工业区遗存作为城市历史文化的重要组成部分，与自然风光资源、城市商业环境共同形成了多元化的城市旅游产品。通过传统工业区的休闲旅游改造来挖掘和塑造独特的城市遗产、场所和景观资源，改善生态环境，吸引外地游客、提高地方居民休闲游憩空间，带动现代服务业的发展以驱动城市经济增长，是传统工业区能够成功转型的重要环节。如纽约、伦敦、巴黎等无不通过传统工业区的休闲旅游转型提升城市旅游发展活力，成为世界重要的旅游目的地。曼彻斯特以打造一个成功的后工业城市形象为目标，将主要力量投

---

❶ LOW N, GLEESON B, ELANDER I, et al. Consuming cities: the urban environment in the global economy after the Rio Declaration [M]. London: Routledge, 2000: 76-87.

❷ 于建澄，李勋华. 论城市旅游功能与城市功能的协调发展 [J]. 商业时代，2012 (23): 134-135.

入以两项战略性经济资产为主的城市建设上：一是城市外部地区新国际机场的建设，二是城市内部金融业、零售业、专业化服务业以及娱乐中心场所等的建设。同样，我国的北京、上海、广州当前正处于传统工业区功能置换这一进程之中，都在积极寻求文化旅游业发展路径和措施，通过发展城市旅游，以传统工业区的休闲旅游转型，加快城市更新和产业升级速度，提高城市知名度、产业发展活力以及国际化水平。

5.3.2.4 交通条件的改善使工业企业选址更为灵活

交通技术的提升是城市功能和空间演变的直接推动力。工业化或城市化发展的不同阶段，交通和通信条件有所差异，进而造成城市空间结构性的不同发展模式。农业经济社会的主要交通工具是马车和木船，城市工业区或城市选址多依赖河流，借助河流进行商贸往来，如诸多传统工业区都是港口型的，对应的城市空间格局呈现沿河带状延展，如巴尔的摩。工业化的大机器、规模化生产，汽车、火车、飞机、无线电等现代化的交通通信方式对于城市空间规模的扩展和形态的改变影响巨大，城市集聚效应使得城市规模不断扩大，城市空间也形成沿交通线延伸和圈层状的发展格局。

城市内外交通走廊的扩展对城市建设用地的扩展具有极强的引领作用，城市交通走廊是组织城市空间结构、构成城市空间秩序的中枢系统。城市交通路网发展是城市空间结构优化和城市功能组合优化的重要措施。它为城市经济活动提供更大的类型和空间选择，提高了交通和信息的可达范围，促进中心城市与周边城镇之间建立紧密的联系，改变城市各活动系统的区位选择行为。借助网络化、发散式的高速公路网、轨道网和信息网，大都市得以形成。这是城市化发展到一定阶段必然出现的，是现代城市发展的一个新的空间组织单元。

交通条件的发展又使大都市由传统运输网络的单中心结构走向多元功能的网络化结构。在集聚与扩散中，传统工业区的产业逐渐被疏散到大都市外围，更多的现代服务业在城市中心集聚，成为新的产业空间。大都市主要交通干道的建设构成了城市扩展的骨架，使聚集在大都市中心的新产业空间具有极大的辐射和集聚能力，交通运输时间、成本的下降，降低了产业空间延伸拓展的约束性、生产企业之间的联系成本，企业对城市中心区的依赖性大大降低，在地租曲线的作用下使一些工业企业在城市中心区外围布局成为可能，城市产业区位选择的灵活性和弹性大大增加。城市功能内部由集聚型向分散化转变，城市物质生产组织形态从大工厂分散为以信息网络为基础的小企业，工业生产的空间组合方式呈现地域上的分散化分布连片的工业区，为新产业空间腾挪了发展空间。以交通方式引导的传统工业区外迁和新产业的空间集聚，使城市空间形态和规模发生重组和变化，促使产业、资本、劳动力等要素在大都市区形成新的空间选择和规律流动，城市基础设施建设的内容和规模、社区结构和容量都随之发生变化。❶

5.3.2.5 重大事件推动传统工业区的休闲旅游转型

大型节事旅游逐渐成为新的城市休闲旅游产业增长极，许多大城市都在极力通过节事活动的发展带动经济增长。米尔（Mill）等人认为，越来越多的节事逐渐被挖掘开发、整合与推广，成为城市旅游项目，节事活动在提升和完善城市旅游功能、增强旅游吸引力、推动游客量提高等方面发挥着举足轻重的作用。❷重大节事给城市带来的最大价值在于提升和强化城市知名度、形象及由此带来的各种发展机会。罗森塔布（Rosentraub）等认为旅游产业投资及相关的体育和娱乐活动对大都市旅游发展具有重要的促进意义。❸2008 北京奥运会和 2010 上海世博会给旅游业带来的期间效应、长期效应及空间效应。❹❺北京奥运会对北京加快国际化进程和提高适应国际化标准产生重要影响，奥运品牌效应成为构筑国家软实力的重要元素，2010 上海世博会

---

❶ 黄金火，吴必虎. 区域旅游系统空间结构的模式与优化——以西安地区为例［J］. 地理科学进展，2005，25（1）：116-126.

❷ MILL R C. Tourism：the international business［M］. Englewood：Prentice Hall，1990：134-136.

❸ ROWTHORN R, RAMASWAMY R. Growth, trade, and deindustrialization［J］. IMF staff papers，1999，46（1）：18-41.

❹ 陈浩，陆林，汪德根，等. 城市近郊餐饮业发展探析［J］. 扬州大学烹饪学报，2003（4）：10-14.

❺ 段霞. 首都国际化进程研究报告［M］. 北京：中国经济出版社，2008：56-71.

整合重构了上海都市旅游空间核心结构。❶

通过大型节事的举办，吸引旅游者前来开展观光旅游、文化交流、商务洽谈等活动，带动地区与休闲旅游产业相关的商业、餐饮、住宿、交通等的发展，促进城市基础设施建设和社会经济文化发展，提升城市环境品质和城市旅游形象。❷ 许多重大节事逐渐演变为城市的代名词或是举办城市旅游营销的主题。

重大节事与传统工业区具有紧密联系。传统工业区的改造可以举办重大节事活动为契机，对工业区进行全面更新和改造，通过工业遗存的保护性开发增加城市旅游吸引物，通过环境整治提升城市旅游形象，通过节事活动发展创造就业岗位，通过基础设施建设完善区域公共服务，以此实现传统工业区的城市功能转变，优化城市和城市旅游的空间布局。城市旅游经济振兴，还起到提升和完善旅游基础设施、管理方式的改变创新、增加多样消费点的功能。英国将奥运场馆选址在衰落的伦敦东部下利亚谷区（Lower Lea Valley），使奥运规划建设与举办地的改造相结合，为旧城复兴提供增长契机。2006年，大伦敦战略规划中以中央活动区替代中央商务区进行城市品质提升和内涵延伸。

上海以世博会为契机，对传统工业区进行改造转型和城市功能置换，是一个典型案例。上海世博会选址在江南造船厂（创建于1865年）旧址，这里是中国近代民族工业的发源地。工业区的更新改造，保留了一系列老建筑，对40万平方米的工业建筑进行了保护性的改造，保留了2万平方米的历史建筑，同时对其他地块工业设施进行迁移，腾退发展空间。在世博园建设过程中，周边的地铁、交通线路、交通集散中心、市容市貌进行了综合改造，促使上海加快了城市基础设施建设和硬件设施建设水平的快速提高，使一系列的老厂房、老码头变成了世博会园区。

上海世博会以会议展览、文化创意、商务贸易为核心的功能定位促进了

---

❶ 吴国清，杨国玺. 长江三角洲区域旅游合作与多层次管治研究 [J]. 华东经济管理，2010，24（9）：39-43.

❷ 王保松. 重大节事对青岛城市旅游的影响研究 [D]. 青岛：青岛大学，2012：20-25.

这个地区的产业结构调整、提升了产业能级，使之成为新的城市次中心。这次改造加速了上海住宿业的产业集聚，在世博园区所在的浦东区域形成了较高等级的产业集聚中心和产业聚集带；推动了旅游业和服务业发展，扩大了就业机会；重塑了上海城市旅游功能和产业空间结构，使黄浦江成为浦东城市发展的主要景观轴线，延伸水上旅游线路，使上海中心城市旅游空间结构呈现了徐家汇、人民广场—外滩—陆家嘴、世纪公园等共同组成的菱形结构。❶

5.3.2.6 城市生态环境保护的压力促使传统工业区外迁与再改造

传统工业区的工业化大生产方式对城市生态环境产生了较为严重的影响，这与大都市的产业结构调整、城市功能升级具有紧密联系。传统工业区多集中煤炭、钢铁等重工企业，对矿产资源和水资源的消耗量巨大，同时生产技术落后，对污染治理的资金和技术投入较少，工业生产环节排放大量的工业污染物，对土地表层和地下水都产生较大的危害。大量矿产资源的开采对生态系统产生重大破坏，导致植被破坏、水土流失、地质灾害、物种减少等一系列的恶性循环。发展到一定阶段时，大都市工业规模的扩大导致的环境恶化、交通拥挤、土地价格上涨，加速了大都市传统工业区产业结构的转变和衰退。如20世纪60年代，巴黎的工业和人口高度集中，严重的城市环境污染导致与其他地区之间经济发展的不平衡不断扩大。因此，巴黎市政府出台了一系列产业政策推动传统老工业企业向外迁移，仅20世纪80年代初期外迁项目达300多个，关闭了25%的50年代的老企业，不断推动城市功能转型。而在美国，20世纪90年代大量的传统工业区衰退形成了许多"棕色地带"，由于这些工业污染遗留处理技术要求高、投入大，成为后期城市发展的难题。

在这一背景下，城市传统工业区转型的初期，多采用企业家主义范式，强调推动城市增长的全球化竞争策略，相对忽视了城市生态环境的建设、地

---

❶ 吴国清，杨国玺. 长江三角洲区域旅游合作与多层次管治研究 [J]. 华东经济管理，2010，24 (9)：39-43.

方的社会再分配和社会公平。[1] 随着全球生态环境意识的强化，城市环境主义范式逐渐形成，国际社会和地方政府在城市生态环境和自然资源保护方面的需求更加迫切，大量闲置的工业、废弃物和基础设施等传统工业区再利用和景观改造成为城市集约发展的焦点。[2] 以后工业城市为发展目标的城市转型，需要创造"无污染的和富有吸引力"的新城市形象，即将城市作为新的商业场所，而非传统工厂的集聚地。[3] 在这一理念的倡导下，通过积极的环境政策干预，如污染河流治理、废弃工业场地改造、公共交通建设，创新城市发展环境，吸引新资本、中产阶层和工人阶层回流，塑造绿色城市形象。[4]

以英国为例，利兹的城市转型通过重塑经济竞争力，成为英国重要的金融和商业服务中心，是传统工业城市成功转型的典范。其中，对环境问题的处理是成功的重要因素。在环境治理的过程中，利兹政府不断调整对环境发展的看法，前期多以建设旗舰工程的方式，后期将经济绩效、社会公平和环境保护三方面的战略目标有机地结合起来，将环境管理纳入城市企业主义治理的方式之中，并取得了"绿色战略""环境城市"等一系列正面的效果。到了21世纪初，英国布莱尔政府提出"注重废弃物的循环使用和空气质量议题"的新国家城市战略，强调"可持续城市"建设来实现城市复兴的战略目标。

5.3.2.7 现代城市居民户外休闲行为和导向的变化

户外休闲是衡量一个国家的生产力与社会文明水平的标志。它能够推动

---

[1] COCHRANE A. Redefining urban politics for the twenty-first century [M] //ANDREW E G, WILSON D. The urban growth machine: critical perspectives two decades later. Albany: State University of New York Press, 1999: 109-124.

[2] LOW N, GLEESON B, ELANDER I, et al. Consuming cities: the urban environment in the global economy after the Rio Declaration [M]. London: Routledge, 2000: 76-87.

[3] SHORT J R. Urban imagineers: boosterism and the representation of cities [J]. The urban growth machine: critical perspectives two decades later, 1999: 37-54.

[4] FIORINO D J. Making environmental policy [M]. California: University of California Press, 1995: 102-113.

个体成长与社会消费空间演化❶❷，同时也是人际交往和社会空间建构中的重要内容。1933年颁布的《雅典宪章》中，将游憩功能归入城市四大功能之一。自此，在城市功能演化过程中，人本主义的重要性日益凸显，特别是一些西方国家在完成工业社会到消费社会的转型后，休闲空间理论得以迅速发展。基于中心商务区，衍生出了游憩商务区、中心旅游区与中央活动区等一系列新概念❸，这些概念的出现加深了对后工业时代发展中城市功能转向的认识，也推动了现代化城市的游憩功能日益完善与多元化发展。同时，城市居民对户外休闲的需求也日益增长，休闲活动的尺度也从家空间拓展到社区空间、公共文化空间和郊外自然空间等。❹❺居民需求的增加推动了城市服务功能空间的更新与斑块化填补，促进了"以人为本"的城市规划设计转向。

经济条件改善、生活节奏逐步加快、居民工作压力增大和休息制度变革等因素，促使城市居民对户外休闲的需求持续增加❻，居民开展休闲活动时具有活动时间规律化、活动空间圈层化、活动需求差异化与出行空间广域化等特点❼，休闲时间与休闲方式的选择也因居民社会属性的不同而变化，且相关性不断增强。❽❾户外休闲活动方式正在由注重物质形态消费向注重精神形态消费转型，城市非必要性户外休闲行为模式在土地混合开发利用、职住

---

❶ KELLY J R. 21st century leisure: current issues [M]. Boston: Allyn & Bacon, 2000: 312-324.

❷ 马惠娣. 休闲：人类美丽的精神家园 [M]. 北京：中国经济出版社，2004：214-221.

❸ 李洪波，夏日. 国外城市休闲空间研究进展 [J]. 城市问题，2016 (7)：69-74.

❹ 杨振之，周坤. 也谈休闲城市与城市休闲 [J]. 旅游学刊，2008, 23 (12)：51-57.

❺ 桂晶晶，柴彦威. 家庭生命周期视角下的大都市郊区居民日常休闲特征——以北京市上地-清河地区为例 [J]. 地域研究与开发，2014, 33 (2)：30-35.

❻ 杨国良. 城市居民休闲行为特征研究——以成都市为例 [J]. 旅游学刊，2002, 17 (2)：52-56.

❼ 金银日，姚颂平，蔡玉军. 上海市居民休闲体育时空行为特征研究 [J]. 体育科学，2015, 35 (3)：12-19.

❽ 齐兰兰，周素红. 广州不同阶层城市居民日常家外休闲行为时空特征 [J]. 地域研究与开发，2017, 36 (5)：57-63.

❾ 王华，严婷. 城市居民休闲的地方依恋研究——以广州荔枝湾为例 [J]. 地域研究与开发，2014, 33 (5)：104-108.

功能分离和网络休闲活动等因素的影响下发生变化,出现了替代性或修正性影响。❶❷ 在多重因素的影响下,城市应根据不同区域的需求规模、需求类型和格局来合理规划和布局休闲设施,向居民提供必需的户外娱乐设施和休闲场所,使人们可以通过户外休闲活动获得精神满足,减少精神疾病的发生率。❸❹ 城市还需对居民与游客在城市商业发展方面的需求做好平衡,以支撑政府出台休闲政策,提高居民的生活质量。❺❻ 我国城市发展先后经历了"先工厂后城市"、填补式建设公园与街头绿地、城市经营(包括城市休闲建设)等发展阶段,很多城市已经进入以休闲游憩为城市主要功能的转型期❼。但是,发展过程中还存在居民对户外休闲的需求与休闲设施的规模、布局等不平衡、不匹配的现象,这在一定程度上阻碍了中国城市居民休闲生活满意度的提高。❽

5.3.3 经济社会政策不断推动传统工业区休闲旅游转型改造

大都市传统工业区在城市中的区位优越、土地价值高,具有较高的开发价值,同时也存在工业区衰落遗留的一系列经济社会问题,其转型对于地方、城市甚至区域复兴都具有重要作用。因此,承受多方面压力的政府促使相关

---

❶ 赵霖, 甄峰, 龙萨金. 信息技术对南京城市居民休闲活动与出行的影响 [J]. 人文地理, 2013, 28 (1): 56-61.

❷ 陈梓烽, 柴彦威. 城市居民非工作活动的家内外时间分配及影响因素——以北京上地-清河地区为例 [J]. 地理学报, 2014, 69 (10): 1547-1556.

❸ DZHAMBOV A, HARTIG T, MARKEVYCH I, et al. Urban residential greenspace and mental health in youth: different approaches to testing multiple pathways yield different conclusions [J]. Environmental research, 2018, 160: 47-59.

❹ DENG J, ANDRADA II R, PIERSKALLA C. Visitors' and residents' perceptions of urban forests for leisure in Washington DC [J]. Urban forestry & urban greening, 2017, 28: 1-11.

❺ LLOYD K M, AULD C J. The role of leisure in determining quality of life: issues of content and measurement [J]. Social indicators research, 2002, 57 (1): 43-71.

❻ DIAS C, MELO V A. Leisure and urbanisation in Brazil from the 1950s to the 1970s [J]. Leisure studies, 2011, 30 (3): 333-343.

❼ 虞虎. 大都市传统工业区休闲旅游转型对城市功能演化的影响 [J]. 经济地理, 2016, 36 (11): 214-223.

❽ 宋子千, 蒋艳. 城市居民休闲生活满意度及其影响机制: 以杭州为例 [J]. 人文地理, 2014, 29 (2): 53-60.

部门和机构不断加强对传统工业区转型发展的支持，或以行政命令和法律手段，或以税收优惠、技术补贴等经济刺激手段，改善产业发展环境，充分发挥政策和资金的援助作用，培育新兴产业，大力发展服务型行业，尤其重视休闲旅游产业的发展。如德国鲁尔工业区的转型是由德国联邦和州两级政府协作完成的。德国中央政府为转型再开发和转型的区域合作提供资金支持。联邦政府资助该地区的区域基础设施建设和废弃厂房再利用项目。除资金支持外，德国联邦政府在经济部下设立联邦地区发展规划委员会和执行委员会，州政府也相应地设立地区发展委员会并实行地区会议制度，市政府则设劳动局和经济促进会等职能部门，专门负责综合协调老工业区再开发工作。❶ 在法国洛林传统工业区的资金投资中，国家和地方政府分别承担了改造资金的75%和25%，同时推行国家、地区间的"计划合同"以确保重振传统工业区的优先目标。林琳在总结国内外滨水区开发模式时指出，根据运作主体不同，老港区再开发分为以政府开发为主体、以私营开发为主体和公私合作共同开发三种模式（见表5.5）。其目标都是创造一个良好的经济社会环境、吸引外部投资，来改善衰落的基础设施、公共服务和发展项目，带动地方就业、恢复经济社会活力。休闲旅游产业在其中始终都是重中之重。它无论是作为产业来发展，还是作为软环境建设，都可以在产业、文化、宜居环境建设等方面发挥重要的作用。

表5.5 基于不同运作主体的老港区开发治理模式

模式		案例	特点
基于不同运作主体	政府主体开发	美国巴尔的摩	政府把熟地卖给开发商进行建设
		日本横滨 MM21	开发商依据"横滨市住宅小区开发纲要"实行"河流整治负担金制度"
		加拿大格兰威尔岛	以政府为主体进行开发，由政府指定的公共机构与其他相关私人机构和非营利性机构通力合作

---

❶ 赵涛，郑新奇. 城市居住用地适宜性评价与人居环境优化 [J]. 中国人口·资源与环境，2000（S2）：79-80.

续表

模式		案例	特点
基于不同运作主体	私营主体开发	加拿大维多利亚滨水区	由私人进行再开发,将旅游游憩活动及零售活动作为发展导向
		伦敦道克兰地区	城市开发公司将复兴该地区作为主要目标,使土地和建筑均发挥使用效益,创造一个具有吸引力的环境,确保住宅和社会服务等相关设施齐全,吸引人们到该地区居住和工作
	公司合作开发	美国托莱多市	开发商对滨水地区发展负主要责任;政府采取减免税收、鼓励开发投资等政策,并保证通过区域复兴开发建设,将滨水区打造为"全市共同支持的工程"

资料来源:段苏桐. 老港区及其周边地区再开发规划策略研究 [D]. 大连:大连理工大学, 2015:18-40.

5.3.3.1 从推倒重建与清除贫民窟,到城市绅士化与社会福利(20世纪50年代末至70年代)

二战之后到20世纪50年代,西方国家的城市工业化的快速发展带来了人口膨胀和环境恶化等城市问题,城市中心重建导致地价飞涨,出现人口和工业郊区化趋势,存在城市税收下降、房屋和设施破旧、经济萧条、就业岗位减少、交通拥堵、治安恶化等一系列经济和社会问题,中心区的吸引力不断下降,贫民窟在内城边缘聚集。政府开始着力通过改造城市中心区和清理贫民窟,解决城市经济和住宅紧张问题以复兴旧城中心区、增加城市税收❶,在理论和实践方面出现了霍华德(Howard)的"田园城市"、勒·柯布西埃(Le Corbusier)的"明日城市"、佩里(Perry)的"邻里单位""绿带建镇计划"等成果。❷

---

❶ SHORT J R. Urban imagineers: boosterism and the representation of cities [J]. The urban growth machine: critical perspectives two decades later, 1999: 37-54.

❷ 王旭. 东北亚区域经济合作与跨国城市体系 [J]. 史学集刊, 2001 (2): 61-66.

20世纪60年代,大规模改造和城市物质环境规划为主要形式的治理措施在处理城市复杂的社会、经济和文化问题方面暴露出诸多缺陷,传统的、渐进式的、小规模的城市更新受到极大的关注。一方面,城市绅士化中的中产阶级家庭进入城市中心区域,引发当地财产价值增长和低收入家庭迁出,同时,对旧房子进行翻新修葺,改善城市居住环境,提升了中心城区的社会阶层。另一方面,国家更加强调综合性发展,注重环境质量的提升和邻里社区关系的建立,引入公共项目和福利项目来解决部分社会问题。[1] 如20世纪60年代,美国开始实施"模范城市计划(model cities program)",大规模改善基础设施和居住条件。1966年,针对贫困地区的社会经济问题颁布了《模范城市与大都市发展法案》(*Model Cities and Metropolitan Development Act of* 1966),强调政府与民间的协作。英国政府内政部也于1969年颁布了《地方政府资助法案》(*Local Government Grants Act*),通过政府资助解决城市和社会服务的更新。

总体来看,该时期西方国家工业经济的衰退和城市发展对土地需求的大幅扩张,城市更新运动主要是强化城市中心区的土地利用,通过吸引高营业额的业态如金融保险业、大型商业设施、高级写字楼等使土地增值,原有居民住宅和中小商业被置换到城市其他地区。面对传统工业区衰退的问题,各个国家在这个阶段主要采用了凯恩斯主义(见表5.6),通过中央政府高额补贴的方式进行调控。但是,由于石油危机的冲击,西方国家严重的"滞涨"困扰着经济发展,对衰退产业的巨额财政补贴得不偿失。政府过度的高额补贴一定程度上并没有有效地促进地区经济结构转型和长远发展。如德国联邦政府对煤炭、钢铁和造船等部门的高投入和高补贴导致了企业的惰性,阻碍了鲁尔工业区的产业经济转型与升级。[2] 美国大规模城市更新发展计划的主要途径则是对传统工业区进行大量的财政补贴,对一些废弃企业或场所进行清理和重建,在这个过程中出现了一系列问题,如强制搬迁损害了社区内部的社会关系和城市经济结构。凯恩斯主义式的国家干预政策不断受到质疑,

---

[1] 倪慧,阳建强. 当代西欧城市更新的特点与趋势分析 [J]. 现代城市研究,2007 (6):19-26.

[2] 王军,邱少男. 关于老工业区改造与"转方式、调结构"的思考——德国鲁尔区经济结构调整对青岛的借鉴 [J]. 中国发展,2012,12 (3):12-15.

取而代之的是20世纪70年代至90年代新自由主义的盛行（见表5.6）。

表5.6 不同时期传统工业区转型的经济社会政策

时期	经济社会发展背景	意识形态	主要经济政策
20世纪50年代末至70年代	传统工业区开始滑坡	凯恩斯主义	中央政府制定政策干预地方经济，实施减税，促进老工业基地工业资本的形成和出口工业的发展；对衰退产业职工实施转移支付补贴；利用政府购买、直接投资等手段实施补贴
20世纪70年代至90年代	衰退工业区转型效果不明显，反而加重了财政负担	新自由主义	采取"防御性"政策，放缓结构转变的速度，转向地区公共设施与基础设施建设；放任衰退产业自行退出；对衰退工业区的失业工人进行再就业培训、困难补助
20世纪90年代之后	工业区的转型与复兴	"第三条道路"	政府政策向"自治""地方合作""区域政策区域化"方向发展；不断向维护市场、调动市场、依靠市场本身的主动性方向靠拢

5.3.3.2 市场导向的发展政策（20世纪70年代至90年代）

20世纪70年代开始，石油危机引发的全球经济下滑给西方发达国家经济带来极大的冲击，郊区化、逆城市化使西方国家的大城市中心区日益衰落，出现了商业萎缩、失业和贫困加剧、治安问题突出等一系列经济社会问题。许多国家开始认识到，城市更新不可能以物质环境改善为唯一目标，必须涵盖更广泛的社会改良和经济复兴，更多地注重相关政策制定。政府对城市更新运动开始进行调整❶，工作重点转移到刺激经济增长上来，采取了一系列政策，积极调整产业结构，发展高科技产业和第三产业，在中央商务区周围增加高质量住宅，以吸引人口回城居住和工作。新自由主义政策的推行，使得政府逐步减少或取消了旧城改造的城市更新政策，转变为以市场为导向，

---

❶ 汤晋，罗海明，孔莉. 西方城市更新运动及其法制建设过程对我国的启示[J]. 国际城市规划，2007（4）：33-36.

强化私人部门参与、政府选择性介入的公私合作的新干预模式。

在这个发展背景下,西方国家的城市更新政策发生了一系列的转变:从以开发商为主导的大规模推倒重建,转向小规模、分阶段、社区组织的渐进式发展;重视经济意义的同时,制定政策,从单纯的物质环境改造规划转向社会经济发展和物质环境相结合的更新规划,注重住房建设和社区可持续发展;注重人本主义中人的尺度和人的需要,从贫民窟的大规模拆除,转向社区环境的综合整治、社区经济复兴和居民参与下的社区邻里重建。❶ 如 1977 年,英国颁布的《内城区政策白皮书》(*The 1977 Urban White Paper: Policy for Inner City*),以促进城市计划修订和合作。1978 年,《内城区法案》(*Inner Urban Programme*) 明确政府可提供资金给私有公司,促进私人投资参与政府的城市更新。

1978 年,美国总统发布了全面的城市化政策,目标主要是:振兴城市经济、扩大中心区就业机会、加强城市税收政策、消除城市内部种族歧视和保护城市环境,阻止城市中心区的持续衰退。英国在城市发展战略上也通过政策的调整将资金分配从城市外围转到城市中心区,于 1987 年颁布了《内城区法案》,希望中央和地方政府的经济政策为开发和恢复旧城的活力创造条件,尽量满足企业发展要求以增加就业机会;采取一些大型购物中心、商业步行街以及市政设施建设振兴衰退的经济。❷

自 20 世纪 70 年代开始,芝加哥市政府则依据"发展的多元化、交通可达性以及滨水地区与开敞空间"这三条原则,通过道路的改善、基础设施与住宅的建设等来振兴城市中心区。同时,中心城区通过引进部分服务业尤其是生产性服务业来弥补中心地区的就业空缺,推动中心地区的经济重振,将中心区发展成为包括现代服务业、金融及证券机构、公司总部等在内的中心聚集区。另外,通过再开发对来自鲁普南区和西区的旧铁路及旧工业用地改造利用,以及对位于鲁普东部、南部和西北部的工业基地、铁路和机场进行转型改造,拓展中心城区的住宅用地,修复老建筑或再利用,使商业

---

❶ 方可. 北京旧城危旧房改造的一种新思路:发展"社区合作住房"[J]. 城市发展研究, 1998 (4): 33-37.

❷ STEWART M. Ten years of inner cities policy [J]. The town planning review, 1987: 129-145.

重占中心城区，实现老城区的经济复兴。❶

5.3.3.3 可持续发展与社区复兴政策（20世纪90年代之后）

20世纪90年代以来，资源枯竭、环境污染、交通拥堵等城市问题在全世界范围内蔓延。1996年，伊斯坦布尔召开的联合国"人居Ⅱ"（Habitat Ⅱ）会议确立了"人人有合适的住房"和"城市化世界中可持续的人类住区发展"两个主题，明确了城市更新的当代方向。❷ 城市更新运动开始以改善人居环境为重点，从经济、物质、环境等多方面开展工作。西方国家进入了宜居城市、生态城市等以可持续发展为核心的新阶段，开始摒弃凯恩斯主义和新自由主义式的发展策略，转而选择了介于两者之间的"第三条道路"，不断向维护市场、调动市场、依靠市场本身的主动性方向靠拢。比如，通过教育、失业培训代替失业救济和社会福利；用工作和发展的机会平等代替收入平等。地方管理者在工业区改造中的地位和自治权大大提升，作用和灵活性得到更好的发挥，政府转变为社会网络的组织者。❸ 力求通过社区参与和社区规划还原社区功能，通过社区整合现代城市生活要素，维护历史遗迹、保护历史文化，恢复城市的人文性，达到人与自然、历史的和谐发展。

5.3.4 大都市传统工业区休闲旅游功能置换的过程机制

经济全球化深刻地影响每个国家或地区的城市发展和产业结构演化，促进传统工业企业不断地扩散和演变。休闲旅游活动已经成为全球经济发展的主要动力，它通过加速国际资金流转和信息以及技术管理的传播来推动全球化发展，创造全新的、短期的和富有活力的消费行为模式、需求和价值等，

---

❶ 左学金，陈建华. 城市连绵区和皖江城市带发展 [J]. 江淮论坛，2011（2）：5-12.
❷ 汤晋，罗海明，孔莉. 西方城市更新运动及其法制建设过程对我国的启示 [J]. 国际城市规划，2007（4）：33-36.
❸ 赵儒煜，刘静. 论创新对企业区位选择的作用机制 [J]. 税务与经济，2008（4）：6-10.

促进旅游企业和生产要素在区域内各城市旅游地集聚扩散与自由流动。❶ 大都市经济社会水平较高，拥有多样化、丰富的产业业态，与休闲旅游活动之间的关联、融合作用体现得更为明显，可以保证休闲旅游改造的门槛市场规模，这也为传统工业区的休闲旅游改造提供了较好的发展基础。

传统工业多是煤炭、炼钢、冶金等产业，它们多是依托煤矿、铁矿这些资源矿点发展起来的，在发展过程中形成企业集聚及其配套产业。大规模的工业企业生产单元又通过集中的生活设施配套，形成了生产生活区。产业生产、生活场所的进一步扩张形成小城镇，那些资源矿产比较丰富的地区，就为大都市的形成奠定了发展基础。工业化时代，远洋货轮和铁路线的出现使自然资源生产的比较优势显现出来，城市化建设、军事战争对于煤炭和钢铁的市场需求逐渐庞大，那些规模效益高、生产资源品位高的传统工业区获取了更大的竞争优势，并快速地推动了城市的大发展，使城市的人口和规模得到较大扩张，逐渐演变成为大都市。

交通通信、科学技术的改变，使不同地区的资源优势得到充分发挥，使产品运输条件、企业布局活动得到大大的提高，产业要素、劳动力、生产技术的互通交流催生了经济全球化浪潮。生产要素之间的竞争、能源消费结构的变化以及工业生产技术的变化，导致了以煤炭、钢铁、纺织为主要产品类型的工业企业出现大幅衰退。在这一浪潮之下，大都市的产业结构开始由工业生产向生活服务型产业转变。城市空间规模的扩大也在影响工业区的发展，工业生产企业为了摆脱土地价格和生产要素成本的束缚，为了降低生产资料购买价格、交通物流费用或寻找廉价的劳动力，开始将企业向资源丰富地区、欠发达地区转移，大量生产型企业及其配套产业的迁出带走了大量的从业人员和附属人员，导致了工业区的衰退和空心化。这就使得大都市的城市去工业化和服务业化的发生。

以下三种因素共同推动传统工业区的休闲旅游改造。第一，技术进步在影响工业生产的同时，也在改变着市场消费方式、消费目的和消费类型的转

---

❶ 虞虎，陆林，朱冬芳，等. 城市旅游到城市群旅游的系统研究 [J]. 地理科学进展，2012，31（8）：1087-1096.

变，人们不再单纯地追求基本的生产生活需求，机器生产让人们的闲暇时间增多，休闲旅游的市场需求开始变得越来越大。第二，传统工业区废弃地再利用的同时，人们也开始关心如何保护和开发工业遗产。第三，城市规模扩大带来的对土地的大量需求，传统工业区基础设施和公共服务发展滞后的需求，以及城市环境建设等多方面的动力，共同推动包括传统工业区改造的旧城更新运动。传统工业区改造的现代功能置换中，加强城市的现代化服务功能成为重要问题。

以下因素推动传统工业区休闲旅游功能置换和发展模式的选择。第一，政府为了遏制工业衰退区经济下滑及其带来的失业等社会问题，出台大量的土地优惠政策、财税减免政策，吸引投资商开发传统工业区。但从开始开发到确定以休闲旅游功能为再利用导向，经历了不间断的质疑和论证，最终才被证实是比较可行和最适合的发展策略。第二，以举办重大节事活动为契机，投入大量的城市设施改造经费，推动传统工业区的基础设施和公共服务设施改造，同时利用传统工业区的文化景观来使其更具吸引力，在重大节事活动举办之后，这些改造地区基本上都能够获得较大的提升。第三，实行关联产业之间的融合，主要是将休闲旅游功能融入文化创意产业、体育产业之中，扩大休闲旅游消费的经济效益。第四，通过休闲旅游产业与相关产业的融合，以重大项目建设来推动现代服务业的发展，进而对区域产业进行升级调整。

在以上因素影响之下，发展主体根据不同传统工业区的资源、区位等特征，选择不同的转型目的，一方面，通过转型来充分体现工业遗产的价值，向人们展示该地段的工业历史文化，为城市特色和品牌营造提供文化支持；另一方面，通过产业融合和提升来促进城市商业、商贸和文化娱乐产业的发展，进而使传统工业区演变成为城市现代休闲旅游空间，促进现代服务业的发展。

在传统工业区由工业生产向以休闲旅游功能为主导的城市现代服务业的转变过程中，企业由资源密集型转变为资本密集型，城市功能组团的空间结构由单一的工业企业集聚所形成的独立式工业功能组团，发展成为以现代服务业集聚、功能组团分散布局、多中心的发展格局，实现了产业置换推动空间置换和功能置换的演变过程（见图5.4）。

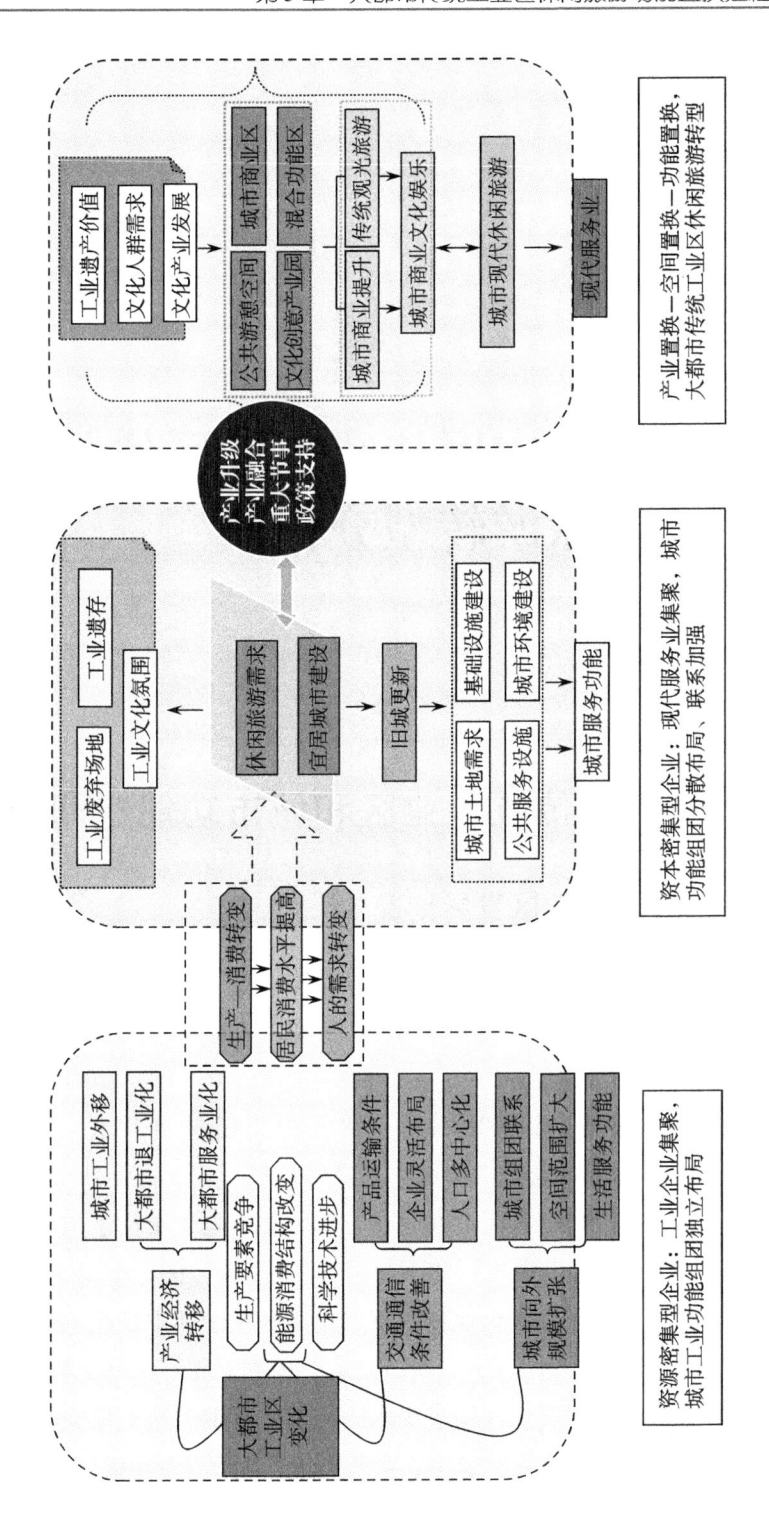

图 5.4 城市传统工业区休闲旅游功能置换动力机制

第6章

北京市石景山区传统工业区休闲旅游转型分析

6.1 北京市传统工业区和城市功能空间

6.1.1 北京市传统工业区发展情况

中华人民共和国成立以来,北京市工业布局先后经历了"城区集中、郊区延伸、开发区园区集聚"的阶段性变化,从时间上发展历史大致分为三个阶段。

(1) 第一阶段,中华人民共和国成立初期至20世纪50年代末,初步形成了东郊棉纺织区,东北郊电子工业区,东南郊机械、化工区和西郊冶金、机械重工业区。北京市传统工业区大部分在东郊,北京电子城位于朝阳区酒仙桥、大山子一带,还有北京电机厂和不少国营"7"字号的电子军工企业,以及松下彩管、惠普北光等合资企业;北京市化工区位于朝阳区化工路、垡头一带,包括纸浆造纸厂、化工一厂、化工二厂、有机化工厂、化工机械厂、北京焦化厂等。北京市燕山石化区位于房山区燕山,首钢钢铁厂位于石景山区永定河畔。以上工业区均分布在老中心城区之外,与旧城市功能并不相悖,也为解决城市就业问题和城市建设发展提供了物质保证。

（2）第二阶段，20世纪60年代至70年代，由于计划经济体制的影响和当时的经济发展状况，北京市工业的产业结构开始向基础原材料工业倾斜。虽然新建的大型企业开始在郊区布置，但对位于已发展为城区以及城区边缘的工业企业仍有大量投入。工业经济总量得到增长的同时，城市中心区地域扩张和城市功能之间的矛盾逐渐显现。

（3）第三阶段，20世纪80年代至今，随着市场经济的持续发展，北京市城市规划做出两次重大调整，开始实施以解决城市污染与扰民为目的的企业搬迁和整合分布于郊区县的工业科技园区，重点建设经济开发区与产业基地工业的发展模式，创造了北京工业产业实施统一的空间布局调整的先期环境。当前，新兴工业区中最大的是亦庄工业区，位于大兴区亦庄镇，原来城市的多数企业集中搬迁至该地。北京市逐步形成了以高新技术产业园区、经济开发区为龙头的工业发展空间体系。

6.1.2　北京市城市产业经济与功能演化

从北京市城市功能和空间结构的演化来看，北京市在建设国际化大都市或全球性城市的这条道路上，经历了一场深刻的"城市去工业化""城市再工业化和服务业化"的城市功能变迁之路。随着北京市建设国际化大都市发展战略的提出，城市功能和空间结构也在不断地发生着调整（见表6.1）。根据城市产业形态、城市功能定位和空间结构特征三个要素，北京市城市功能和空间结构的演变可以大致划分为三大阶段。

（1）中华人民共和国成立至1994年，北京市三产结构呈现不同的变化态势：一产不断降低（降幅17.3%）、二产先小幅增长后有所降低（净增幅约0.9%左右）、三产小幅增长（增幅约16.4%），城市功能主要以二产中的重工业为主导业态，城市空间结构表现为典型的同心圆发展模式。中华人民共和国成立初期，北京城市发展的重点在于经济增长，投入了大量的力量发展重工业。实际上，20世纪50年代末，重工业对北京城市发展带来了较大的负面影响，北京市政府在工业发展方面提出了"控制市区、发展远郊"的战略方针，但是，受到当时一些因素的影响，之后的10余年间北京城市职能并未得到及时调整。1973年提出的《北京地区总体规划方案》和《北京市区总体规划方案》试图对1957年的方案做经验总结，并在此基础上进行修订，但最终被搁置未予讨论。到20世纪80年代，工业大量的耗能耗水和环境污染问题逐渐严重，资源环境承载力受到较大限制，大大地影响了北京城市功能的调整。这一时期，北京市开始大力调整产业结构和城市功能，于1982年提出了《北京城市建设总体规划方案》，强调经济发展要适应和服从城市性质的要求，积极发展适合首都特点的经济产业形态，提出了工业要着重发展电子、光学、仪器仪表等能耗低、用水省、占地少、运量小、不污染的行业，原有工业要积极治理污染，降低能耗和水耗。

表6.1 不同时期北京市城市功能和空间结构的演变特征

时间	经济形态	城市功能特征	城市空间结构特征	休闲旅游发展
1949—1994年	主要以第二产业为主，重、轻工业相继发展	生产型城市	同心圆模式，单中心集聚	以传统的文化观光为主体
1995—2005年	向第三产业转变，以金融、文化产业、现代服务业为增长极	消费型城市、文化性城市	形成了中关村、亚运村商圈等城市功能板块，郊区县工业化带动人口和生产功能向外扩散	以亚运会、奥运会为标志，休闲旅游氛围逐渐浓郁，旅游业态多样化；传统工业区的更新改造成为外围区县发展的重点
2006年至今	现代服务业和高新技术产业为主体，合理开发现代制造业和都市农业	文化性城市	形成了1个传统中心区、4个副中心、2个产业带的多中心空间格局	传统工业区的更新改造成为外围区县发展的重点

资料来源：王卫华，王开泳．北京城市功能区演变与优化调控［J］．中国名城，2014（6）：32-37．

注："1个传统中心区"是指王府井、西单、前门；"4个副中心"是指中关村西区、金融街、中央商务区、奥林匹克公园；"2个产业带"是指沿五环的中关村科技园区形成高新技术产业带、沿六环工业开发区形成的现代制造业产业带。

（2）1995—2005年，北京市明确提出了不再发展重工业，在这一前提下二产比重开始大幅下降，从41%下降到2005年的26.3%；三产产业增长幅度有所提高，从48%涨至66.6%，成为北京市的主导产业；一产则持续小幅下降，从11%下降至7.1%左右。在这一时期，北京市着手进行工业外迁[1]，城市工业的生产功能逐渐削弱，出现显著的去工业化态势。[2] 1984—1994年，北京市市辖区工业总产值比重和市辖区企业数比重都在下降，1994年达到了最低值，市辖区工业总产值比重约从92%下降到59%，市辖区企业数量从63%下降到25%。这表明市辖区的工业企业数量和工业总产值不断减少，出现了明显的城市退工业化现象。从1995年开始，市辖区工业又开始有所发展，之后一直延续到2005年，10年间市辖区工业总产值和企业数占全市的份额分别从77%和63%增长到98%和96%左右。纺织业、造纸家具制造业、石油化工加工业、非金属矿物制品业、金属制造业都是大幅下降的工业产业，工艺制品及其制造业则开始兴起并不断增长；从2000年开始，工业企业的从业人员数量也开始下降（见表6.2）。这一方面从工业产业结构演化的角度来解释，应该是在传统重工业推出之后，市辖区新型工业科技园区有了较快的发展；另一方面与北京市行政区划调整有关，1995—2006年，通州区、顺义区、昌平区、大兴区、怀柔区和平谷区先后县改区，一定程度上提高了市辖区工业的统计范围，但是从北京市产业园区的分布来看，这并非主导因素。

同时，这一时期北京市城市消费功能、服务功能和文化功能逐渐强化，休闲旅游与城市文化和商业服务业之间的融合度不断提高。2005年，旅游业总收入占北京市第三产业增加值的比重达到32.49%，成为现代服务业的重要增长极。城市商业功能不断向外围拓展，空间结构由单中心转向了多中心的发展模式，形成了中央商务区、金融街、中关村科技园区、亚奥板块以及其他经济开发区和区域中央商务区为标志的多中心结构[3]，高级服务业和文化创意产业呈现快速增长趋势。石景山的服务业具有较大的比较优势，金融

---

[1] 戚本超，周达. 北京城市职能发展演变研究 [J]. 城市问题，2006 (7)：28-31.
[2] 于涛方，陈修颖，吴泓. 2000年以来北京市功能格局与去工业化进程 [J]. 城市规划学刊，2008 (3)：46-54.
[3] 王卫华，王开泳. 北京城市功能区演变与优化调控 [J]. 中国名城，2014 (6)：32-37.

业就业、批发零售和住宿餐饮业也有较大幅度增长，在不断加快产业结构调整的同时，开始重点打造首都休闲娱乐中心区，不断推动城市新经济发展。

（3）自2006年开始，《北京城市总体规划》明确提出了"突出首都特点，加快发展现代服务业和高新技术产业，适度发展现代制造业，积极促进农业产业化经营"的发展建议，重点加强"1个传统中心区、4个副中心、2个产业带的多中心空间格局"建设。从市辖区工业总产值和企业数占全市的比重来看，两者分别维持在99%和97%左右，保持稳定。从规模以上工业企业单位个数变化值看（见表6.2），企业单位数量下降较多的依然集中在金属加工制造业，减少幅度大于100个的有纺织业、印刷业和记录媒介的复制业、化学原料及化学制品制造业、塑料制造业、非金属矿物制造业、金属制造业、通用设备制造业、专用设备制造业、交通运输设备制造业等。这些产业更多的是对高耗能、高污染企业的淘汰，通信、交通等产业的缩小则多是市场竞争造成的。从从业人员平均人数的变化情况看，人员减少较多的产业与企业减少情况基本是对应的，降幅高于10 000人次的有纺织业、纺织服装与鞋帽制造业、印刷业和记录媒介的复制业、塑料制品业、黑色金属冶炼及压延加工业；降幅处于5000～10 000人次的产业有煤炭开采和洗选业、造纸及纸制品业、石油加工炼焦及核燃料加工业、化学原料及化学制品制造业、非金属矿物制品业、通用设备制造业；降幅处于1000～5000人次的产业有非金属矿采选业、皮革毛皮与羽毛（绒）及其制品业、有色金属冶炼及压延加工业、工艺品及其他制造业。数据表明，这一时期工业产业的内部结构进一步调整，无论是直接退出还是技术改造引起的从业人员减少，都表明北京市的传统工业企业逐渐衰退，已经不再是城市主导发展的产业类型。

表6.2　北京市规模以上工业企业从业人员变化情况（1997—2012）

行业类别	企业单位个数变化值				从业人员平均人数变化值			
	1997—2005	1997—2012	2000—2012	2005—2012	1997—2005	1997—2012	2000—2012	2005—2012
煤炭开采和洗选业	-16	-40	-139	-24	17 829	12 362	-21 773	-5 467
石油和天然气开采业	-1	-1	1	0	1 057	638	644	-419
黑色金属矿采选业	-7	-9	-12	-2	2 360	20 330	18 344	17 970

续表

行业类别	企业单位个数变化值				从业人员平均人数变化值			
	1997—2005	1997—2012	2000—2012	2005—2012	1997—2005	1997—2012	2000—2012	2005—2012
有色金属矿采选业	-11	-11	-13	0	-71	-71	-742	0
非金属矿采选业	-132	-144	-199	-12	1 047	-36	-4 591	-1 083
农副食品加工业	-360	-440	-326	-80	29 937	32 134	9 807	2 197
食品制造业	-428	-515	-401	-87	36 991	47 626	7 133	10 635
饮料制造业	-157	-185	-198	-28	22 337	30 443	-2 191	8 106
烟草制造业	-2	-2	-1	0	685	843	30	158
纺织业	-343	-472	-362	-129	27 066	-2 559	-56 077	-29 625
纺织服装、鞋帽制造业	-668	-764	-622	-96	73 476	47 683	-33 475	-25 793
皮革、毛皮、羽毛（绒）及其制品业	-152	-174	-122	-22	3 071	1 191	-8 218	-1 880
木材加工及竹、藤、棕草制品业	-202	-213	-178	-11	2 467	2 332	-4 153	-135
家具制造业	-407	-441	-391	-34	14 808	14 024	-4 577	-784
造纸及纸制品业	-364	-432	-384	-68	9 478	4 472	-15 535	-5 006
印刷业和记录媒介的复制	-489	-743	-766	-254	42 057	23 735	-34 487	-18 322
文教体育用品制造业	-221	-231	-171	-10	6 454	5 759	-6 158	-695
石油加工、炼焦及核燃料加工业	-57	-85	-62	-28	19 891	13 066	-24 638	-6 825
化学原料及化学制品制造业	-722	-932	-897	-210	36 911	30 241	-29 521	-6 670
医药制造业	-21	-27	-45	-6	34 055	60 640	30 850	26 585
化学纤维制造业	-27	-39	-31	-12	76	-295	-3 090	-371
橡胶制品业	-94	-6	25	88	6 927	19 339	9 787	12 412
塑料制品业	-422	-691	-625	-269	20 166	-3 624	-28 339	-23 790
非金属矿物制造业	-901	-1 046	-1 218	-145	56 984	49 525	-66 252	-7 459

续表

行业类别	企业单位个数变化值				从业人员平均人数变化值			
	1997—2005	1997—2012	2000—2012	2005—2012	1997—2005	1997—2012	2000—2012	2005—2012
黑色金属冶炼及压延加工业	-31	-59	-36	-28	53 694	-1 305	-93 483	-54 999
有色金属冶炼及压延加工业	-96	-134	-74	-38	8 506	5 575	-739	-2 931
金属制造业	-1 804	-1 951	-1 627	-147	37 391	38 466	-30 531	1 075
通用设备制造业	-651	-828	-745	-177	56 294	49 368	-18 093	-6 926
专用设备制造业	-420	-587	-512	-167	59 258	64 201	-1 085	4 943
交通运输设备制造业	-966	-1 075	-806	-109	93 375	138 263	38 922	44 888
电气机械及器材制造业	-542	-640	-505	-98	39 754	55 694	52 782	15 940
通信设备、计算机及其他电子设备制造业	-172	-365	-306	-193	10 8040	131 422	52 312	23 382
仪器仪表及文化、办公用机械制造业	-83	-247	-185	-164	27 754	28 609	2 925	855
工艺品及其他制造业	91	27	27	-64	12 861	8 723	8 723	-4 138
废弃资源和废旧材料回收加工业	10	9	9	-1	674	922	922	248
电力、热力的生产和供应业	9	4	7	-5	41 951	60 780	41 977	18 829
燃气生产和供应业	7	13	13	6	6 082	9 819	2 199	3 737
水的生产和供应业	11	8	10	-3	5 488	9 251	3 789	3 763

数据来源：1997—2012年出版的《中国统计年鉴》。

从第三产业的产业结构变动来看，文化旅游产业、文化创意产业与总部经济一起成为北京城市发展的多次强调的重要内容。分析1995年、2000年、2005年、2010年三产内部各个行业大类的就业人口变化情况可知，休闲旅游产业和文化创意产业逐渐发展为北京市现代服务业的重要经济行业，并且休闲旅游、文化创意、商业三大类别之间的产业融合作用不断加深，为北京市休闲旅游经济和形象建设起到了重要的支撑作用。北京市休闲旅游业从前期以传统历史文化观光为主要形态，转变到当前以城市休闲、游览娱乐等多种业态并举的发展模式，尤其是以亚运会、奥运会为标志的重大事件，使北京市现代休闲旅游氛围逐渐浓郁，旅游业态多样化。从北京市旅游者人数和总收入的变化情况来看，1978—2013年入境游、国内游的总人次和总收入都在逐年攀升；从增长速度来看，1990年、2005年分别是增速骤增的时间节点，尤其是2000年以来，旅游业年均增速高于第三产业。从北京市旅游产业发展内容上讲，现在北京休闲旅游产业已经远远超出了原有食、住、行、游、购、娱六要素的范畴[1]，与其他体育、会议、新闻媒体广告、交通服务设施配套等要素之间的关联融合程度不断深化和提高，覆盖了休闲游憩、商务会议、商业零售、生产制造、文化媒体、金融互联网等多个行业。

文化创意产业成为融合休闲旅游、城市商业、新闻媒体等相关产业的先导。2000年以来，北京市设立了文化创意产业管理机构和专项发展基金，重点鼓励将文化创意产业作为城市发展重点，全力打造文化演出、出版贸易、影视、动漫互联网游戏、文化会展等文化产品，产业增加值已经超过了第三产业中的批发零售业、房地产业、商业服务业和交通运输业，成为三产中仅次于金融业的重点行业。[2] 2019年，北京市文化产业结构不断优化，其中创意设计服务、新闻信息服务、文化传播渠道、内容创作生产领域的收入合计占全市规模以上文化产业收入的87.3%，成为推动全市文化产业高质量发展的四大主导产业。从文化创意产业对城市发展的推动来看，近年来，北京市文化创意产业对城市商业的快速发展起到推动作用。文化创意产业促进了街头文化场所、体育设施、咖啡馆、小剧场、酒吧、小广场、特色餐馆、书店等非正式文化场所的迅猛发展，吸引城市商业快速集聚。如宋庄当代原创艺术与卡通产业集聚区吸引了约3000名艺术从业者，推动了当地商饮和相关服务业的蓬勃发展。当前，北京市石景山区与海淀区、丰台区一起，也形成了

---

[1] 王来. 北京旅游产业发展研究 [D]. 北京：北京交通大学，2013：62-79.
[2] 陈洁民，尹秀艳. 北京文化创意产业发展现状分析 [J]. 北京城市学院报，2009（4）：9-19.

以现代娱乐休闲旅游为主的产业业态，动漫游戏、数字娱乐等文化创意产业初步发展，这对于首钢传统工业区的休闲转型具有较大的作用。

6.2 石景山首钢传统工业区休闲旅游功能置换

6.2.1 石景山首钢传统工业区发展概况

首钢传统工业区位于北京市石景山区东西向中心轴长安街的延长线上，距离天安门17km，曾是北京西郊距离城区较远的地方，是中华人民共和国成立初期北京市城市工业区布局的重点之一。首钢传统工业区起源于龙烟铁矿的开发，始建于1919年，是我国十大钢铁公司之一，是北京市西南地区的重要组成部分，它以首钢主厂区（占地7.07km²）为主体，总占地8.63km²，扣除锅炉厂、水泥厂用地后约7.74km²。改革开放后30年间，首钢获得了巨大发展，成为以钢铁业为主的多元化大型企业集团，为北京市社会经济发展做出了巨大贡献。总体来说，首钢传统工业区的发展经历了以下五个阶段。

6.2.1.1 工业区形成阶段（20世纪50年代之前）

1914年，在丁文江、翁文灏等矿冶专家的推荐下，丹麦矿冶工程师安特生博士来华任农商部矿业顾问；同年，安特生发现了石景山龙关、辛窑堡一带储量丰富的含铁矿石层。1919年初，烟雾山铁矿开始出矿；受第一次世界大战（以下简称"一战"）影响，世界各地铁价暴涨，国内钢铁需求压力上行；同年3月，北洋政府把龙关铁矿公司更名为龙烟铁矿公司，全称为"官商合办龙烟铁矿股份有限公司"，并选定在京西永定河畔、石景山东麓，委托美国碑林马雪儿公司修建我国北方最大的炼铁厂——石景山炼铁厂。石景山炼铁厂从美国购置日生产生铁250吨的炼铁高炉一座及全套附属设施，厂区安装了一号炼铁炉和热风机等设备，修建了一条长6km的矿石运输铁路专线，各类工业设施建设按照工业生产的组织方式开展。石景山炼铁厂于1919年9月正式开工建设，至1922年完成工程80%，后因建设资金不足，加之一战结束，铁价下跌，工程被迫停建。1928年，炼铁厂被国民党政府接管，因资金问题，最终未恢复建设。石景山炼铁厂和石景山发电厂的建立标志着石景山地区近代工业形成，在此基础上逐渐形成了工业生产组团。

石景山炼铁厂正好位于门头沟区、丰台区、石景山区的交界处，厂区呈狭长形，南北跨越6km。炼铁厂西南部是永定河，中部和东南部是永定河冲积扇形成的夹带残丘的平原，即现在的西山南麓，是北京市石景山区的核心区域。当时，炼铁厂选址考虑到"产品低廉、厂址宽阔、用水便利、运输通畅、战时安全"的要求。石景山区位于西山南麓的永定河冲积扇上，炼铁厂选址在此在三个方面较为有利：交通运输条件，矿山在河北宣化一带，矿石运达石景山为一路下坡，当时汽车运输的成本较低；门头沟的石灰石作为炼铁熔剂质量最好，且九龙山下煤炭资源蕴藏丰富；接近永定河，水源有充足保障；石景山地处农村，生产环境比城市安全。后来，在此基础上发展起来的炼钢厂基本上都是依山傍水，保持着同样的地理格局。

1919—1937年，由于受到战争的多次影响，石景山炼铁厂炼出的钢铁不足一吨。1937年7月7日，卢沟桥事变爆发。1938年，日本侵略者占领石景山炼铁厂，将其改名为"石景山制铁所"，为掠夺中国资源，强行恢复石景山炼铁厂进行战时生产；之后，日本侵略者从日本本土运来高炉，开始了长达8年的残酷统治和疯狂掠夺。炼铁受到工人的暗中破坏，高炉事故频发、屡屡破产。

1945年11月，石景山制铁所被国民党政府接收，更名为"石景山钢铁厂"。1947年10月，一焦炉出焦；1948年4月，一高炉出铁。国民党政府管理的三年多，石景山钢铁厂仅生产铁3.6万吨。

1948年12月17日，石景山钢铁厂获得解放。1949年4月21日，一焦炉恢复生产。中华人民共和国成立后，首钢工人阶级艰苦创业，发愤图强，迅速恢复生产，进行大规模扩建，企业不断成长壮大，建成了集采矿、烧结、焦化、炼铁、炼钢、轧钢为一体的钢铁联合企业。

6.2.1.2 重工业发展阶段（20世纪50年代至90年代）

以钢铁重工业生产为主，企业单位分布呈块状结构，成为石景山区城市功能的主要载体。20世纪50年代，北京特殊钢厂、北京第二通用机械厂、北京重型电机厂、北京锅炉厂、北京水泥厂等"老八厂"的建设，标志着石景山从传统以农业为主的郊区向大型重工业地区的转变，总产值一度占到全区产值的80%以上。

1957年，经国务院批准，石景山钢铁厂进行大规模扩建。1958年5月28日，扩建工程全面开工。20世纪50年代末至60年代初，三高炉、三焦炉和烧结车间"三大工程"相继投产；1962年，电焊钢管厂、氧气生产车间、中小型轧钢、小转炉车间、迁安铁矿和机械厂等6个项目胜利完工；经技术改造，首钢炼铁厂结束了有铁无钢的历史。1962—1966年，建成了当时具有先进水平的小型材轧钢生产线和中国第一座30吨氧气顶吹转炉炼钢厂。1969年，建成了具有年生产力61.8万吨钢坯的850初轧厂。1971年，建设水厂铁矿。1978年，首钢成为全国十大钢铁企业之一。

改革开放以后，首钢率先实行承包制，成为跨行业、跨地区、跨所有制、跨国经营的特大型企业集团，成为我国工业企业改革的一面旗帜。20世纪80年代，企业获得自主经营权，企业改革试点政策支持首钢等大型重工业企业的快速发展，推动了石景山区教育、医疗、商业、餐饮等生活服务业发展，人口增至30多万人，首钢职工数达23万人，内部环境和配套设施建设比较完备，但与北京市中心的经济活动和交通联系较弱。1987年9月首钢第二炼钢厂建成投产，设计年生产力300万吨。这是国内钢铁业首次以企业自有资金引进二手设备建设的现代化大型炼钢厂。

20世纪90年代，首钢在原有的基础上建立了第二、第三炼钢厂，使钢产量从全国第八跃居第一，创造利税占北京市的25%左右。1993年5月，建成投产的第三线材厂年生产力达到百万吨，加上已存在的第一、第二线材厂，首钢线材生产量每年达300万吨，成为当时我国最大的线材生产基地。这一时期，石景山区过度依赖国有大中型企业，尤其是钢铁业，公有制经济增加值和就业岗位均高出北京市30%左右。

6.2.1.3　工业产业调整阶段（20世纪90年代至2005年）

首钢重工业发展带来了严重的环境污染。同时，首钢工业大量用水加剧了北京城市用水的紧张态势，产生的水污染、空气污染一度沿着南北两个方向延伸，波及海淀、大兴和昌平等区县。面对城市可持续发展问题，20世纪90年代之后，首钢不断加大对工业产业结构的调整，将石景山电厂、北京重型电机厂、北京锅炉厂及北京水泥厂等重工业企业进行了企业重组以及生产设施、产品的改造升级，而首钢通用厂、首钢二构厂等陷入破产停产的处境，重工业比重有所降低。1999年初，北京市人代会指出首钢传统工业区给城市带来了严重的大气污染、水污染等问题，影响北京城市化进程，会影响2008年奥运会申办，因此，建议将首钢搬出北京。2001年，北京成功申办2008年奥运会，首都污染问题摆到城市发展的面前。2002年，首钢的可吸入颗粒物排放量仍占北京的23%。1997—2002年，石景山区的第三产业年增速高达26.8%，但总量不足30%，钢铁业增加值仍占石景山区的51.7%，未改变石景山区钢铁业为主导的产业结构，也没有大大减少工业污染。

6.2.1.4　首钢搬迁与功能空置阶段（2005—2015年）

随着北京市城市空间的外扩，以首钢传统工业区为主体的区域从郊区变成了市辖区——石景山区。受城市发展、产业结构调整和环境污染治理等一系列因素的影响，2005年根据中共中央、国务院的决定，国家发展和改革委员会正式批复首钢搬迁方案，首钢集团逐步关停石景山厂区钢铁产能，随后在河北省唐山市曹妃甸区建设了具有国际先进水平的钢铁精品生产基地，在北京市顺义区建设冷轧项目。2005年6月30日，随着首钢5号高炉停产，正式启动首钢涉钢系统搬迁至曹妃甸的战略部署。2007年3月12日，京唐钢铁项目开工建设。同年，《首钢工区改造规划》获北京市政府批复。2010年底，石景山钢铁冶炼、热轧等主流程全面停产，曹妃甸京唐钢铁项目建成投产。首钢在发展历程中完成了国内外史无前例的大型钢铁企业搬迁调整，新钢厂的建设达到世界一流水平，首钢实现了跨地区的钢铁企业联合重组，产品结构向高精化转型，产业布局也拓展到沿海和资源富集地区，成为京津冀协同发展的先锋队。

首钢传统工业区在2010年开始腾退搬出石景山区。至2010年底，首钢陆续妥善安置员工约6.5万人。2011年1月13日举办的石景山钢铁主流程停产仪式，标志着首钢传统工业区向外搬迁顺利完成。

首钢传统工业区搬迁之后，园区内遗留了大量的工业遗产、人文古迹和园林建筑景观，成为我国工业结构、保护程度、规模和历史都较好的工业遗产资源。首钢传统工业区承载着北京城市近百年的"工业记忆"，是世界上唯一在国家首都建设的大型钢铁企业，它的钢铁发展史见证了中国大都市从传统手工业到工业社会、后工业社会的历史演变轨迹。当时，该地区的休闲旅游转型发展迫在眉睫，且对于北京市和石景山的区域经济发展、城市文化记忆与传承等方面至关重要。

为遵循《北京城市总体规划（2004—2020）》，打造新时代首都城市复兴新地标，2012年北京市政府审议通过《新首钢高端产业综合服务区控制性详细规划》。2013年2月28日，北京市政府成立了由市长任组长的新首钢高端产业综合服务区发展建设领导小组，要求加快推进长安街西延、丰沙线落地等重大市政工程，高起点高标准做好园区全面系统规划。2013年5月，新首钢高端产业综合服务区被纳入北京市首批绿色生态示范区。2014年8月22日，第二次领导小组会审议通过《北京市关于推进首钢老工业区改造调整和建设发展的意见》（京政发〔2014〕28号），明确按新规划用途落实供地政策、专项使用首钢土地收益、创新投融资模式等六项政策支持。

6.2.1.5 休闲旅游产业功能置入阶段（2015年以来）

2015年4月，新首钢高端产业综合服务区获得住建部、科技部联合颁布的第三批国家智慧城市试点：探索以智慧化促进老工业区转型、实现绿色与智慧深度融合、促进京津冀协同发展，助推首钢新园区可持续发展。2016年4月26日召开第三次领导小组会，原则同意首钢老工业区改造建设思路的请示和《新首钢高端产业综合服务区发展建设近期重点任务安排》，要求紧抓冬奥组委入驻首钢的契机，坚持高标准、高质量、高水平推进新首钢地区开发建设。首钢利用自身优势，计划构建零碳、零废、后工业遗产、适应气候变化四个方面的正气候路径，成功与C40国际组织合作通过评审，成为中国第1个、全球第19个C40正气候项目。2017年4月24日，第四次领导小组会议召开，明确了园区的发展目标、思路，并批复《新首钢高端产业综合服务区北区详细规划》和东南区控规优化调整方案；要求紧紧围绕传统工业绿色转型升级示范区、京西高端产业创新高地、后工业文化体育创意基地等功能定位，以新发展理念带动产业结构调整和城市功能再造，走出企业转型发展的新路子。

新首钢高端产业综合服务区总占地面积8.63km^2，加上周边的首钢二通产业园、首特钢园区及丰台、门头沟部分区域在内的协作发展区共占地22.3km^2。其功能定位是打造为传统工业绿色转型升级示范区、京西高端产业创新高地、后工业文化体育创意基地。规划统筹现状山水景观环境营造和工业资源活化保护，确定了包括滨河综合休闲带、长安街西延线绿色生态带、城市公共活动休闲带、石景山文化景观区、冬奥广场、工业遗址公园、公共服务配套区和城市织补创新工场"三带五区"的空间结构，打造从产业、生态到城市规划建设管理的国际一流宜居宜业环境。

首钢传统工业区的搬迁为石景山区腾退了大量的城市用地，为北京西南地区的区域经济发展和产业转型升级带来了巨大机遇，对于我国钢铁工业布局调整和产业结构优化升级也具有重要意义。首钢利用区域优势打造城市综合服务商，适应疏解非首都功能的要求，利用首钢已有技术、人才优势和经验，积极承担首都热点难点基础设施的建设和管理，将北京首钢园区打造为国际一流和谐宜居制度的示范区，使之成为首都创新驱动的承载平台及最有活力的区域之一；将城市基础设施建设、土地开发和产业布局紧密结合，以打造贯通完整产业链条的城市综合服务商；进军北京市乃至其他区域的城市服务业，发挥首钢作为京津冀协同发展先锋队的作用，利用独特的区位和地域优势，联动打造曹妃甸高端装备制造业产业集群，使之成为推动京津冀协同发展的重要载体，成为京津冀协同发展的示范区。

无论是北京和石景山区域经济发展的需要，还是从首钢自身资源和环境条件，休闲旅游产业发展都是首钢传统工业区转型的重要方向之一。以休闲旅游开发为主促进文化产业繁荣作为石景山区域经济的切入点，符合北京市和首钢发展的共同利益：①首钢工业区内大部分建筑、钢铁生产遗迹具有较强的独特性和代表性，容纳了20世纪20年代至今的各时期建筑，是一座现代建筑结构技术的"博物馆"❶，记录着中国工业的时代印记；②首钢搬迁后，腾退出来的将近7km²的土地成为北京城市空间拓展的"增量土地最大的来源"，是京西地区城市发展的重要空间，而产业安排必定是以三产服务业为主，休闲旅游产业明显就是其重要的经济增长极；③首钢传统工业区的转型发展需要通过休闲旅游的发展实现城市历史文化的保护与传承；④首钢传统工业区的休闲旅游转型大大促进了北京市产业结构升级、城市环境的改善，有利于石景山作为首都休闲娱乐中心区和京西绿色生态屏障建设。

为了不断推进首钢传统工业区的休闲旅游转型，北京市、石景山区、首钢都对首钢传统工业区转型的方向进行了区域、城市、场所以及交通、设施等不同尺度和类型的规划，但都将旅游、休闲、文化创意作为产品发展重点。石景山区更是不断改善投资环境、基础设施和城市环境整治，加强微电子、数码等高新技术产业、娱乐业和商业的发展力度，积极推进首钢周边的八大处高科技园区、北京数字娱乐示范基地、沃尔玛商圈、玉泉国际雕塑园、环球嘉年华等产业空间建设。首钢传统工业区凭借着丰富的工业遗产、人文古迹和自然景观，成为北京新的特色旅游集聚区。

6.2.2　首钢传统工业区发展与石景山城市功能和空间结构的演变

石景山区"东临帝阙，西濒浑河"，因石景山为京都"第一仙山"而得名；位于长安街西段，总面积84.38km²，常住人口约65万人。石景山区具有丰富的历史遗存和自然人文景观，拥有八大处、法海寺、永定河、天台山等著名的景区（点）。近年来，较为重视现代休闲旅游娱乐和相关服务设施的建设，交通设施，初步形成了完善的旅游服务体系。同时，石景山区也是外城四区距离市中心最近的城区，长安街延长线、莲石路、阜石路东西向主干道和五环路、四环路构成了四通八达的道路网，城市轨道交通地铁1号线、5号线横穿该区，与中关村、中央商务区、亚奥商圈的通勤时间约在40分钟，发展都市休闲旅游产业的区位优势明显。

---

❶　乔欣. 工业遗产保护的首钢样本［N］. 中国文化报，2011-03-07（5）.

石景山区城市发展具有典型性，是因首钢工业区而振兴，"没有首钢，就没有石景山"，首钢传统工业区与石景山区城市发展之间的关系可以概括为以下四个阶段。

6.2.2.1 工业成长与工城融合发展

（1）建成了规模庞大、功能独立的工业组团。

首钢传统工业区是我国著名的传统钢铁工业基地，早期的开发都是围绕着矿业、钢铁等重工业展开，形成了与钢铁冶炼产业联系紧密的工业体系，首钢工人多为专门工业生产型人才，技术比较单一。在工厂布局方面，各个工业组团功能清晰、单一，布局相对封闭。

石景山区作为北京历史上的重工业区，是依托首钢传统工业区发展起来的典型"工业形成的城市"，集中了首钢、电厂等八大重工业企业。冶金、电力、机械等中央、市属企业是城市增长主要动力，首钢、京能热电、大唐发电、北重汽轮等规模企业的主导地位尤为突出。其中首钢又是石景山工业发展的主体，它主营钢铁，兼营采矿、机械、电子、建筑、房地产、服务业、海外贸易等多跨度产业，是典型的以传统重工业为主的大型企业集团。

20世纪80年代至90年代，北京市开始针对工业技术滞后的发展弊端，对工业结构与空间布局进行调整，以"五少两高"为原则重点发展电子、汽车工业和高新技术产业，工业重点转向发电、钢铁、钢材、乙烯塑料、液化石油气等；工业经济结构调整使工业产业出现一定的下滑，尤其是工业锅炉、金属切削机床、家用冰箱、洗衣机等耐用消费品减产30%以上。

在此背景下，首钢工业在规模总量扩张的情况下，开始进行一系列的技术改造和升级。1986年，首钢55项技术中，有32项为全国行业冠军，冶金钢铁生产技术位于全国一流水平。首钢还进行了横向的企业技术联合，首钢与北京市阀门总厂进行联营，实行"横向联合、联营协作"的发展模式；针对北京市出台的工业转型发展战略，开始重视环境污染的治理，仅1986年就投入了3.99亿元，对厂区降尘量、工业粉尘、烟尘排放量等工业污染物进行处理。

(2) 奠定石景山城市建设格局，城市商业服务业主要服务于工业生产。

从改革开放开始至20世纪80年代，首钢的发展促使石景山区的村庄逐渐由分散走向集中，形成了围绕首钢传统工业区和北京首钢电力厂建成的广宁、金顶街、苹果园等居民点，石景山区城市中心也从北辛安转移到了古城和八角一带；老山地区、银河鲁谷居住区和八大处黄村居住区等的住宅区建设，形成了南重、北绿、中间住宅和政治文化中心的城市格局；推动形成了"市内迁出、远郊集中"的城镇工业布局策略，新建城区不再新建工厂，并开始提倡发展旅游等新兴产业。

该时期，首钢工业生产一直是石景山区经济增长的主导力量，占地区生产总值比重的90%以上，很大程度上，首钢及相关产业支撑着石景山区的经济社会发展。城市大量的日常生产服务主要依靠首钢的配套设施。城市建设、商贸、旅游产业得到一定的发展，但速度比较缓慢。20世纪80年代之后，建设了玉泉路步道、体育馆停车场、体育馆环路、101铁路护坡及步道、杨庄东路排水等市政工程，商业网点和旅游业初步形成，餐饮、医疗保健、综合超市、连锁店等业态得到发展，但商业仍以国营企业为主。到1990年，已经拥有营业网点5 095个，虽然个体数量较多（87.6%），但营业业绩非常低（4.4%）。旅游业总收入2 328万元，其中游乐园收入为720万元，占比30.93%，其他类型的旅游产品发展较弱。第十一届亚洲运动会（1990年）的举办，促进了石景山区工业结构的调整，以及文化、体育、贸易和旅游活动的较大发展，当年接待海外游客超过100万人次。

6.2.2.2 工业削弱与商业服务业发展

(1) 工业生产结构不断调整，工业生产功能受到削弱。

该时期，石景山区城市部门重点鼓励工业企业的生产结构调整，开始重视高新科技技术产业的发展，鼓励商贸、旅游为主导的城市服务业发展，城市管理功能也趋于完善、专业化。石景山区城市商业管理部门先后经历了石景山区商业委员会、经济贸易委员会、商务局的变化，部门职能不断完善，通过加大、调整和提升三产规模和质量来满足城市现代休闲旅游服务功能的需要。

这一时期，工业发展出现下滑，工业产值在石景山区的比重有所削弱，但主导地位并没有动摇。石景山区的产业结构仍以工业为主，在1996年，仅20家央（市）属企业纳税就达到了全区财政总收入的50%，是其他30家纳税大户的1.7倍。2001年，重工业生产占工业比重达98.4%，其中首钢达81.5%。2002年，石景山区独立矿工用地占建设用地面积的44%，高于国家标准19%~29%，其中仅首钢工业用地达到了40.33%。首钢传统工业在这个阶段开始寻求向高新技术产业转移，促进产业结构调整和区域城市发展的融合。但是，首钢产业结构调整使石景山区经济发展速度出现阶段性下滑，增长动力不足。2004年，工业对经济增长的贡献率仍高达66.4%，其中传统重工业经济总量占70%，而首钢独占鳌头，增加值占全区经济总量仍保持在50%左右。

（2）城市商贸零售业得到较快发展，初步形成了以小区、百货商店、综合市场为服务中心的休闲场所。

为了适应市场经济发展，石景山区对三产结构进行优化调整，通过商业服务网点调整、小区社区商业功能完善、传统商业经营方式转变、国有商业改制、商业集聚发展与功能外延等一系列措施，激活了商业市场氛围，改善了投资环境，推动商贸零售业较快发展，吸引外来资金的能力进一步增强，并引进了一大批知名商业企业。2012年，石景山区推出的"五大板块、六大行业、14个重点项目"中，有13个项目集中在房地产开发、商业流通、娱乐服务和科技服务产业。

该阶段采取的具体措施包括以下几点。①城市主干道和重要节点地块进行商业服务调整和网络布点，兴建了一系列的综合性商业设施。结合首钢小区改造，沿苹果园地铁周边及交通干道建设了商业街，金鼎开发区、杨庄危改小区融入服务功能，形成新的商业购物中心。在东部八角地区新建了万商、新岚大厦等较高档次的商业设施。沃尔玛、东方家园、TSM南区的建设也进一步增强了商业氛围。②住宅社区周边引入了一批超市、精品专卖店、连锁百货商场、中西式快餐店、大型连锁超市等新型、便利型商业服务业态，使社区服务功能得到进一步完善。由于小区建设时间差异，设施发展存在不平衡现象。③对传统商业经营方式进行更新引导，逐步改变了传统上的夫妻店、一店三代、上住下店的商业经营发展模式。④对国有商业进行所有制变革，全面放开商委系统中的北里百货、苹果园百货、石景山百货、古城综合商场等，合并了八角百货商场、鲁谷百货商场、益群服务商场、百货批发站等亏损单位。⑤推动金银集团等大型现代商业设施的产业集群化发展，提高商业经济增长极带动作用，并拓展大型商业集团的功能，使其与商业服务、市场投资、旅游经营充分融合。⑥支持物美、小白羊、老家快餐等大型连锁企业发展。

这些措施使石景山区城市商业休闲氛围得到了初步发展，城市商业服务功能进一步完善。但由于发展水平限制，有的商业服务业用地被改变为房地产，第三产业也陷入了以商业和饮食业为主并趋于饱和、模式雷同、规模偏小、特色不明显、效益不佳的发展困境。三产中的现代金融、房地产、咨询互联网产业也逐渐形成。

(3) 城市设施和环境不断优化，以八大处为代表的传统景点为主要休闲旅游景点，大型现代购物商场、广场建设增添了休闲旅游氛围。

城市市政工程建设开始加强。通过完善区内城市交通设施建设，建成了较为通畅的内外交通接驳系统，实现了京承路地面和地铁交通的有机结合，公共交通系统开辟了新的营运线路，使区内各节点的可达性和交通状况大大改善。建成了阜石路、京门路、石景山水厂、石景山绿色广场、北京国际雕塑公园、五环路石景山段等一大批市政基础设施；大力推进工业企业的除尘、降污改造，实施设备监控，全区开展裸露地面的除尘活动，监督施工工地扬尘、露天烧烤、烟囱冒烟等污染环境的现象，大大地改善了石景山区的环境质量，提升了城市总体形象。

以传统旅游景区观光为主要内容的休闲旅游产业有所发展，大型旅游设施、配套设施以及新旅游资源点的开发较大地推动了区域旅游发展，旅游综合服务体系初步形成。石景山游乐园建成北京最大的游乐场，成为北京市居民休闲娱乐的重要场所。时代购物中心、沃尔玛、东方家园、泽阳科贸大厦、金辰生态园、国际雕塑园、阳光广场、商业街赵山公馆等一系列项目的成功建设，进一步增进了城市休闲文化氛围。培训中心、招待所与日俱增，太阳岛宾馆、庐师山庄等专门性度假设施达到了20多个。同时，推出了"重阳登高节""园林茶文化节""游乐园春节洋庙会""石景山踏青游"等一系列旅游节事节庆活动,并且在新闻媒体、网站上进行一定的旅游宣传。

6.2.2.3 工业衰退与商贸旅游业发展

(1)工业生产功能快速衰退直至消失,产业结构向现代服务业为主导的方向优化。

受减产停产影响,首钢传统工业区开始衰退,但仍然是石景山的支柱产业。1996—2004年,首钢工业生产值占石景山区全部工业产值的比重一直维持在80%左右。至2004年,石景山主导产业仍是工业,首钢等大企业工业增加值占全区工业增加值的比重超过90%,仅首钢就占了80%。2006年,首钢二焦炉停炉,减产焦炭8.85万吨,焦炉煤气减少5 420万立方米,化工产品减产4 496吨。首钢对城市发展的贡献开始不如先前两个阶段。

2008年开始,首钢压产到400万吨生产能力,将炼铁厂二号与四号高炉、两台烧结机、第三炼钢厂和二烧车间停产。北京奥运会举办、金融危机给首钢工业及其他工业企业生产都带来较大影响,2010年首钢实施了大幅减产和部分停产,其他传统工业企业也开始了技术升级和资产重组。2010年底,首钢石景山厂区的冶炼、热轧生产全部停产。首钢完成首钢涉钢产业的搬迁,首钢、特钢、二通厂等企业结构调整腾挪出了较多的闲置土地。

2003—2008年,该阶段的制造业、建筑业、住宿和餐饮业不同程度减弱(见表6.3)。

表6.3 石景山区国民经济行业从业人员结构变动情况(2003—2012)

国民经济行业	从业人员变化值		
	2008—2012年	2003—2008年	2003—2012年
农林牧渔业	-31	-486	-517
采矿业	—	—	—
制造业	-30 944	-26 475	-57 419
电力热力燃气及水生产和供应业	-1 250	2 846	1 596
建筑业	9 387	-10 433	-1 046
批发和零售业	10 707	1 184	11 891

续表

国民经济行业	从业人员变化值		
	2008—2012年	2003—2008年	2003-2012年
交通运输、仓储和邮政业	1 117	1 053	2 170
住宿和餐饮业	1 523	-1 444	79
信息传输、软件和信息技术服务业	11 073	1 769	12 842
金融业	814	61	875
房地产业	1 190	148	1 338
租赁和商务服务业	6 433	6 079	12 512
科学研究和技术服务业	5 287	1 221	6 508
水利、环境和公共设施管理业	-117	141	24
居民服务、修理和其他服务业	-2 122	322	-1 800
教育	3 296	621	3 917
卫生和社会工作	1 951	1 532	3 483
文化体育和娱乐业	886	1 962	2 848
公用管理、社会保障和社会组织	2 187	2 503	4 690

数据来源：北京市石景山区人民政府 [EB/OL]. (2019-03-01) [2022-02-13]. http://www.bjsjs.gov.cn/index.shtml.

从从业人员降低原因看，制造业和建筑业主要是受结构调整的影响而停产、减产，住宿和餐饮业则受产业业态优化调整的影响。从业人员增长较大的行业包括批发和零售业、交通运输仓储和邮政业、租赁和商务服务业、科学研究和技术服务业、卫生和社会工作行业以及文化体育和娱乐业等。这些行业从业人员的变化说明该时期随着工业企业的结构调整，导致了一些工业企业的停产和退出，而现代休闲旅游服务业、城市商业和其他服务业则处于快速发展之中。这表明2003—2012年，石景山区的三产结构发生了重大调整，以金融、文化、休闲旅游等现代服务业为主导的第三产业逐渐成长为支柱产业。

（2）城市功能开始向休闲旅游方向转变。

CRD功能建设推动了一大批设施建设和维护改造，首钢传统工业区休闲旅游转型问题开始出现。

面对逐渐减产、停产的转型压力，北京市、石景山区和首钢集团都在不断地探索首钢传统工业区的转型改造方案。《北京市城市总体规划》明确了石景山区新的城市功能为"一区、三中心","一区"为城市功能拓展区,"三中心"为城市职能中心、综合服务中心和文化娱乐中心。新城市功能定位的设定以及首钢涉钢产业的搬迁都为石景山区城市转型提供了前所未有的机遇。首钢涉钢产业搬迁面临区域经济支柱产业"空心化"问题,石景山区政府提出了"打造北京首都休闲娱乐中心区、建设首都新城区"的战略规划。根据该战略规划,石景山区将大力发展休闲娱乐、商务会展和创意科技三大服务业,形成三大产业集群。以丰富多样的工业遗产与文化旅游资源为基础,全力打造"东动西静,四季节庆"的 CRD。围绕 CRD 的定位,石景山区将以"完善东部、建设中部、启动西部"为原则,规划启动总投资达 300 亿元的 TSM 时代购物花园商务区、银河商务区、京燕商务区、京西商务中心、苹果园交通枢纽商务区、北京国际雕塑公园地下文化娱乐中心、八宝山综合居住区、古城综合居住区、刘娘府综合居住区、八大处综合居住区、东部生态旅游区、西部生态旅游区和现代科技产业区共十三大功能区的建设。该规划指出,截至 2008 年,石景山区完成石景山游乐园 4D 影院、龙洋海水游泳馆、国际雕塑公园地下娱乐城、中国电子竞技中心、TSM 时代购物花园、南园大厦、法海寺旅游一期开发等 49 个重大项目建设。

2007 年,北京市规划委在《首钢传统工业区改造规划》的基础上编制完成了《新首钢高端产业综合服务区控制性详细规划》,确定在城市西部综合服务中心和后工业文化创意产业基地的功能定位上补充新首钢高端产业综合服务区。首钢主厂区发展以统筹包括石景山区、门头沟区新城等周边地区为基础,重视文化创意产业、高新技术产业和高端服务业等产业发展,将高端产业企业总部及研发中心,建设成为产业与环境综合转型升级的示范区,以承担京西地区的经济、生活居住、休闲游憩娱乐等多种功能。

为了适应旅游转型发展,首钢集团成立了工业旅游办公室,特别重视工业遗产地区的休闲旅游转型建设。其依托厂区推出的"钢铁是这样炼成的"工业旅游观光活动,以"科技首钢、绿色首钢、人文首钢"为内容,展示现代化钢铁生产和首钢环境治理绿化美化成果。主要景点有环保影视资料、图片展览、厂史展览、大喷泉、大壁画、月季园、群明湖、石景山等主要参观景点20余处。参观线路是陶楼（首钢总体介绍、观看录像、安全教育）、炼铁、炼钢、轧钢展示。并被评为"国家首批工业旅游示范点""北京首批全国工农业旅游示范点"，试运行期间累计接待游客达到了8.3万人次，体现出较强的休闲旅游吸引力。

同时，石景山区对首钢未来转型发展也做了其他研究和战略构想。2004年，首钢地块的发展思路是：古城大街以西、石景山路以南地段建设购物、餐饮、办公和会展为主要功能的大型综合商务中心，形成京西综合服务中心和娱乐产业总部基地；首钢工业闲置区建为近代文明博览园（中国工业博物馆为主体）。2007年，《首钢传统工业区控制性详细规划》提出土地集约利用、保护与重建两种模式。以首钢、北京焦化厂等工业企业搬迁调整为契机，依托产业遗存及其闲置空间发展文化创意产业、总部经济和技术研发设计，促进传统制造业与信息技术的融合发展。

（3）商业和休闲旅游业之间的产业融合快速增强。

北京奥运会较大地推动了石景山休闲旅游、基础接待设施建设，优化了城市商业发展环境，使商业和休闲旅游业之间的产业融合快速增强。

以2008年北京奥运会为契机，北京市推动了奥运工程和城市基建发展，城市综合服务功能进一步得到完善。在石景山区建设的老山自行车馆、老山射击馆两个场馆群（含竞赛场馆5个、训练场馆2个）以及周边配套设施和交通体系，为石景山区增添了浓郁的体育文化氛围。通过房地产开发、市政基础设施建设、城中村整治等项目，启动了金鼎商贸区、TSM南区和都市村庄项目（1996—2003年），对古城路、古城南路、古城北路、八角、杨庄等首钢家属区以及其他居民小区铺设配水管线，优化了城市居住生活空间。对新建项目、老旧居住小区、公共服务设施和对外办公场所全部配套无障碍设施；莲花池西路拆迁和鲁谷、西下庄和福田寺自然村拆迁改造工程等项目快速推进，优化了城市基础设施和服务能力，腾出了城市建设空间。

城市商业与休闲旅游业开始产业融合。休闲旅游产业的主导功能开始向现代旅游娱乐业转变。石景山区以传统景点、景区为主导的发展模式开始向城市开放性休闲旅游氛围的方向转变。石景山区提出以商务中心区、社区、新兴商业为支撑促进现代城市商业格局的形成，将城市发展定位为"绿色都市休闲旅游区",主要相关功能定位为五大板块(文化、康体、购物板块,高科技产业板块,旧村改造都市山水板块,休闲山林旅游板块,科技首钢板块)和六大产业(房地产业、旅游业、商业、文化产业、高新科技产业、现代制造业)。

正是在这一战略目标指引下,石景山区才提出建设 CRD,以旅游、文体娱乐、科技商务为主体产业发展城区商业服务体系,配套推进 CRD 产业建设,为休闲娱乐项目和文化创意产业发展搭建平台。这一举措使石景山城市商业与休闲旅游产业之间的联系程度更加密切。

(4) 规范了休闲旅游发展路径,全面推进休闲旅游设施、营销活动、旅游线路产品、文化创意产业建设,提高休闲旅游产业对石景山城市发展的支撑作用。

《石景山区旅游发展总体规划(2005—2015)》提出了"首钢产业结构调整为石景山区起步的旅游业发展创造新机遇"的全新论断,进一步明确了首钢工业旅游转型的功能定位,并提出"两核(石景山游乐园、八大处公园)、四区(东部现代娱乐区、西山特色文化旅游区、南部综合旅游区和西北部绿色生态旅游区)、两环线(西山山前特色历史文化旅游线路与北部绿色生态旅游线路形成的北环形旅游线路,康体娱乐购物旅游线路与现代产业观光旅游线路形成的南环形游线)"的空间格局,分别将法海寺、八大处、天泰山慈善寺等旅游综合服务区和现代娱乐区联系起来。其中,结合首钢传统工业区调整,开发会展、现代娱乐、综合旅游服务等为重点的北京旅游产业的支持中心。

在一系列政策和规划的推动下,石景山区休闲旅游项目建设全面推进。①启动了涉及新建、升级改造、基础设施、文物修缮等内容的项目 11 个,包括石景山游乐园综合更新项目(冒险世界、幻想世界主题娱乐区)、万商花园酒店建设中心及酒店升级改造、衙门口温泉度假中心和休闲绿洲、太阳岛宾馆四星级改造、八大处公园游客服务中心、海特饭店升级改造、鑫仕源度假村装修改造、南马场水库垂钓中心、北京国际雕塑公园、"人文奥运"文物修葺工程、法海寺公园等;整合和盘活原政府办公楼、科委办公楼等闲置资产,以北京数字娱乐产业示范基地为依托引入环球嘉年华等数字娱乐企业,使举办大型活动的能力得到较大提升。②紫薇宾馆、海特饭店、万商花园酒店建成营业和星级评定,丰富了旅游住宿、餐饮和娱乐等服务功能。太阳岛、西山翠源山庄、荣利源宾馆、光明酒店、鑫仕源度假村、展龙酒店、鸿博招待所、天楠宾馆、工业大学招待所、中础宾馆、古城京恒宾馆、国家体育总局运动员公寓、古城宾馆、首钢金石招待所和锦江之星石景山店荣获"北京市第一批253家住宿服务达标单位"称号。③设计了多条旅游交通线路,完善了玉泉路口、香山路、杏石口、京门路等主要地段交通口的旅游标识标牌,优化了旅游可达性和服务能力。

同时,石景山区涌入了一大批文化创意产业企业,如光宇雅思网络游戏有限公司、和平舰队科技（北京）有限公司、数位红应用科技有限公司等。中关村数字娱乐留学人员创业园、数字娱乐公共服务平台、数字娱乐孵化器等数字娱乐企业也不断落地建设。工业企业也开始开展旅游项目建设,如中铁电气化局与西门子公司签署了培育休闲娱乐、商务会展和创意科技服务业的框架合作协议。这些重大文化性商业娱乐设施的建设,使石景山区的文化消费氛围、休闲商业布局、商业设施的旅游服务功能得到了较大增强,产业融合程度进一步提高。

石景山区的旅游招商、推介和宣传活动进一步加强,开展和参与了一系列旅游推介会、旅游交易会、旅游博览会等,如北京国际文化创意产业博览会;成立了"北京旅游咨询服务中心石景山服务站",推介石景山区的景区（点）和做日常宣传活动;区内旅游宣传和营销手段开始增多,组织制作了《石景山旅游》宣传手册以及旅游示意图、宣传折页、户外宣传牌和宣传片等,在北京市组织的旅游评比中开始崭露头角,并且具有了一定的品牌效应。旅游节庆活动从原来作为经贸活动的舞台和陪衬发展成为三产经济中的亮点。2001年石景山区仅有3个旅游节庆活动（八大处游山会、石景山游乐园环旅金秋、绿色首钢观光游）;2007年,第五届"北京2008奥林匹克文化节开幕式"、中国北京国际城市雕塑艺术展、洋庙会、园林茶文化节、狂欢之夏、国际旅游文化节等活动的开展,大大地提升了石景山区的休闲旅游形象。金顶街、鲁谷社区新华社八区主胡同被命名为北京"特色街",苹四区小马路被命名为"社区宣传特色街"。

旅游发展在城市绿化、自然资源开发、活化商业文化氛围以及环境保护等方面体现出较强的推动作用，使石景山区城市环境质量得到进一步改善。石景山区实施了违法建设拆除、城中村整治、边角地整治、老旧小区整治、铁路沿线整治、烂尾楼整治、城市环境绿化和街面亮化美化景观工程，推进奥运场馆外围地区的环境整治，城市环境绿化、美化、亮化工程，使苹果园地铁站、古城地铁站、重点商业体等节点地区的环境大为改观，提升了石景山休闲旅游环境氛围。石景山区政府也开始与周边的丰台区、门头沟区、房山区、大兴区进行旅游部门协作，尝试在北京西南地区旅游发展中实现区域协调、联合营销、品牌共塑、无障碍旅游区的合作机制建设。

6.2.2.4 休闲旅游产业创新与新首钢阶段

（1）以现代商业和文化创意产业为主体，以首钢工业改造为特色，以娱乐、休闲体育产业为补充的新产业体系形成。

首钢工业生产功能全部退出之后，石景山区商业服务设施的休闲娱乐功能进一步强化，以 CRD 为主导的休闲旅游产业发展为石景山区经济发展方式转变的重点，休闲旅游业与城市商业、娱乐业、文化创意、体育等产业之间的融合越来越密切，以石景山游乐园、动漫游戏娱乐为主导的休闲旅游产业特色凸显。首钢工业特色旅游线路开始形成，休闲旅游产业体系初步建立起来，形成了集聚发展态势。旅游形式也在向休闲娱乐、旅游购物的方向转变，单纯的旅游消费向综合型休闲旅游消费转变。

首钢也在积极地寻求停产后的功能转型，先后完成了《关于首钢搬迁问题的规划思考》《北京首钢旅游发展总体规划》《首钢传统工业区改造规划》等研究和规划编制工作；综合考虑首钢全面转产后的旅游文化产业发展，提出将厂区的 $8km^2$ 土地"以北京厂区为基础，联结迁钢、首秦、曹妃甸等新钢基地，构建完整的新首钢旅游体系"❶。结合长安街轴线的文化功能完善来打造京西综合文化娱乐区，并划出了"启动区"（125.81ha）的总部经济、商务金融、技术研发等功能建设，以培育现代新兴休闲旅游服务业，希望通

---

❶ 首钢工业区改造启动区城市设计［EB/OL］.（2014-04-29）［2022-02-14］. http://www.planning.org.cn/case/view_news?id=77.

过 CRD 为理念的休闲旅游战略引领石景山城市发展。

该时期石景山区的重大项目投资显著提升，城市基础设施、房地产项目大幅增长，土地储备项目成为重点，商贸文化旅游相关的项目建设也有较大幅度提高，城市综合服务功能比上一阶段有显著提升。2008—2010 年，石景山区总投资达到 256.36 亿元。其中，基础设施项目投资 29.10 亿元，占 11.35%；社会公益项目投资 6.26 亿元，占 2.44%；房地产开发项目投资 55.51 亿元，占 21.65%；土地储备项目投资 115.41 亿元，占 51.63%；其他现代商贸建设的项目投资共 51.7 亿元，占 12.92%。而 2010 年后续的投资量要远远高于这个数字。2010 年，石景山区安排的 108 项重大建设项目的计划投资额为 909 亿元，当年仅完成了 115 亿元（数据来源：2008—2010 年石景山区经济社会发展统计公报）（见表 6.4）。2011 年、2012 年安排的重大建设项目分别为 100 项、94 项，累计完成投资分别为 72.7 亿元、118.5 亿元，进一步推动了石景山区城市综合服务功能的完善。

表 6.4　2008—2010 年石景山区重大项目投资建设情况

项目名称	2008 年 累计完成投资额/万元	占比/%	2009 年 累计完成投资额/万元	占比/%	2010 年 累计完成投资额/万元	占比/%
（一）基础设施项目	28 553	10.96	195 952	17.01	66 502	5.78
（二）社会公益项目	8 713	3.34	15 345	1.33	38 507	3.34
（三）房地产开发项目	144 479	55.46	252 487	21.92	158 168	13.74
（四）土地储备项目	1 580	0.61	615 876	53.47	706 146	61.34
（五）现代商贸及综合服务项目	77 189	29.63	—	—	—	—
（六）园区项目	—	—	71 892	6.24	106 540	9.25
（七）产业项目	—	—	240	0.02	75 402	6.55
合计	260 514	100.00	1 151 792	100.00	1 151 265	100.00

资料来源：数据来源于 2008—2010 年石景山区经济社会发展统计公报。

注：2008 年统计口径的"（五）现代商贸及综合服务项目"，包含在 2009 年和 2010 年的"（六）园区项目""（七）产业项目"中。

该时期石景山区开展奥运会场馆周边设施更新改造、永定河石景山段综合整治和主要商务枢纽区等一系列城市设施建设。第一,围绕奥运会场馆建设进行了建筑、配套设施、道路、市政工程、夜景照明、城市雕塑、标识系统以及景观绿化带的更新和改造。第二,建设了永定河沿岸文化生态景观,优化了首钢、电厂、现代建材公司、燕山水泥厂等工业企业,以及衙门口、麻峪、水屯、庞村及燕山水泥厂家属区、永定林工商公司家属区周边的生态环境。第三,启动和整修了大唐商务楼、CRD休闲广场及地下停车场、南园大厦、新能源国际大厦、苹果园交通枢纽商务区等重点商业设施,提升了城市综合服务功能。第四,对阜石路、永定河石景山侧、老旧小区进行设施改造,美化景观、提升服务水平。

城市商业设施的功能不断向休闲娱乐延伸,以银河商务区、京西商务区、京燕商务区、苹果园交通枢纽商务区、北京国际雕塑园地下文化娱乐中心为主要节点,形成了集商务办公、金融服务、高档住宅、会展购物、文化创意、休闲娱乐等多功能、全天候的商务区。以银河商务区的核心主体万达广场建设为例,它包括了购物广场、五星级酒店、高档写字楼、住宅公寓、国际影城娱乐中心等,主要功能是时尚购物、休闲娱乐和餐饮美食,其建成弥补了京西地区在大型现代化商业中心上的欠缺,增加就业岗位8 000个。另一方面,通过大型商业设施停车引导系统改造、中英文标牌改造、商场刷卡设施建设等方式对商业设施进行了、便利化改造,提升了消费环境。

(2) 后奥运效应对石景山城市休闲旅游功能建设提供了持续发展动力,吸引了一大批休闲旅游商业投资,为首钢传统工业区转型发展营造了良好的氛围。

以后奥运为契机、CRD建设为主导,石景山区大力推进休闲旅游设施建设和产业发展,形成了一定规模的产业体系。

第一,奥运会举办、后奥运经济为石景山休闲旅游发展带来了巨大契机。通过奥运场馆配套设施建设,有效改善了香山南路、老山南路、老山东街等主干街道与周边立交桥的交通接驳能力;改善了电力电信、燃气热力、污水处理等市政管线设施;吸引了万达铂尔曼酒店、海冠凯莱、万商花园、京燕饭店、太阳岛、喜相逢、新欣万汇源、红楼迎宾馆、高能物理专家招待所以及其他经济型酒店的集群式发展;依托旅游节庆活动(第八届北京重阳登高节、石景山游乐园首届中秋梦幻夜光晚会、第九届北京欢乐金秋游园会、八大处公园第二十一届八大处重阳游山会、北京国际雕塑公园非遗文化体验周、第三届北京国际动漫游憩博览会暨2008石景山文化节、北京"春之韵"游园会、中秋梦幻夜光晚会），开发后奥运阶段的休闲旅游市场。

第二，一批重大数字娱乐项目强化了CRD休闲旅游功能。在《石景山数字动漫娱乐区发展规划》的引导下，依托中关村科技园区石景山园新媒体基地发展动漫游戏、数字传媒、电视娱乐节目制作、移动增值服务、互联网信息服务等新媒体及相关产业。游乐园数字动漫体验综合体、区域智慧旅游服务示范平台、数字娱乐旅游平台、中国动漫游戏城配套项目集聚发展，形成了石景山区数字动漫娱乐区。

第三，旅游景区（点）和旅游设施得到进一步的更新改造，新的旅游接待设施数量显著增多，产业体系进一步完善。东部板块形成了以石景山游乐园、北京国际雕塑公园和自行车场馆群、射击场馆群等7处奥运场馆为基础，以现代运动娱乐为功能的区域；西部板块以八大处公园、模式口历史文化保护区及附近的大江南花园酒店、俄罗斯风情小镇、海特饭店、神农庄园、北京铁路培训中心、西翠会馆等为依托的文化休闲区，较大地提高了石景山的休闲旅游竞争力。

第四，营销活动不断丰富，形成了休闲旅游品牌和节庆活动。以北京CRD卡为切入点，实现金融、商业、文化、娱乐等产业的有效融合。2009—2012年，发卡14万余张，直接拉动消费9亿多元；市内通过旅游手册、旅游指南、旅游一册通、旅游地图（中英文版）等免费材料发放，以及"北京西部休闲之旅"活动的举办，向外界推荐石景山旅游文化活动和休闲娱乐产品；在国际雕塑园、八大处公园设置可移动旅游咨询点，向游客提供旅游咨询和信息查询服务；组织区内景区（点）、旅游饭店等企业积极参与旅游博览会、旅游日等宣传活动。

（3）首钢工业遗产旅游区建设进一步增强了石景山区城市休闲旅游功能，提升了该地区的休闲旅游吸引力，强化了石景山区的城市休闲旅游形象。

新首钢工业遗产改造园区纳入北京市"永定河大西山文化带整体规划"和"石景山西部旅游规划"，使工业遗产改造项目、休闲旅游项目和环境提升改造项目结合在一起，较大地推动了石景山区城市功能的进一步转型。2012—2020年，工业用地、居住用地和特殊用地表现为下降趋势，其中工业用地的变化为-3.68%，居住用地的变化为-1.21%，特殊用地的变化为-0.12%；从用地结构增加的类型来看，用地比例增长较大的为其他用地［包括道路与交通设施用地（14.98%）、山体（3.05%）、商业服务业设施用地（9.19%）］。对比来看，工业用地的转变方向主要为面向公共服务的类型，表明石景山区工业遗产改造大量地向城市公共服务、商业用途、绿化用途的方向转变（见表6.5）。

表6.5 2012—2020年石景山区用地结构变化情况

用地类型	2012年/km²	2020年/km²	变化幅度/%
道路与交通设施	6.14	7.06	14.98
工业	10.92	7.25	-33.61
公用管理与公共服务	7.31	7.60	3.97
公用设施	0.18	0.19	5.56
居住	15.04	13.83	-8.05
绿地与广场	8.67	8.92	2.88
山体	23.27	23.98	3.05
商业服务业设施	7.62	8.32	9.19
特殊	1.06	0.95	-10.38
其他	5.31	7.38	38.98
物流仓储	0.23	0.27	17.39
总面积	85.75	85.75	0.00

数据来源：2012—2020年石景山区经济社会发展统计公报。

在将首钢工业遗产区融入石景山区城市休闲旅游转型改造方面，新首钢高端产业综合服务区以首都功能定位为基础，推动了首钢园区的绿色转型升级，打造了京西高端产业创新基地，规划建设了"三带（滨河综合休闲带、城市公共活动休闲带、长安街西延线绿色生态带）""五区（冬奥广场、工业遗址公园、公共服务配套区、城市创新广场、石景山文化景观区）"的功能结构。在首钢工业遗产实体改造中，群明湖和秀池、一号高炉超体空间、三号高炉博物馆、滑雪大跳台、高线公园、极限公园等成为代表性改造节点，根据2019年北京市出台的《京郊精品酒店建设试点工作推进方案》，将废弃工业厂房、仓储用房等老旧设施改造为精品酒店，同时吸引了创意园、文化办公区、创意孵化商务区等，共同形成了我国第一家以工业文化遗存为特色的主题文化园区。2017年2月，国家体育总局授予首钢"国家体育产业示范区"，国家冬奥集训中心以及2022冬奥会自由式滑雪空中技巧单板滑雪大跳台落户首钢工业遗产改造区域。改造融合了文创、高科技、体育产业等形式，同时重点促进酒店餐饮、商务服务等配套板块的发展，把首钢工业遗产区打造为石景山区的城市复兴新地标。这标志着石景山区向现代化综合性城市的根本性转变。

6.3 石景山区首钢传统工业区休闲旅游功能置换演化模式

首钢传统工业区搬迁调整之后，石景山区城市经济功能由传统工业向现代服务业转变，主导产业由资源密集型向知识密集型转变，文化创意、休闲娱乐、商务服务、旅游会展等现代休闲旅游产业成为重要发展方向。总的来看，空间演化共经历了四个阶段（见图6.1）。

（1）独立组团式。

首钢传统工业区发展与北京市之间是相对独立的。一方面，首钢传统工业区依托石景山丰富的铁矿资源建立独立的工矿区，并围绕矿区发展了生活居住、医疗服务、文化教育等服务功能，职能主要以工业生产为主。另一方面，北京市中心城区规模小，空间辐射力未覆盖首钢传统工业区，两者之间通过交通线进行联系。其他城区和郊区县分布在周边地区，与中心城区的联系通过主干交通线路，区县之间是相对独立的。

（2）工城（工业-城市）融合式。

随着首钢工业生产率提高，生产规模大幅扩大，首钢传统工业区的集聚人口也快速增加，在周边地区兴建了若干工人住宅区，并围绕核心钢铁产业发展了相关的生产配套产业。这种工业生产、居住人口规模的扩大使石景山区成为一个独立的、以工业生产为主导的城市功能区，并且首钢工业生产直接推动并主导着石景山的城市发展，体现出强烈的工城融合发展态势。北京市中心城区有所扩大，城市建成区扩张到外围城区，城区之间及对外交通联系有所加强。

A.工业区成长阶段

B.工业区与城市融合发展阶段

C.工业区消弱与城市商贸发展阶段

D.退工业化与休闲旅游产业发展阶段

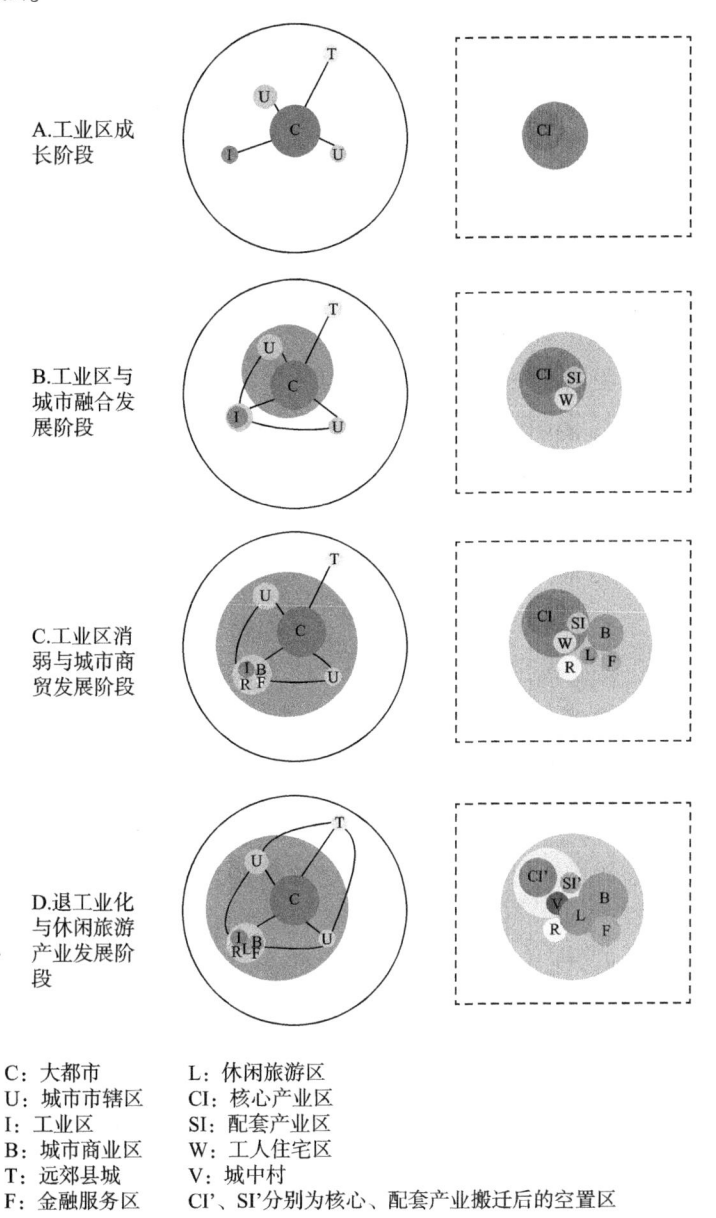

C：大都市　　　　L：休闲旅游区
U：城市市辖区　　CI：核心产业区
I：工业区　　　　SI：配套产业区
B：城市商业区　　W：工人住宅区
T：远郊县城　　　V：城中村
F：金融服务区　　CI'、SI'分别为核心、配套产业搬迁后的空置区

图 6.1　石景山区首钢传统工业区空间演化模式

(3) 组团分化式。

这一阶段，首钢传统工业区削弱，城市商贸发展。首钢传统工业区的发展推动了石景山区持续发展，城市发展方向发生改变。北京市中心城区的持续扩张将石景山区纳入城市功能拓展区之中，石景山区与北京市中心城区的融合程度进一步提高。受北京市污染和环境调控的压力，首钢工业生产开始向京外转移，对石景山的城市支撑能力逐渐减弱，城市工业生产功能开始消退，出现退工业化现象。但由于其体量较大，仍然拥有大量的工人住宅区和配套产业在运转。首钢传统工业区周边，仅有小型商业发展。

石景山区作为北京市城市功能拓展区，也开始寻找产业结构调整的突破口，首先在靠近中心城区的部分吸引了一部分居住人口和商业服务业，逐渐发展成为现代住宅区和商务金融区，与首钢传统工业区形成了相对隔离的地块空间。此时，石景山区已经具有一定的休闲旅游功能，一部分旅游功能以八大处、法海寺等自然型景点为依托，另一部分休闲功能则融入商业。

(4) 组团渗透式。

这一阶段，实现了全面退工业化与休闲旅游产业发展。首钢全部生产功能转出北京市，留下了空置生产厂区和空置配套产业厂区，首钢工人大量外迁、"摆动式"就业或住房分配，使原有工人住宅区日渐凋敝，出现了北辛安等废旧居住密集区的空心化，形成了外流人口集中区"城中村"。城市商业区加快发展，金融服务业开始发展；休闲旅游产业，一方面兴建众多的休闲娱乐设施，另一方面，将休闲娱乐功能融入现代商业设施之中，使其功能得到大大强化，逐渐使石景山区的城市功能转变为以商业商务、休闲旅游为主导。

综上可知，石景山区首钢传统工业区的空间演化模式由工业独立组团到工城融合，走向组团分化（工业组团、商业组团、休闲娱乐组团的相对独立），再到组团渗透（组团之间的功能交织与渗透），体现出强烈的功能融合态势。

第 7 章

首钢传统工业区休闲旅游功能置换模式选择

7.1 基础条件与发展环境分析

7.1.1 大都市发展潮流引领传统工业区向文化旅游领域拓展

世界城市是北京发展的方向。石景山区作为北京城市功能拓展区之一，将在北京世界城市建设之中，依托区内的资源承担重要的城市功能。未来世界城市演变的方向是什么？这种方向需要哪些功能来支撑？通过对发达国家主要大都市未来发展方向的分析来指导首钢传统工业区休闲旅游功能转型和明确改造利用方向。通过对法国巴黎、德国法兰克福、英国伦敦、日本东京、美国纽约和巴尔的摩、澳大利亚墨尔本、新加坡 8 个世界大都市 2030 年城市规划的发展方向、重点措施和休闲旅游功能塑造等方面的梳理（见表 7.1），发现未来大都市重点发展内容包括以下方面。

表7.1　2030年世界主要大都市发展措施和休闲旅游产业内容

城市	发展主题	重点措施	休闲旅游产业发展
巴黎	确保21世纪的全球吸引力	商务区、创新研发中心、旅游、大型设施等集群为大区活力推动力，加强城市功能的交互性，尤其是接纳并支持社区经济。 加强区域再平衡和居民点三产建设，加快商业部门现代化。 提供便捷公共交通网络，优先考虑巴士、步行和自行车。 加强城市生态环境和绿化建设（尤其是提升废弃采矿场），建设绿色和蓝色网络；加强城市土地更新改造	旧工业区的拉德芳斯西部、上塞纳省北环、运河地区等缺乏结构性更新、社会状况较差，需要通过城市更新来适应大区平衡和都市功能扩散。 重视文化遗产、发展旅游业。开发与河流连接的景观和建筑遗产，发展与河流相关的休闲旅游业，通过居民和参观者促进大区功能调整，推动河流两岸产业基地建设。 推动废弃或未占用产业基地的利用，促进基地与河流的融合，结合环境网络建设和景观治理，采取污染消除措施
法兰克福（莱茵—美因河边）	网络城市	奥芬巴赫港口设立设计学院，建成教育、居住、工作室、办公和餐饮等功能混合型城区。 增设媒体通信、计算机游戏和软件业等专业培训基地和孵化器，提供价格优惠的办公室。 恢复公共空间，通过星期天市场和城区节日，使社区居民互相认识，增强社区安全感。 通过示范性的国际建筑展项目，为教育移民创造最佳条件；注重生态城市建设	通过教育、休闲价值提升和文化体育潜力挖掘，提升城市形象。 在公园、公共建筑、观光景点周围，广场或博物馆等特定空间热点安装免费的互联网无线局域网入口。 主要城区功能节点补充文化设施、休闲和购物场所；通过工业文化路径的标志性节点，让游客感受法兰克福文化。 IBA"法兰克-莱茵-美因主题世界"拥有商业、科学、文化、城市发展和基础设施功能，以"永恒的转折点""成长之美""开放的思维机器"三个计划空间主导IBA内容
东京	首都圈巨型城市群	将行政、居住、产业、物流、文化等多样功能分散到各个地区和节点，通过广域联合推动首都圈巨型城市群一体化。 推动水与景观建设，改善东京湾水质和大气污染，恢复城市绿链，提升东京价值。 通过解决交通堵塞提升城市功能，打造舒适便捷的城市生活环境	打造东京湾一体化海滨都市轴，汇集大规模商业设施、娱乐休闲设施、酒店、博览会设施，形成梦幻的城市游览空间。 建设上野（文化之森）、丰州（体验饮食魅力）、临海地区（24小时娱乐空间）等传播东京魅力的新地区。 推进整体化设计的城市街区改造和建设，规范建筑格局、景观和色彩，使居民和游客可以自由无碍地漫步

续表

城市	发展主题	重点措施	休闲旅游产业发展
伦敦	更宜居的城市	促进伦敦多中心功能发展，满足购物、休闲、住房、地区服务和就业等需求，增强居民认同感，鼓励城镇中心的零售、服务、就业、康乐、住房的混合建设。 改善公共交通、就业和社区设施、公共领域、空间利用，促进近郊核心地带居住环境的可持续发展。 放开废弃、撂荒土地，支持新兴、有活力的环保、商务智能、创意等产业发展。 通过对服务和基础设施的阶段性投资，改善、扩大伦敦公共交通系统，改善城市中心和就业地点的公共交通。 提高泰晤士河沿岸、中心活动区域和城镇中心的公共运输能力和便捷性，加强地铁和巴士服务，改善步行和自行车骑行路径。 保护、改善绿带和蓝带网络，增加泰晤士河生态文化功能，创造绿色开放空间，支持绿色产业和绿色商业活动，提升城镇景观品质	通过吸引各项产业和旅游业，以及娱乐和文化产业扩张，提升伦敦在世界、欧洲以及英国的职能角色。 关注大都市郊区、主要中心和地方城镇的零售、休闲、主要商业活动和服务业建设。 根据城镇规模匹配相应的零售、商业和休闲产业发展规模，赋予城镇中心以零售、休闲、就业服务以及社区服务等职能，提升城市活力和多样性；发展混合用途土地利用方式。 加强现有旅游业供给，创造综合的、可持续的新产品和景点，分散旅游收益到城镇中心或郊区。 保护和增加户外空间，改进零售、休闲和户外设施建设，寻求有竞争力和发展潜力的创意产业
纽约	更绿、更美好的都市	改造废弃土地，恢复生活和商业功能，开拓未被充分利用的航运与工业中心的淡水区。 转变原工业区为多功能住宅区，保留街坊特征和工业企业，建设新住房和亲水环境。 追求以公共交通为导向的发展，改善居民生活质量；减少自驾车，鼓励骑自行车；增加地下停车库供公众使用。 推动废弃地再开发，重新规划滨水区域，把旧码头和仓库改造成社区，实现土地有效利用。 绿化街道，改善空气质量，提高土地价值	开放所有的学校、医院、办公楼、居民区的公共运动场所，提高设施利用效率。 增加开放绿色空间，保证所有纽约居民从家到公园的距离保持在10分钟之内。 增加多功能场地供应，增加曲棍球、板球和橄榄球等运动设施。 增设照明，最大限度延长草皮场地夜晚的开放空间，改变高品质运动场地夜晚无法使用的状况。 鼓励在公共场所举办具有生气和活力的活动。 进一步美化公共领地，扩建"绿街"项目，改善街道舒适程度

续表

城市	发展主题	重点措施	休闲旅游产业发展
墨尔本	构建区域型城市网络	保护文化遗产、历史建筑、绿化空间、稀有郊区街景等有价值部分；集中特定区域开发住宅和写字楼，共享公共服务和基础设施。 学校、体育馆、医院、法院等重大文体设施必须落户在主要的公共活动中心附近，附近发展便捷的公共交通设施。 发展骨干公共交通网，提升公共交通服务，改善现有公共交通网络，鼓励选择公共交通、骑行、步行等出行方式。 通过构建有效、安全的交通运输网络并充分利用现有的基础设施，实现综合性、可选择性和平衡性的发展目标。 在公共活动中心内部和紧邻区域发展满足居民日常生活需求的小规模教育、健康和其他公共服务设施。 打造富有吸引力、适宜步行、风格多样的社区，维护社区文化认同感和归属感，打造一个适宜居住、工作和休闲且令人难忘的城市	大部分公共区域进行土地综合开发利用，主要业态包括零售业、商业、娱乐、教育、医疗和社区服务设施等。 城市中心的公共活动中心成为公司总部和零售中心集聚地、游客观光首选地。 振兴零售业，鼓励经济活动和商业协同发展，增强城市功能，发挥商业、零售、体育和娱乐中心的辐射作用。 为地区零售中心、社区中心、教育或医疗服务机构建设高品质公共活动中心。 公共交通枢纽区域建设一些大型的体育和娱乐休闲设施。 完善信息和娱乐服务设施，提升公园、花园、会展设施、博物馆、音乐厅、美术馆等设施的层级，增强国际商业活动和海外游客吸引力。 增加高质量和便利化的社区娱乐体育设施，形成良好的文化氛围，提供更多艺术、休闲和文化设施
巴尔的摩	重建和振兴	重建和振兴城市核心、现有社区和城镇中心，控制遗弃地点、棕色和灰色地带及地标性建筑。 建设综合性放射形和环绕形交通系统，改善不同交通方式的接驳能力，实现主要工作区和居住区的有序衔接。 优先考虑交通运输系统建设，为该地区人口到中心城市、文化设施和旅游景点、城镇中心、老的城市中心和区域就业提供便捷的交通。 促进土地混合开发方式，为流动人口提供就业机会和公共服务；促进经济发展、招商和营商环境，举办劳动力培训，解决工作地和居住地的就业问题。 解决空气和水的治理问题，保护地区自然环境，促进区域规划	协调新的和现有的资源，整合和规划图书馆、地方活动中心、区域教育设施、交通运输网络、娱乐和文化活动，为区域居民提供广泛的文化和娱乐机会。 通过文化和娱乐建设，创建一个理想的文化和娱乐模式，提升居民生活品质；创造可步行游览、紧凑型、综合利用的社区，鼓励高效率的公共交通。 促进各种城市和郊区绿地、社区公园、康乐设施及被保护的开放土地的融合。 推广宜人的人行道、步行街照明、行道树，实施邻里美化（公园、种植、广告管理、建筑标准指南等）项目，建设适宜步行的社区

续表

城市	发展主题	重点措施	休闲旅游产业发展
新加坡	挑战稀缺的土地	集聚高附加值产业和服务业，打造全球商业中心。 建设四通八达的铁路网，建设便利的生活配套设施。 提高公共绿地的通达性，公园连道网络扩展到城镇中心、体育场馆和住宅区	提供多种住房选择和舒适的生活环境、更多易达的园林绿地和娱乐休闲选择，建成一个花园城市。 建造更多的体育运动设施和娱乐活动设施，建设中央集水区开展远足、骑车、自驾车等游览线路

资料来源：郭爱军，王贻志，王汉栋. 2030年的城市发展 [M]. 上海：格致出版社，2012：67-150.

（1）重视城市休闲体验，加强娱乐环境建设，营造良好的休闲旅游氛围，将其作为城市品牌和形象建设主要抓手，并培养成为城市支柱产业之一，促进城市商业和其他相关产业的融合及各种产业间有机协调发展。

（2）注重混合式功能区建设，将商务办公、休闲旅游、文化教育等功能融入同一功能区块，通过统一的配套设施来提高资源使用效率，强化产业之间的关联带动作用。

（3）优化城市功能区之间的交通可达性，提高中心城区对外交通和产业辐射能力，鼓励公共交通和个人交通的发展，打造低碳、环保、生态宜居城市。

（4）改善郊区的城市功能，维护、更新社区的基础设施，通过培训、咨询等方式来解决失业、待业人群的就业问题。

（5）鼓励对于废弃土地、衰退社区的改造，配合城市和社区规划进行有机联系和建设；重视城市绿色空间打造，将特殊资源（水域、旧工业区、闲置土地等）进行重新开发，主要用作商务办公场所或城市游憩空间。

（6）重视城市公共空间建设，改变各个单元之间相对封闭的发展局面，鼓励公共单位、社区的休闲娱乐场所共享和公共设施夜晚利用，提高使用效率。

（7）重视地下空间开发，将其作为地上空间的延展，避免商业区空间使用效率低、夜晚空置的局面。

（8）重视对城市文化遗产的利用，尤其是对具有城市发展历史特征的历史建筑、工业遗产和文化遗产进行保护性开发。

（9）重视公共交通的利用，结合城市绿色生态空间，鼓励自行车和步行系统的建设。

7.1.2 传统工业区休闲旅游转型在城市发展中地位愈加重要

北京市产业结构升级调整对高端服务业和文化创意产业的需求不断增强，尤其是文化创意产业发展趋势明显，以工业遗产为载体发展起来的文化旅游表现出较强的发展潜力。北京市城市建设对石景山区发展有明确的定位，自从提出疏解传统制造业、大力发展现代服务业的目标以来，不断强化中心城区的文化产业功能。《北京市城市总体规划（2004—2020）》将石景山区定位为京西综合服务中心和文化娱乐中心，使之发展成为环境优美的都市休闲旅游区，重点发展文化创意、休闲娱乐、会展商务，从全局上确立了石景山区的城市发展战略。其他各级各类相关规划也充分明确了石景山区首钢传统工业区的改造价值和潜力期望（见表7.2）。

表7.2 不同规划政策对于首钢传统工业区转型的发展定位

规划政策	区域功能	具体定位	休闲旅游产品
《北京市城市总体规划（2004—2020）》	北京西部综合服务中心、文化娱乐中心和重要旅游地	首都现代工业区、都市休闲旅游区、人居环境文明区	文化创意、休闲娱乐、会展商务、商业服务
《北京市石景山区旅游发展总体规划（2004）》	北京现代休闲娱乐中心、北京最大的旅游产业支持中心	京西旅游区域的组织与集散中心	工业观光、钢铁展览馆或休闲娱乐、休闲体育
《北京市石景山区CRD行动计划（2008）》	首都休闲娱乐中心区	集休闲娱乐、会展、商务办公、购物、数字动漫于一体的首都休闲娱乐中心区	文化创意、商务金融、旅游会展、休闲娱乐
《首钢传统工业区改造规划（2007）》	京西综合服务中心和后工业文化创意产业基地	工业文化主题公园、文化创意产业服务区	工业遗产景观、文化创意
《首钢旅游发展规划（2010）》	特色旅游聚集区	工业博物馆、古建群、湖景一体旅游集聚区	旅游、文化创意、休闲娱乐等

续表

规划政策	区域功能	具体定位	休闲旅游产品
《新首钢高端产业综合服务区规划（2011）》	首都文化娱乐休闲区、首钢创意商务区、永定河绿色生态发展带	工业遗产园、工业主题园、文化创意产业园、综合服务中心区、总部经济区和综合配套区	文化创意、商务商业、休闲旅游

根据北京市发展定位，石景山区也相继制定了石景山区旅游规划，明确了建设CRD的发展目标，计划通过长安街西延线上的六大商圈（银河商务区、京西会展商务区、北京国际雕塑公园地下商务区、TSM商务区、苹果园交通枢纽商务区、京燕酒店商务区）来推动京西地区发展。根据《CRD（首都文化娱乐休闲区）建设行动规划》，2009—2010年，将启动银河商务区等六大商圈建设，到2015年基本完成，目前这些项目部分已运营。这使石景山的休闲旅游功能得到较大加强。

石景山区旅游发展规划了"一轴、一带、一核、一园、多支点"的空间发展格局，以长安街西延线、永定河为纽带，依托首钢转型地区和中关村石景山园建设产业功能区，形成双轮驱动、东优西进、沿河建设、纵深发展的发展态势。其定义为："以首钢主厂区为主要空间载体，重点发展现代金融业、商务服务业、文化创意产业、高端商业等产业，完善总部办公、创意体验、会议展览和城市游憩等功能；做好首钢工业遗址保护与开发，积极打造高档写字楼、大型会展中心和星级酒店等商务设施，打造总体特征鲜明、创新意识活跃、高端要素汇集、生态环境宜人的现代商务区，立足京西、服务首都、面向全国，成为展现首都国际大都市形象的标志地区"[1]。

针对首钢传统工业区的转型改造规划经历了数次变更。规划方向从开始单纯的工业遗产观光、工业博物馆，转变为以工业遗产、文化创意为特色的产业集聚区，将首钢搬迁调整区转型改造为京西多元化的高端产业集群。

---

[1] 石景山分区规划（国土空间规划）（2017—2035年）[EB/OL].（2019-12-10）[2022-10-12]. http://www.bjsjs.gov.cn/gongkai/sghzrzywsjsfj/zdly_1746/ghjh/202006/t20200616_14662.shtml.

《新首钢高端产业综合服务区组团功能规划》的内容更为具体（见表7.3），明确了各个片区的具体功能和建设内容，总体确定为以高端产业企业总部和研发中心为主要内容的产业集聚区，兼顾文化创意、休闲娱乐、商务金融等产业的发展。2019年，北京市发布了《加快新首钢高端产业综合服务区发展建设 打造新时代首都城市复兴新地标行动计划（2019—2021年）》。截至2022年，首钢冬奥广场片区和工业遗址公园片区获国际奥委会"北京冬季奥林匹克公园"命名并正式揭牌。这里建成北京最大的户外滑板和攀岩场——首钢极限公园；同时全面推进国家森林城市创建，松林公园、新安公园、衙门口城市森林公园完工，建成西长安街超过600ha的城市森林公园群，打造以绿为体、蓝绿交织、景观多样的绿色生态空间。首钢北区五大片区中，石景山文化景观区、冬奥广场区、工业遗址公园区已基本建成，区域承载力稳步提升。

表7.3 《新首钢高端产业综合服务区组团功能规划》

分组团名称	现状功能	首钢权属用地	所在区	开发功能
核心区及周边区域	以待改造的重工业为主，污染状况严重	53.72%	石景山区	文化创意产业、高新技术产业、高端服务业
特钢及北辛安区域	待改造工业、仓储、村镇建设用地	5.78%		新能源、新材料、运营及管理总部基地
铸造厂及周边区域	待改造工业、居住用地	1.21%		住宅及多功能用地
首钢二通厂及周边区域	待改造重工业、村镇建设用地、绿化用地	5.52%	丰台区	影视文化创意产业及配套产业、研发及高端制造
首钢耐火材料厂及钢渣厂区域	待改造工业、仓储用地	3.72%		商务办公、高档酒店、商业娱乐和高档住宅
丰台区长辛店北区及首钢二构厂区域	村镇建设用地、农田、荒地	2.79%		高科技现代制造产业
门头沟区滨河区域	农村建设用地、农田、荒地	27.26%	门头沟区	金融服务、法律咨询等现代服务业

随着旅游市场不断扩大，北京市不同类型的旅游消费需求差异逐渐显现，从资源利用角度来看，首钢工业遗产旅游区作为新兴的旅游产品形态，很大程度上满足了游客休闲旅游的消费需求。总体上看，北京市的旅游节点可以细分为四种能级类型❶，特征如下。

（1）高能级节点。一般处于城市的传统中心地区，主要担负集聚、中转、辐射的作用，主要包括天安门广场、南锣鼓巷、什刹海、颐和园、奥体中心、天坛和故宫。这些节点是代表首都北京的典型节点，且为世界文化遗产群，游客流量大，是外地游客必游之处。这些节点需要完善高能级旅游节点旅游配套设施，优化旅游线路，确保客流畅通，提高旅游节点间的可达性。要充分发挥这些节点的集聚、中转和辐射带动作用。

（2）重要旅游节点。其区位条件与高能级节点类似，吸引力略低，主要承担集聚、中转的作用，包括前门、圆明园、王府井步行街、景山公园、北海公园、八达岭长城、恭王府、清华大学、北京大学、雍和宫、烟袋斜街、孔庙国子监等。重要旅游节点类型多样，数量较多，但大多位于高能级节点周围，如颐和园周边的北京大学、清华大学、圆明园，南锣鼓巷周边的烟袋斜街、孔庙国子监、雍和宫，天安门广场周边的前门、中国国家博物馆、毛主席纪念堂。这类节点需要加强与高能级旅游节点的融合发展，实现两类节点间旅游客流的有效流动。

（3）新兴旅游节点。其可分为资源依托、资本新建等多种类型，主要承担集聚的作用，包括首钢工业旅游区、三里屯、798艺术区、簋街、西单、五道营胡同、明十三陵、钟鼓楼、护国寺、国家大剧院、世贸天阶，以文化、休闲、娱乐、购物场所居多。对于这类旅游节点，需积极培育，注重这些节点的旅游产品设计和形象提升，通过多渠道宣传，扩大新兴旅游节点的影响力，使其尽快成为新的高能级景点，从而缓解老城区高能级节点的承载压力，促进客流的分流。

（4）一般旅游节点。其主要是中心城区吸引力一般的节点和外围新发展的较为重要的节点，包括慕田峪长城、牛街、北京动物园、中国科技馆、中

---

❶ 周李，吴殿廷，虞虎，等. 基于网络游记的城市旅游流网络结构演化研究——以北京市为例 [J]. 地理科学，2020，40（2）：298-307.

央电视塔、中山公园、香山公园、北锣鼓巷、梅兰芳纪念馆、中关村创业大街、玉渊潭公园、国贸、国家图书馆、自然博物馆、中国美术馆、居庸关长城、军事博物馆、宋庆龄故居、古北水镇、首都博物馆、东交民巷、司马台长城。这类节点职能相对单一，规模、能级较小，个别节点还距离中心城区远、交通耗时长。如果以北京游客的平均停留时间为4.11天来计算，游客在有限的时间内较少会选择这些节点。此类节点面向游客的专业性会更强，可采取更加明确的功能定位来进行旅游市场的服务。

首钢工业遗产区属于北京市的新兴旅游节点，随着区内其他工业遗址的改造和创意吸引物的增加，首钢工业遗产旅游区的吸引力正在不断增强。

7.1.3　社会公众对工业遗产资源及其利用转型的认知度高

首钢传统工业区作为世界知名的钢铁产业基地，拥有丰富、壮观、独特的工业文化遗产，见证了北京和石景山的城市发展过程。首钢传统工业区包括有大量的工业厂房、办公场所、小剧院、工人餐厅及其他大量的配套构筑物，建筑景观多是20世纪50—60年代的风格。现存建筑物包括四大类：办公建筑和服务用房，工业厂房和仓储类用房，特殊建筑和构筑物（如皮带运输通道、输运管道、烟囱、水塔、炼焦炉等），大型设施设备（如除尘装置、脱硫塔等）。多数建筑仍有较长的使用寿命，进行功能转变的利用价值很高，厂房、综合仓库等建筑空间较大，在改造中具有较强的可塑性。首钢厂区现存的环线铁轨、建筑、烟筒、料仓、水塔、炼焦炉等工业构筑物和设施比较集中，充分地展现了从炼钢到成品的整个生产系统这些遗存具有很高的文化价值、经济价值、景观价值和休闲旅游价值。

北京市经济发展水平高、人口多，对文化创意产业、商业中心等现代服务业的需求很高。与酒仙桥798艺术区改造一样，首钢传统工业区的工业遗产是发展文化创意产业的优质资源，不同之处在于首钢的休闲转型发展与石景山区城市功能建设紧密相关，事关整个石景山区、京西地区的未来前景，也是北京市建设特色旅游城市的重要内容。

首钢传统工业区的休闲旅游转型开发规划出工业资源集中保留区，对厂区进行原貌保护，以公共活动休闲带、特色交通循环线（公共交通、厂区交通、高架步行系统等）串联各个工业遗产节点。其摆脱了以简单的工业遗产观光旅游为主导的旅游模式，将工业遗产作为文化创意产业园区的核心吸引物，培育文化产业链；通过文化氛围环境再建，提升地方城市品质、吸引力和土地价值，吸引商务、商业企业集聚，推动社区更新，与城市现代服务业紧密结合，重新激发周边地区的经济社会发展活力。

本书通过问卷分析首钢传统工业区休闲旅游者的兴趣热点（见表7.4），挖掘工业遗产旅游开发的价值取向。本书将首钢及其周边的资源划分为两类，第一类是以首钢厂区内工业遗产为主的资源，综合得分为3.58；第二类是石景山区内的首钢周边休闲旅游资源，得分为3.70。这主要是当时首钢的工业遗产改造还处于初期阶段，成熟的休闲旅游产品和配套设施比较欠缺，得分低于第二类。从要素细分来看，两大类中，获得比较赞同意见的要素，得分从高到低依次为夜晚灯光视觉艺术（3.86）、炼钢工艺现场（3.72）、园区创意景观小品（3.70）、厂区工业景观（3.66）、首钢工业历史（3.65）、厂房建筑设计（3.61）、旅游电影/宣传片（3.58）。这些都是属于首钢工业生产流程中的相关要素，吸引力较大。获得不赞同意见的要素依次为工人生活过的社区（3.38）、五一剧场等演出场所（3.49）、背景音乐（3.46）和设计方案征集活动（3.32）。这些与工业遗产关联性不大，吸引力相对较弱。另外，在炼钢机器设备、炼钢工艺现场、工人生活过的社区三个选项中，受访者所持意见相差较大，标准差都大于1，这主要是由于一部分受访者属于首钢老职工或老居民，对首钢工业生产比较熟悉，认为这些要素的吸引力一般，而对此保持新鲜感的游客则认为吸引力非常强。

从首钢周边旅游环境的评价认知看，受访者对石景山区比较热门的旅游点认可程度比较高，依次为石景山区古建群（3.88）、八大处公园（3.84）、古城公园（3.77）、石景山游乐园（3.75）；比较感兴趣的有万达广场（3.7）、节日节庆娱乐活动（3.64）、动漫文化基地（3.63）；不认可的是金融商务区。该大类产生差异的主要原因在于：①石景山区古建群、八大处、古城公园历史悠久、特色鲜明，是石景山区休闲旅游的主要空间，石景山游乐园属于2000年之后新建的主题公园，娱乐性较强、吸引力也较大，因此这几个吸引力比较强。②万达广场位于石景山区政府旁边，距离首钢地区距离较远，与此联系较少；节日节庆娱乐活动参与性、娱乐性较强，大众都有普遍的认识，但是部分受访者可能并未真正地参与过，只是根据想象进行打分；动漫文化基地是首钢二通厂区改造项目，已经形成了一定规模，又是今年新兴热门文化事物，认可度较高。③金融商务区不被认可，一方面是因为首钢及其周边地块并未建立起具有完善设施的金融商务大楼，另一方面，石景山区商业楼宇仍以单一的商业零售为主，大众对此认识普遍停留在传统的商务办公楼宇的概念上，对于拥有休闲旅游功能的商务办公区认知不足。

表7.4 休闲旅游者对首钢传统工业区感兴趣的内容

项目	要素	均值	标准差	要素综合得分
工业遗存与文化创意	(1) 首钢工业历史	3.65	0.967	3.58
	(2) 厂房建筑设计	3.61	0.946	
	(3) 炼钢机器设备	3.55	1.010	
	(4) 炼钢工艺现场	3.72	1.008	
	(5) 厂区工业景观	3.66	0.952	
	(6) 工人生活过的社区	3.38	1.021	
	(7) 五一剧场等演出场所	3.49	0.965	
	(8) 园区创意景观小品	3.70	0.991	
	(9) 夜晚灯光视觉艺术	3.86	0.992	
	(10) 旅游电影/宣传片	3.58	0.951	
	(11) 背景音乐	3.46	0.931	
	(12) 设计方案征集活动	3.32	0.984	
周边旅游环境	(13) 动漫文化基地	3.63	0.945	3.70
	(14) 金融商业区	3.41	0.936	
	(15) 石景山游乐园	3.75	0.942	
	(16) 八大处公园	3.84	0.851	
	(17) 万达广场国际影城	3.70	0.958	
	(18) 石景山古建群	3.88	0.893	
	(19) 石景山古城公园	3.77	0.918	
	(20) 节日节庆娱乐活动	3.64	1.003	

注：李克特量表均值在3.5~5.0分表示赞同。

总体而言，大众休闲旅游市场对于首钢工业遗存要素保持有较高的认可度，对于相关要素认可度不高；对于周边传统旅游景点的认可度较高，对现代商业设施中的休闲旅游功能认识不足。在北京冬奥会举办前改造中，应当发挥工业遗产的文化特色和吸引力，加强周边设施与其联系和支撑，以及现代商业中休闲旅游要素的植入。

7.1.4 优越区位为传统工业区休闲旅游改造提供了良好支撑

休闲旅游的发展对交通条件的依赖程度较大，提高交通可达性、舒适性和换乘的便捷性是改善休闲旅游服务质量、保持长久吸引力的重要措施。

首钢传统工业区具有独特的交通区位条件。从北京市来看，它位于长安街西向延长线上，距离北京城市中心约25km，距离相对适中、交通比较便捷，这使得首钢地块成为承接内城人口和产业功能向外疏散的重要区域，土地价格虽有提升，但仍保持着较强的竞争力。石景山区位于以天安门为中心的1小时通勤圈内，位于1号地铁线沿线的地块，交通可达性相对较好，如苹果园、八宝山、古城等地铁站周边。但由于这些地块的道路基础设施建设与中心城区相差较大，也就拥有了可达性较优、道路网密度较疏的区位边缘化特点，向外可达性范围显著小于紧邻城市中心区域。[1] 同时石景山处于海淀、丰台、门头沟三区的连接点上，是中心城区向西流动的重要节点，具有京西交通枢纽的发展潜力，在京西板块城市总体规划中也被确定为"一轴一带"的结合点，拥有突出的地位。

交通路网是城市出行的"主动脉"，石景山不断加大交通基础设施建设力度，提升交通运输基本公共服务能力和水平。截至2023年，石景山还建成长安街西延、北辛安路北段、古城南街、永引渠南路、刘娘府路、金顶北路等城市道路，加快锅炉厂南路、北辛安路南段、高井规划一路等建设，"三横两纵"高（快）速路系统和"五横六纵"主干路系统基本形成。

从石景山区内部板块来看，南北向以玉泉路、西五环、古城大街为界，

---

[1] 邓羽，蔡建明，杨振山，等. 北京城区交通时间可达性测度及其空间特征分析[J]. 地理学报，2012，67（2）：169-178.

东西向以莲石路、石景山路、阜石路为界，大致分为八宝山、老山、八角、古城、苹果园、金顶、北辛安、首钢、五里坨几个重要地块。地铁1号线沿线串联了八宝山、老山、八角、古城、金顶和苹果园，与1号线地铁口进行公交线路接驳较好的有八宝山、八角、金顶和苹果园四个地块，古城、老山、五里坨、八大处四个地块相对较差。其原因各有不同，八大处是森林公园，公交线路多依托苹果园向内延伸；五里坨位于石景山西北部，处于边缘地区；老山地块西部紧邻西五环，拥有奥运场馆、老山自行车馆和小轮车赛场，可借西五环的交通主干线之便。古城与首钢地块融合在一起，目前正处在转型改造之中，从1号线古城地铁站口通往首钢地块的公交线路较少，乘客多，运输量已经不能满足实际需求。因此，目前首钢地块区内交通存在的主要限制是古城地块未有对外联系交通，首钢至门头沟段的联系受到极大限制。

根据《石景山区"十四五"时期国民经济和社会发展规划和二〇三五年远景目标纲要》，石景山区将高标准建成苹果园综合交通枢纽，S1线（金安桥站—苹果园站区间）、M11线西段（模式口站—新首钢站）、市郊铁路城市副中心线衙门口站、地铁1号线福寿岭站通车运营，启动M11线西段（新首钢站-洋桥站）建设。金安桥站将实现S1线、M6线、M11线及规划中的市郊铁路京门线四线换乘，成为石景山区第一批轨道微中心。同时，S1线苹果园站还将与同期建成的苹果园综合交通枢纽织补衔接，成为连接北京西部地区与城区的重要交通集散中心。完善"五横六纵"主干路系统，高井规划一路、北辛安路南段、锅炉厂南路等城市主干路建成通车。2020年北京市地铁规划中，石景山区增设了3条地铁线路，分别是：①自西端海淀五路居站延伸6号线，经田村、廖公庄、西黄庄接苹果园站和金安桥站（换乘门头沟线，位于广宁路与北辛安路交口西）。②新建地铁11号线，将在石景山区设吴家村（位于吴家村路与首钢通用机械厂路交口）、鲁谷（张仪村北站，位于北重西厂南路西延与规划重聚中路南延交口）、衙门口、古城南街、白庙（位于首钢内部路与规划北辛安路南延交口）、首钢试验场（古城西街，位于规划长安街西延与首钢内部路交口）、金安桥、金顶街（位于金顶北路与金顶西街交叉口—模式口南里路口）共8个站点，将大大地改善首钢地块的内外交通能力，带来大量的客流量，激活首钢改造转型发展。③地铁门头沟线，全长约20km，在金安桥站连接地铁6号线和11号线，向西经四道桥、石龙路、上岸村、矿务局、小园等5站到达石门营。

公路方面，城市主干路长安街西延工程（长约6.4km），将以首钢厂东门为起点向西，跨越首钢厂区、丰沙铁路、永定河之后，经过西六环路、门城公园、门头沟滨水商务区直抵三石路与中石西路相接，后续将依托城市快速路开通中心城区、石景山至门头沟的城市公交线路。这将使长安街西延以首钢为中心的石景山西部、门头沟东部、丰台北部的京西地区与中心城区的联系大大加强，吸引高端服务业集聚（目前已布局了银河商务区、现代金融产业基地、新首钢高端产业综合服务区、国家保险产业园和互联网金融产业基地等重点项目），促进城市现代服务业跟进发展。

石景山地区的地铁和公路交通建设将大大提高首钢功能区的可达性，提高地块土地价值，带动现代服务业、基础设施、公共服务等相关产业和公共服务功能的集聚。

7.1.5 城市商业服务业发展加快传统工业区改造与转型步伐

大都市产业发展在现代服务业的主导下，以中央商务区商圈（含办公、住宅、餐饮、休闲、娱乐等功能）为中心进行休闲旅游产业融合的发展趋势越来越明显。西部商圈是以西长安街为基础的商业链，有西单、金融街、公主坟、鲁谷、苹果园等商圈，商业环境不断提升（见表7.5）。

与北京市东部、南部和北部三大商圈相比，西部商圈的西单、金融街、公主坟，发展时间早，经过了几次设施、业态和功能变迁，已经成为商业、休闲、旅游、娱乐等功能较为完备的商圈。再向西的石景山区鲁谷、苹果园商圈的发展与上述几个商圈的差距较大，鲁谷商圈主要是2000年以后石景山区提出城市转型发展而建设起来的，主要服务于鲁谷、八宝山地区，现在集聚了几个比较大的商业设施，零售、餐饮等休闲娱乐功能比之前有所提升，但发展空间仍较大。苹果园商圈位于1号线终点站，商圈建设主要是为了满足苹果园站点周边社区的日常生活消费的需要。由于受到消费能力、区域特征的限制，休闲旅游功能还未能明显地体现出来。

表7.5 北京市西部商圈类型、主力商场及其休闲旅游特色

商圈名称		商圈类型	主力商场	休闲旅游特色
西部商圈	西单商圈	传统商圈、城市级别、中高档	西单大悦城、美晟国际广场、西单购物中心、中友百货、君太百货、北京时代广场	时尚、品位、休闲为主题的青春型商圈和特色青年社区
	金融街商圈	国际化金融服务中心、高档	金融交易中心、威斯汀和丽思卡尔顿国际酒店、金融街购物中心、金融家俱乐部、金树餐饮酒吧街	商务休闲、健身娱乐、餐饮酒吧、购物休憩
	公主坟商圈	新兴商圈、城市级别、中档	城乡贸易中心、翠微商厦	一定的餐饮和娱乐配套
	鲁谷商圈	新兴商圈、区域级别、中档	石景山区万达广场、石景山区华联商厦	日常生活消费、商业档次不高、品牌不足，小型餐饮，休闲旅游功能不足
	四季青商圈	新兴商圈、区域级别、中高档	金源时代购物中心、金四季购物中心	高档餐饮、康体娱乐功能齐全
	苹果园商圈	传统商圈、城市级别、中低档	地铁主题广场、石景山区文化中心、沃尔玛、京西会展中心	依托交通枢纽形成商务商业文化区

资料来源：北京市商圈分析报告[EB/OL].(2014-07-31)[2022-10-12].http://wenku.baidu.com/view/1c8025b165ce0508763213fa.html?pn=50.

从现状看，鲁谷和苹果园都属于石景山区的商业地块，但规模、空间、设施配套、特色等方面都无法体现石景山区在土地、文化特色方面的吸引力。石景山区老山、古城大街等地块的商业设施规模小、空间分散，多以住宅社区为核心来进行布局，且商业设施多以沿街楼房的底商形式存在，业态不齐全，基本上能够满足当地居民日常的餐饮、住宿需求，而休闲、娱乐的文化场所较为缺乏，缺乏大体量的商业综合体。根据《石景山区促进消费升级发

挥新消费引领作用行动计划（2019—2021年）》，未来，以万达广场为核心的东部商圈、以苹果园交通枢纽为中心的中部商圈、以旅游消费为带动的西部商圈和以体育消费为引领的首钢冬奥商圈将重塑消费空间版图。全区商业总面积将达到350万m^2，人均商业面积将从目前的1.12m^2提高到5m^2以上。

商业商务、休闲娱乐、宾馆饭店和餐饮等设施是支撑城市休闲旅游发展的主要元素。本书通过将石景山区的各类商业设施进行分类、分层，来进一步探讨石景山区商业设施的空间分布情况，借此探讨下一步大型商业设施的空间布局。将石景山区的各种商业、休闲设施划分为商务商业设施、休闲娱乐设施、小型商业设施、住宿接待设施和餐饮设施，总共1686个点，并对其使用1、2、3、4、5进行五级分类编码，然后在ArcGIS中进行归类，使用缓冲区分析这些点和道路，经多次试验，最终点的缓冲区选择300m，道路的缓冲区选择100m，空间显示可以达到分析的要求。通过分析这些点在不同空间范围内的服务范围，以及其与道路之间的联系情况，得到如下结论。

(1) 居民住宅区共163个（2015年数据，下同），其中，首钢工人住宅区较多，较典型的工人社区包括古城大街首钢十万平、八角居民区、老山居民区、金顶街居民区、苹果园居民区等集聚区这表明首钢搬迁前期多是以工人居住为主，2000年以后开发的对外商用住宅使非工人居民有所增加。

(2) 中大型商业设施共113个，包括综合超市、商贸中心、综合市场、商业大厦，主要分布在老山、八角、苹果园和鲁谷地块，各个地块都有规模较大、功能齐全的综合性商场，如鲁谷地块有万达广场、CRD银座、万商大厦、中铁建设大厦、瀚海长城大厦等较大的商务办公和商业服务单元，并且与八宝山这一知名的地点相对较近，有力地支撑了鲁谷地块的休闲旅游氛围的形成，从商业服务、城市景观等方面使该地块的现代服务业发展与中心城区相差较小。与鲁谷相比较而言，苹果园、八角两个地块的住宅小区较多，发展了较多传统的中大型商业设施，但在规模、设施配套水平上远不足鲁谷地块。苹果园的一部分是围绕着苹果园交通枢纽站点和首钢工人社区发展起来的商业配套，另一部分则主要集中在北方工业大学、首钢工学院的周边地带，以及苹果园三区北部的中国电子科学研究院周边的京汉大厦、中铁天宏大厦、宏昌商务园等。

（3）休闲娱乐设施共299个，设有休闲娱乐场地的有公园、景点、体育馆、KTV、图书馆、歌舞厅、儿童乐园、俱乐部、社区中心。石景山的城市休闲公园主要有八大处公园、法海寺森林公园、老山城市休闲公园、古城公园、莲石湖公园、石景山雕塑公园、首钢松林公园等；旅游景点主要是石景山游乐园对于石景山以外的游客具有一定的吸引力。其他的休闲娱乐场所则多是小型的商业店铺和歌厅。体育馆、图书馆、社区活动中心、俱乐部的数量很少。这些休闲娱乐设施主要集中的地点包括老山—八角—鲁谷交汇的道路交叉口、沿五环南北方向的石景山游乐园和奥运会自行车场馆周边、苹果园—北方工业大学的阜石路沿线、法海寺森林公园和八大处公园附近。

（4）住宿接待设施共53个，包括酒店、宾馆、招待所，数量较少，以中档酒店、快捷酒店为主，部分酒店仍然保持招待所传统经营模式。其主要分布在玉泉路沿线、长安街石景山路段沿线、八角西街沿线，呈Z形的分布格局；总体数量偏少、服务水平一般，综合配套设施有待进一步完善。

（5）餐饮设施共532个，包括饭店、酒楼、茶馆。其分布特点主要包括：①围绕中大型的商业设施、办公楼集聚，主要包括鲁谷地块的万达广场、石景山医院周围；②于主要大街沿线布局，主要在长安大街石景山段、古城大街、鲁谷西街、阜石路、西五环沿线；③多集中在居民住宅区周边和小区内部，老山、八角、苹果园最多，模式口、五里坨较多，古城大街沿线较少，首钢地块很少。

（6）小型商业设施共579个，包括零售商店、小商店、洗衣房、美发厅、药店、小超市，分布特征与餐饮设施大体相同，两者之间联系紧密。

综合以上分析可知，石景山区是在首钢传统工业区工业生产基础上形成的城区，在城市功能中体现的现代服务业功能前期很少，后期再首钢搬迁的过程中逐渐增多，尤其是2000年以后进行了大量的CRD相关功能建设，但这些建设在空间上重点选择在了石景山东部八宝山周边的鲁谷地块，而西部建设相对滞后。这一方面由于区位原因，靠近中心城区的地块一定是开发的优先区；另一方面可能是因为八角、老山等地块集聚了大量的居民住宅区，大项目的再开发空间已经非常有限。石景山区作为京西地区的重要空间节点，在商业建设方面是显著滞后于北京市整体城市发展的，其城市功能拓展区的定位对其有一定的指导性，但这些建设在首钢搬迁之后，除了鲁谷地区、老山西五环沿线有一些重点项目建设之外，其他地块推进较慢，尤其是工人住宅区较为密集和前期工业生产集中的古城首钢、五里坨、模式口等西部地块，商业配套较少，休闲旅游氛围比较缺乏，目前虽集聚了大量的小商业，但缺乏有力的增长极项目来启动区域发展。而古城—首钢厂区连接处的国际汽车贸易园引入了一些重点的汽车销售企业，但是集聚更多的是一些低端的个体经营的汽车维修店，这导致这些地块的商业氛围比较低端、景观较为萧条，并没有很好地将土地价值体现出来。休闲娱乐设施空间和休闲旅游氛围营造主要是围绕着石景山游乐园、大型商场、大型公园、城市环路沿线，区域内部也存在着"东新西旧、南疏北密"的发展特点。从而，以首钢传统工业区的文化创意改造为引导，来发展京西商务办公、休闲娱乐功能为主题的石景山区商圈。

7.1.6 文化创意产业集聚区和市场消费需求提供新动力

随着工业经济、服务经济、体验经济的不断发展，休闲旅游产业的边界不断外延，与城市服务业、商业、餐饮业、娱乐业之间的联系加强。以工业文化遗产为特色的文化创意产业已经成为国内工业区改造的主要发展方向，正在不断吸引着文化消费。北京市文化创意产业也在较快地发展，先后建立了30余个主导功能或功能相关的产业园区，成为北京城市发展的新产业，一些文化创意产业园已经成为居民和外地游客的主要选择之一。

不同休闲旅游动机市场的需求呈现一定差异，总体上可以归为首钢工业遗产观赏游览及文化创意旅游产品两大动机。从问卷统计结果来看（见表7.6），要素的综合得分为3.46，这表明不同要素之间出现了较大差异，总体上并未达成一致。其中，得分最高的前三位分别是"体验首钢工业旅游文化创意（4.00）""满足工业旅游的好奇心（3.79）""参观首钢钢铁厂的工业遗产（3.78）"；得分最低的三个是"大量新闻报道，因好奇来参观（3.21）""会议/学术/文化/科技交流（3.14）""购买旅游区旅游纪念品（2.99）"。其他要素按照得分高低排序依次为："参观首钢炼铁厂及其生产流程、增长见识（3.72）""工业景观观光游览（3.68）""了解首钢传统工业区发展历史

(3.56)""追忆首钢钢铁厂（3.33）""观赏文化演艺活动（3.30）""品尝风味美食（3.25）""度假/休闲，顺便路过此景区（3.24）"。休闲旅游者人口统计学特征与其动机的相关性分析表明，性别、年龄、文化程度在某些方面存在显著差异；职业和收入没有显著差异。①性别影响了休闲旅游者对于工业遗产和文化创意旅游的活动需求：男性偏好于体验工业生产流程和文化创意活动，女性偏好于观赏文化演艺活动和品尝风味美食，对娱乐参与体验性的需求较强。②随着年龄增长，受访者对工业遗产文化旅游的需求不同：年轻人追求新型文化事物，对于工业遗产景观审美及其文化创意旅游改造较为热衷，年龄较大的人多是周边居民，对首钢厂区环境比较熟悉，多是到厂区"散步和遛弯""顺便转转""感受首钢厂区良好的环境""追忆感受首钢工业发展史"。③文化程度对"追忆首钢钢铁厂""体验首钢工业旅游文化创意""观赏文化演艺活动"具有显著影响。文化程度较高的受访者可以理解首钢工业遗产改造利用的休闲旅游价值，认为可以较大地促进首钢文化创意旅游区的建设，对于石景山经济发展具有较好的推动作用。文化程度较低的受访者仅仅将目光局限于工厂的倒闭与衰落，对首钢旅游的概念停留在首钢厂区的群明湖、月季园等处，对工业遗产的价值认识不明，仅将其当作"一堆废弃的钢铁"来看待，且对未来首钢旅游发展能否带来发展机遇持观望态度。

以新时代首都发展为统领，大力推进"科技赋能文化、文化赋能城市"战略，北京市文化创意产业已经成为城市发展的主导产业之一，政策支持力度大，已经具有一定的市场规模，为首钢工业遗产的休闲旅游改造提供了良好的宏观环境。多数人对首钢工业旅游开发和文化创意旅游区建设比较支持，抱有较大的期望，不同群体之间的需求有所差异。这就要求在工业遗产改造中在注重环境建设基础上，加强园区内资源之间的有机结合和互补发展，为文化旅游、工业旅游、城市休闲等休闲游憩活动提供一个综合性的场所。

表7.6 到首钢工业遗产休闲旅游的动机及其相关性分析

项目	要素	得分统计 均值	得分统计 标准差	要素综合得分	Pearson相关性 性别	Pearson相关性 年龄	Pearson相关性 文化程度	Pearson相关性 职业	Pearson相关性 收入
首钢休闲旅游动机	(1) 了解首钢传统工业区发展历史	3.56	1.018	3.46	0.084	-0.069	0.013	0.023	-0.028
首钢休闲旅游动机	(2) 参观首钢炼铁厂的机器生产流程，增长见识	3.72	1.003	3.46	0.174**	-0.083	0.046	0.068	0.003
首钢休闲旅游动机	(3) 参观首钢钢铁厂的工业遗产	3.78	0.929	3.46	0.095	-0.125	0.079	0.033	-0.009
首钢休闲旅游动机	(4) 追忆首钢钢铁厂	3.33	1.030	3.46	-0.022	-10.00	-0.133*	-0.049	0.071
首钢休闲旅游动机	(5) 体验首钢工业旅游文化创意	4.00	0.955	3.46	0.179**	-10.35**	0.182**	0.095	-0.095
首钢休闲旅游动机	(6) 满足工业旅游的好奇心	3.79	0.938	3.46	0.104	0.182**	0.091	0.020	0.050
首钢休闲旅游动机	(7) 会议/学术/文化/科技交流	3.14	1.045	3.46	0.120	0.091	-0.003	-0.028	0.001
首钢休闲旅游动机	(8) 观赏文化演艺活动	3.30	1.045	3.46	0.173**	-0.003	-0.165*	-0.045	0.985
首钢休闲旅游动机	(9) 品尝风味美食	3.25	1.184	3.46	0.197**	-0.165*	-0.102	-0.022	0.075
首钢休闲旅游动机	(10) 购买旅游区旅游纪念品	2.99	1.033	3.46	0.080	-0.102	-0.127*	-0.008	0.002
首钢休闲旅游动机	(11) 工业景观观光游览	3.68	0.935	3.46	0.024	-0.127*	0.114	0.007	0.045
首钢休闲旅游动机	(12) 度假/休闲，顺便路过此景区	3.24	1.077	3.46	0.154*	0.114	0.059	0.046	-0.031
首钢休闲旅游动机	(13) 大量新闻报道，因好奇来参观	3.21	1.042	3.46	0.066	0.059	0.011	-0.042	-0.010

注：**表示在0.01水平上显著相关；*表示在0.05水平上显著相关。

7.2 转型思路与模式选择

7.2.1 区际层面对接城市总体定位和功能规划

北京市已经进入现代服务业发展期，商业、休闲旅游业、文化服务业是城市产业发展方向。石景山区处在海淀、丰台、门头沟三区的重要连接点上，首钢地块到中心城区距离适中、交通便捷、特色鲜明，土地价格竞争力较强，中心人口和功能疏解的重要地位逐渐凸显出来，传统工业区的功能转型发展模式的选择成为重点。

2004版《北京市城市规划》中提及：市域范围内建设多个服务全国、面向世界的城市职能中心，提高城市的核心功能和综合竞争力，定位石景山区是与奥林匹克中心区、海淀区山后地区科技创新中心、亦庄高新技术产业发展中心平行的综合服务中心，并进行"一区三中心（城市功能拓展区和城市职能中心、综合服务中心、文化娱乐中心）"建设。北京市"十四五"规划提出，加快新首钢高端产业综合服务区发展，加快京西产业转型示范区建设，强化区域产业协同。

石景山区城市规划、首都文化娱乐休闲区行动计划等政策性文件进一步落实了北京市关于石景山区未来城市功能建设的方针策略，规划了"一二三六"的产业发展格局，"一"即中关村科技园区石景山园，"二"指东部现代娱乐旅游区和西部生态休闲旅游区，"三"是北京数字娱乐产业示范基地、首钢新兴产业基地、产业培育基地，"六"指六大商务区北京国际雕塑园地下商务区、银河商务区、京燕商务区、京西会展商务区、TSM时代购物花园商务区、苹果园交通枢纽商务区。其主要以商务办公、休闲娱乐两条主线来进行商业区、文化基地等项目建设（见表7.7），将休闲旅游功能融入各个项目中，充分体现文化、休闲、娱乐要素。

首钢传统工业区改造主要依托工业遗产资源、厂区工业文化氛围和环境来发展文化创意产业，并设置京西综合服务中心，承担行政办公、工业文化遗产保护、工业主题游览、文化创意生产和活动等休闲旅游服务功能，支撑石景山区以 CRD 为特色的现代服务业建设。

目前，石景山区作为休闲、商务综合型服务中心的功能初步展现，商务地标不断建成，城市更新不断加速。2022 年石景山区新设市场主体增幅位居北京市第一，已落户总部企业 110 家、国家高新企业 794 家、中关村高新技术企业 1070 家。未来，应进一步加快西部地区产业转型发展步伐，打造区域性城市更新示范样板。

表 7.7　石景山区六大商务区主要功能和建设内容

名称	主要功能	建设内容	建设现状
北京国际雕塑公园地下商务区	商业和文化娱乐	占地 35ha，总建筑面积 118 万 m²（地上、地下分别为 29 万、89 万 m²）	已运营
银河商务区中央商务区	购物、休闲、娱乐、办公	商业部分包括 18 万 m² 的超市、10 个数字电影放映厅、5 万 m² 电玩城	已运营
京燕商务区	商务、办公、酒店	占地 662ha，建筑面积 2394 万 m²	部分运营
京西会展商务区	展览、会议、酒店、精品购物	占地 2584ha，建筑面积 344 万 m²，其中，展览、会议、酒店、写字楼分别为 10 万、5 万、5 万、10 万 m²	开始建设
TSM 时代购物花园商务区	高档住宅、商业街	10 万 m² 特色商业街、高档公寓	已运营
苹果园交通枢纽商务区	交通集散、商务	五星级酒店、商业、办公、低密度住宅	开始建设

另外，石景山区的区位，与周边城区的关联性较大，尤其是与门头沟区的永定镇东辛称地块。在 2016 年改造时，该地块仍然处在土地闲置状态，但其周边已经新建了一些居住和办公组团，如梧桐苑大型住宅区，以对接未来长安街京西延长线的发展。而长安街西延线联通石景山区首钢和门头沟区临近板块之后，必将推动相邻边界地块以及中间的永定河段的休闲旅游功能建设。随着 2019 年衔接石景山区和门头沟区的新首钢大桥的建成通车，长安街西延线较大地提升了京西地区的交通通行能力，进一步改善了首钢园区、冬奥场馆及周边休闲旅游出行条件，促进了石景山区域经济的发展。

基于以上分析，首钢传统工业区休闲旅游功能改造的发展方向如下。

（1）主体改造。首钢传统工业区改造为以文化创意产业为中心、游憩公园和工业博物馆为拓展的文化休闲旅游区；永定河发展为生态游憩娱乐公园；门头沟区在自身发展的基础上，向商务办公、休闲娱乐的发展方向适当外延，融入京西休闲娱乐中心建设。

（2）功能建设。以休闲旅游功能建设为主导，融入文化、商业、办公、居住等主体建筑和空间之中。

（3）土地开发利用。以功能混合型土地利用方式为原则，石景山区以中高端商务办公为主导形态，首钢传统工业区以文化创意产业作为工业遗产改造和利用的主要手段，以城市生态游憩公园对环境进行统一打造，营造京西地区的休闲旅游氛围。

（4）交通系统建设。拓展道路功能，推动区域休闲廊道建设，以多元化的交通方式、立体化的换乘方式，对各功能组团和节点进行有机连接，为居住、办公、游憩提供集疏空间线路系统。

（5）联东拓西、区域一体。以长安大街京西延长线建设为契机，把握首钢传统工业区改造和永定河绿色生态游憩带、门头沟区地块建设，以生态绿廊来衔接河流两岸的功能组团，建设综合性的区域游憩空间。

7.2.2　石景山区层面重点衔接休闲旅游功能组团

石景山区位于北京市中心城区的西向延长线上，旅游区位优越。从旅游资源特征来看，石景山区所拥有的八大处公园、首钢工业文化旅游区、石景山游乐园都具有很强的吸引力。如八大处公园这一城市山体公园拥有环境调节功能和独特的游憩价值。与之相邻的香山也属于这一类型，香山已经发展为北京市民的日常游憩公园，游客量很大。八大处公园周边交通便利性还不足，虽然与香山相隔仅50分钟车程，且具有较为深厚的历史文化，山顶寺庙众多，但游客仍然较少。2022年北京冬奥会的举办催生了首钢从"火"到"冰"的重生：过去的精煤车间老厂房改造成了速滑、花滑及冰壶三座国家队训练馆，曾经的运煤车站改造成了国际一流的冰球场馆。冬奥广场和工业遗址公园被国际奥委会列为北京冬季奥林匹克公园，成为国际认证的冬奥遗产。

从石景山区休闲旅游景区（点）受欢迎度来看（见表7.8），东部的现代游憩场所石景山游乐园、北京国际雕塑公园、北京台湾街等地，和西北部的八大处公园等很受欢迎。首钢工业文化旅游区的认可度并不高，可能主要是因为当前内容丰富程度不够，配套设施、公共服务还不够完善，无法充分满足游客对工业旅游和文化创意旅游的好奇感和新鲜感。从首钢传统工业区改造自身来讲，厂区区位好、空间大、特色鲜明，而且周边又有较好的永定河、园博会、金融商业街，其发展应该可以与这些地区紧密联系，形成特色游憩功能组团。

鉴于此，下文着重分析石景山区主要景点之间的休闲旅游网络节点空间结构，据此来判定首钢传统工业区的空间定位和空间拓展重点。本部分使用的景点数据采集于携程网中的"目的地攻略"数据模块。该模块涵盖了北京市1094个休闲旅游景点，根据对相近景点合并的原则，如天安门广场、纪念碑合并为1处，得到1018个景点的名称、携程指数（攻略得分，根据游客网上点评取得的分数）、位置三个指标。

表7.8 石景山区休闲旅游景区（点）受欢迎度

排序	景区（点）	携程指数	排序	景区（点）	携程指数
1	家宝贝儿童成长俱乐部	5.0	17	龙泉庵	4.0
2	大悲寺	4.8	18	永定河休闲森林公园	4.0
3	宝珠洞	4.7	19	第四纪冰川遗迹陈列馆	3.9
4	八大处公园	4.5	20	金海韵国际温泉会馆	3.9
5	天泰山	4.5	21	石景山海航大酒店海水游泳馆	3.8
6	证果寺	4.4	22	南马场水库	3.8
7	石景山游乐园	4.3	23	老山城市休闲公园	3.7
8	神农庄园酒店	4.3	24	田义墓	3.7
9	灵光寺	4.3	25	古城公园	3.3
10	三山庵	4.3	26	首钢焦化厂	3.3
11	香界寺	4.3	27	希望公园	3.0
12	北京国际雕塑公园	4.2	28	宦官文化陈列馆	30
13	法海寺	4.1	29	京西古道模式口	3.0
14	北京大公馆	4.1	30	玉泉银杏	3.0
15	权金城金沙国际酒店	4.1	31	承恩寺	3.0
16	石景山台湾街	4.0			

资料来源：携程旅行网［EB/OL］．（2015-12-25）［2024-03-20］．https://www.ctrip.com．

旅游网络空间结构是由具有不同经济意义的休闲旅游节点、交通线路、旅游片区之间通过旅游流动态联系而形成的，网络空间结构通过要素之间的联系形成各具特色的区域旅游功能。在这个网络空间结构中，每个休闲旅游节点又具有各自的功能、角色定位，休闲旅游节点之间联系程度的差异又使之分化为不同的功能组团，产生不同的旅游特色。旅游网络空间结构完善的目标就是合理地定位空间组团、划分景点集群，赋予其一定的旅游功能，设计多样的旅游产品和游览线路。

（1）网络联系强度确定。

下文将石景山各旅游景点抽象为网络节点，把景点之间的交通时间作为空间联系路径，获取旅游网络的量化矩阵数据，再用社会网络分析软件 Ucinet 6 的相关模块分析网络结构特色，定位首钢传统工业正转型的功能，并提出其空间拓展方向、与周边景点的合作方式以及空间发展模式。

选取携程网公布的石景山区景点共 32 处，使用百度地图查询景点两两之间较快捷的交通时间，以此作为网络矩阵的原始数据。切分值选择上，以八大处公园周边地区的景点之间的联系时间为切分值来划分，因为八大处公园作为山体公园，与山上的其他景点具有紧密的联系，以这些景点之间最短联系作为比较标准可以判定其他景点之间是否能够形成小集聚单元，最终将切分值选择为 45 分钟，即景点之间通勤时间小于 45 分钟的为 1，表明之间有联系；大于 45 分钟的为 0（表明联系较弱），据此构建石景山区景点网络矩阵。

网络分析方法采用社会网络分析软件 Ucinet 6 来测算旅游网络结构中单个节点和整体网络结构，通过网络规模、密度、网络中心势、核心—边缘测度模型来分析石景山区景点之间的网络联系程度、空间集聚单元，界定组团中心，确定首钢工业旅游区建设在石景山地区发挥的角色和功能作用，并据此提出未来旅游资源开发的空间格局和发展方向。测算中使用的变量、分析方法说明如下：

①网络密度。反映景点网络的当前联系紧密程度，其值是两个节点之间的实际连接数与理想联系数之间的比值。得分越高，表明联系越紧密，具有良好的交通联系；反之，说明联系较弱，在交通联系上还有较大提升空间。该指标通过 Ucinet 6 软件中的 Network/Cohesion/Density 模块计算。

②中心度，可细分为度中心度（连接边数量）、接近中心度（节点联系紧密程度）和中介中心度（节点媒介能力）。通过对景点中心度的分析，来寻找当前旅游组团的中心节点、中介节点，判定景点在网络中的重要程度。三个指标使用 Ucinet 6 软件中的 Network/Centrality 模块计算。计算公式为：

$$K_i = \sum_i a_{ij}; \quad CL_i = 1 / \sum_{j \neq 1} d_{ij}; \quad B_i = \sum_{i \neq j \neq l} \frac{D_{jl}(i)}{D_{jl}} \tag{1}$$

式中，K_i 指程度中心度；CL_i 为接近中心度，表示从 i 到 j 所有测地距之和的倒数，d_{ij} 指节点 i 和 j 间的测地距；B_i 指中介中心度；D_{jl} 指邻近 i 的两个节点 j 和 l 间的最短路径；$D_{jl}(i)$ 是通过节点 i 的路径。

③核心—边缘分析。分析景点在旅游地网络空间中的位置和重要程度，判定哪些景点处于核心地位，使用 Ucinet 6 软件中的 Network/Core & Periphery/Categorical、Continuous 模块计算。

④角色分析。对那些具有相似结构职能的景点进行聚类和区分，使用 Ucinet 6 中的 Network/Role & Position/Structural/Concor 模块计算。

(2) 首钢地区休闲旅游节点网络结构分析结果。

本书构建的石景山旅游景点共 31 个，理想网络密度为 1 时，应包含 961 (31×31) 个联系节点。实际测算中，石景山旅游网络密度节点数为 238 个，网络密度值为 0.2473，标准差为 0.4314，这表明很多景点之间的联系较弱，尚未建设联系紧密的公共交通。并且，石景山东部的八宝山、老山、八角三个地块的联系密度显著高于首钢地块，八大处属于山地型城市公园，景点之间自成一体，在石景山区西北部形成了联系较为紧密的旅游组团。首钢传统工业区对外交通建设较为滞后，搬迁之后的改造进展较慢，规模性的旅游节点尚未形成，与周边其他重要旅游吸引物或商业设施之间的联系有待加强。

从程度中心性分析某一景点到其他景点之间的连接边数量（见表 7.9），找出与周边景点联系最多的景点，从表 7.9 可知，程度中心性处于第一队列的包括石景山游乐园、海航大酒店海水游泳馆、八大处公园，内向程度中心性分值在 36 以上第二队列包括金海韵国际温泉会馆、北京台湾街、玉泉银杏、古城公园等，分值在 34~35；第三队列包括老山城市休闲公园、北京国际雕塑公园、权金城金沙国际酒店、模式口历史文化街区,分值在30~33;其余景点的程度中心性在25~29。从接近中心性分析某一景点到其他景点之间的联系紧密程度,从表7.9可知,与周边地区联系紧密值不低于40的有石景山游乐园、神农庄园酒店、海航大酒店海水游泳馆、玉泉寺银杏、八大处公园、金海韵国际温泉会馆和北京大公馆;分值在30~39的包括北京台湾街、老山城市休闲公园、香界寺、古城公园、权金城金沙国际酒店、证果寺、三山庵、宝珠洞、北京国际雕塑公园、家宝贝儿童成长俱乐部。得分在20~29的有田义墓、宦官文化陈列馆、第四纪冰川遗迹陈列馆、大悲寺、承恩寺、灵光寺、龙泉庵、天泰山;分值低于20的包括法海寺、模式口历史文化街区、永定河休闲森林公园、首钢焦化厂、希望公园和南马场水库。

表7.9　石景山区休闲旅游景点网络特征值

序号	休闲旅游景点	核心度	程度中心性 内向	程度中心性 外向	接近中心性	中介中心性
1	八大处公园	0.123	38.462	38.462	40.000	24.611
2	神农庄园酒店	0.044	37.500	34.884	43.333	9.831
3	海航大酒店海水游泳馆	0.338	36.145	37.500	43.333	7.982
4	石景山游乐园	0.317	36.145	36.145	46.667	7.778
5	金海韵国际温泉会馆	0.326	35.714	37.037	40.000	5.395
6	香界寺	0.069	35.294	35.294	33.333	7.340
7	田义墓	0.003	34.884	26.087	23.333	1.966
8	古城公园	0.265	34.483	36.585	33.333	2.617
9	证果寺	0.043	34.483	34.091	30.000	3.273
10	三山庵	0.041	33.708	33.333	30.000	5.566
11	北京台湾街	0.309	33.708	36.585	36.667	3.589
12	承恩寺	0.017	33.333	31.915	20.000	9.414
13	老山城市休闲公园	0.301	32.967	33.708	36.667	1.893
14	宦官文化陈列馆	0.003	32.967	26.087	23.333	1.809
15	第四纪冰川遗迹陈列馆	0.006	32.258	28.302	23.333	5.142
16	玉泉银杏	0.312	31.915	34.884	43.333	3.503

续表

序号	休闲旅游景点	核心度	中心度 程度中心性 内向	中心度 程度中心性 外向	接近中心性	中介中心性
17	宝珠洞	0.059	31.915	33.708	30.000	2.451
18	大悲寺	0.038	31.579	32.967	23.333	0.522
19	法海寺	0.001	31.579	22.901	16.667	0.956
20	灵光寺	0.034	31.250	32.258	20.000	0.085
21	模式口历史文化街区	0.003	31.250	25.862	16.667	0.182
22	北京国际雕塑公园	0.270	30.612	33.333	30.000	0.100
23	北京大公馆	0.225	30.612	37.500	40.000	5.204
24	权金城金沙国际酒店	0.276	30.612	34.884	33.333	0.633
25	家宝贝儿童成长俱乐部	0.272	30.303	33.333	30.000	0.026
26	希望公园	0.012	29.126	28.302	6.667	0.000
27	龙泉庵	0.028	28.571	31.579	20.000	0.085
28	永定河休闲森林公园	0.093	28.571	29.412	13.333	0.172
29	首钢焦化厂	0.092	28.302	30.612	13.333	0.172
30	天泰山	0.055	26.786	36.145	20.000	1.498
31	南马场水库	0.000	3.226	3.226	0.000	0.000
	均值	0.1282	31.556	31.836	27.742	3.671

中介中心性可分析某一景点对最短路径链接线的重要性程度,衡量其作为媒介节点的能力。中介中心性分值高的节点具有较高的旅游流中间引导能力。由表7.9可知,处于主导地位的是八大处公园,唯一一个得分值达到20以上的景点。这主要是因为统计中将八大处公园中的各个节点都作为一个景点统计,八大处公园作为核心节点,具有连接其余景点的绝对中枢作用。中介中心性得分值在7~10的景点有神农庄园酒店、承恩寺、海航大酒店海水游泳馆、石景山游乐园、香界寺。这些节点是整个网络中的主导节点,承担着承接和中转休闲旅游者的关键作用。中介中心性得分在5~6的景点有三山庵、金海韵国际温泉会馆、北京大公馆、第四纪冰川遗迹陈列馆,这些节点共同的特点是位于交通较为便利处,与上面的主导节点之间的交通联系甚为

221

紧密。中介中心性得分在2~3的有台湾街、玉泉银杏、证果寺、古城公园、宝珠洞，这些节点的交通区位及与周边景点之间的联系尚好，但是地理位置相对较偏，需要依靠核心节点。中介中心性得分在1~2的有田义墓、老山城市休闲公园、宦官文化陈列馆、天泰山。其他景点的中介中心性得分在1以下，这些景点或者位置十分偏僻、交通不便，或者休闲旅游吸引力不足。

利用核心—边缘分析法，可以判断石景山区休闲旅游功能组团的空间集聚态势。根据网络数据分析结果可以得到，位于核心地位的休闲旅游景点共13个，包括八大处公园、北京国际雕塑公园、石景山游乐园、北京大公馆、神农庄园酒店、海航大酒店海水游泳馆、家宝贝儿童成长俱乐部、北京台湾街、权金城金沙国际酒店、古城公园、金海韵国际温泉会馆、老山城市休闲公园、玉泉银杏；属于边缘地位的共18个，包括法海寺、第四纪冰川遗迹陈列馆、大悲寺、灵光寺、南马场水库、证果寺、三山庵、宝珠洞、香界寺、龙泉庵、希望公园、天泰山、田义墓、永定河休闲森林公园、宦官文化陈列馆、模式口历史文化街区、承恩寺、首钢焦化厂。显然，这个分析结果较为粗糙，采用Continuous模块分析景点之间的小集群发展特征，对个别分析结果进行修正后，可以将其划分为5个小型空间景点集群：①八大处景点集群，为八大处森林公园，包括八大处公园、天泰山、灵光寺、宝珠洞、法海寺和龙泉庵等景点；②模式口景点集群，主要位于模式口地区，包括承恩寺、田义墓、宦官文化陈列馆；③石景山游乐园景点集群，主要位于八角地区，以现代城市休闲娱乐为主题，包括北京国际雕塑公园、金海韵国际温泉会馆、权金城金沙国际酒店、玉泉银杏、海航大酒店海水游泳馆和北京台湾街；④老山景点集群，主要位于老山和八宝山地区，与石景山游乐园隔着五环路，包括老山城市休闲公园、家宝贝儿童成长俱乐部、北京大公馆、古城公园和玉泉银杏，综合了山地休闲和现代城市休闲；⑤首钢—永定河景点组团，这个组团具有绝对优质的资源基础和足够大的发展空间，目前开发还较为滞后，主要以工业旅游、文化创意和滨河休闲为主。

（3）首钢工业文化旅游区的网络功能和作用。

从上述网络中提出首钢地块各景点的网络特征值进行分析可知，首钢焦化厂的内向程度接近性和外向程度接近性分别为28.302和30.612，接近中心性为13.333，中介中心性为0.172，核心度为0.092，表明首钢旅游区位极为重要，是石景山区西部地区的发展重点。但当前网络中与首钢联系的休闲旅游景点数量还较少，在整个网络中的核心角色没有体现出来，还未拥有承接休闲旅游流的接待和中转功能，以首钢为主体的景点集群还未形成。

首钢地块曾是石景山区的重要节点，其搬迁导致该地区出现"经济洼地"。基于以上对石景山区休闲旅游景点的网络分析，根据首钢所处的区位、旅游资源基础、城市发展需求和现代城市发展潮流，未来应发展为京西地区与文化创意密切结合的现代城市休闲娱乐区（见图7.1）。具体地，应以文化创意、工业旅游、滨水休闲为主要产品类型，结合周边地块的金融商务区建设和大量住宅区的需求，为周边居民和商务人群的日常游憩提供休闲旅游场所；结合文化创意人群的性格特点、商务人群白天上班晚上休闲的特征，将现代城市夜生活作为发展重点，打造24小时休闲娱乐区，成为中央活力区。首钢工业文化旅游区休闲旅游改造需要与门头沟区永定河相结合，打破行政区资源割裂现状，优化与八大处公园、石景山游乐园等旅游板块的交通、空间联系以及休闲旅游节点布局，连接八大处公园与香山公园、首钢工业文化

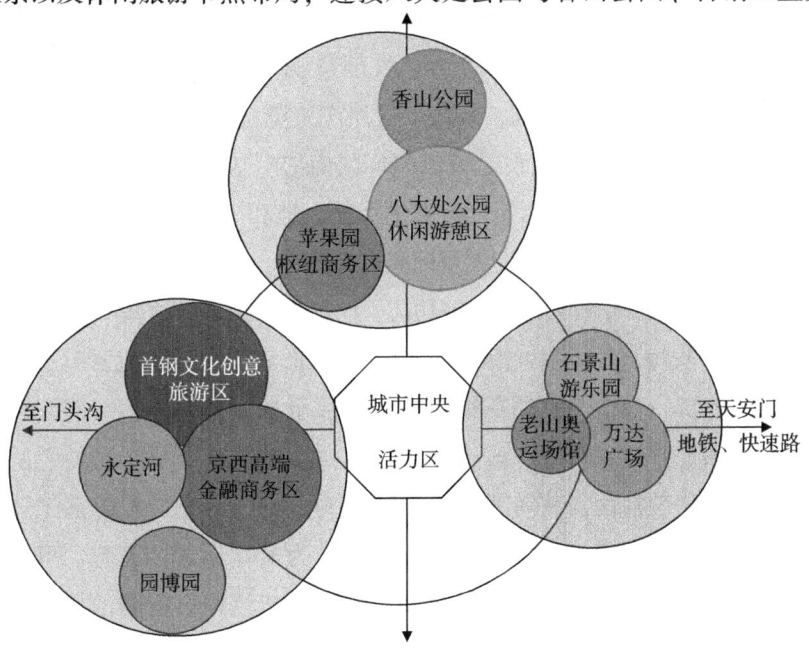

图7.1 首钢工业文化旅游区休闲旅游功能组团

旅游区和永定河，连接长安街通过首钢厂区至门头沟的交通主干线以及加快1号地铁线和公交快速路建设，拓展首钢与周边地区的交通联系，实现整合一体化和空间相互促进发展的目标。通过休闲旅游产业的发展，改善城市商业设施、道路交通，为石景山高端金融和科技产业提供优质服务，推动首钢周边地区的城中村改造和接续产业发展，提升石景山区城市品质。

7.2.3 地块层面构建商务与休闲旅游等功能混合开发模式

石景山区首钢地块牵涉京西地区的整体发展，宜采用多样化、混合式的开发方式，以文化创意旅游区、工业遗产旅游、商务金融服务、城市商业为四大方向，使之成为功能完善、娱乐丰富、环境优美的中央活动区，推进该地区的整体转型（见图7.2、表7.10）。

（1）首钢旧厂区改造。①厂区北部，在冬奥会契机下，建设了国家冬训中心、首钢滑雪大跳台、首钢极限公园等运动场馆，三高炉灯光秀已成为首钢园的地标。②厂区中部集中了大量的管道、厂房、办公楼，以及群明湖、五一剧场、石景山等景点，工业遗产与其他旅游吸引物的融合度较高，特色鲜明，但规模大、相对独立、较为分散。此部分可在原厂房的基础上设计为文化艺术大型企业的工作室或办公楼；外部景观之间进行整体设计，闲置场所设置娱乐性的体育器材设施，形成工业遗产游览公园。

（2）国际金融商务区建设。首钢旧厂区南部空地及其对面的首钢十万平地块位于长安街京西延长线两侧，有大量平整土地和少量大型厂房，土地价格较高、交通进入性较好，应建设大型商务办公楼宇，作为重要的城市节点，汇集总部经济、金融服务和文化娱乐等功能，以此与古城方向的城市组团联系。

（3）北辛安地区生活住宅区改造。可保留北辛安大街等主要街道，对现有旧房屋进行统一改造，打通首钢旧厂区北部至阜石路喜隆多新国际购物中心的线路联系。该地区可统一改造为能够反映首钢工人文化社区特色的开放型文化性休闲旅游社区，将首钢工业文化雕塑、景观标识、标志等工业文化元素融入社区建设，适当发展一些主题酒店作为文化创意区配套。可开发中低密度的住宅楼，防止过度房地产化，否则将造成该地区空间的压抑感，影响整体景观和感受。

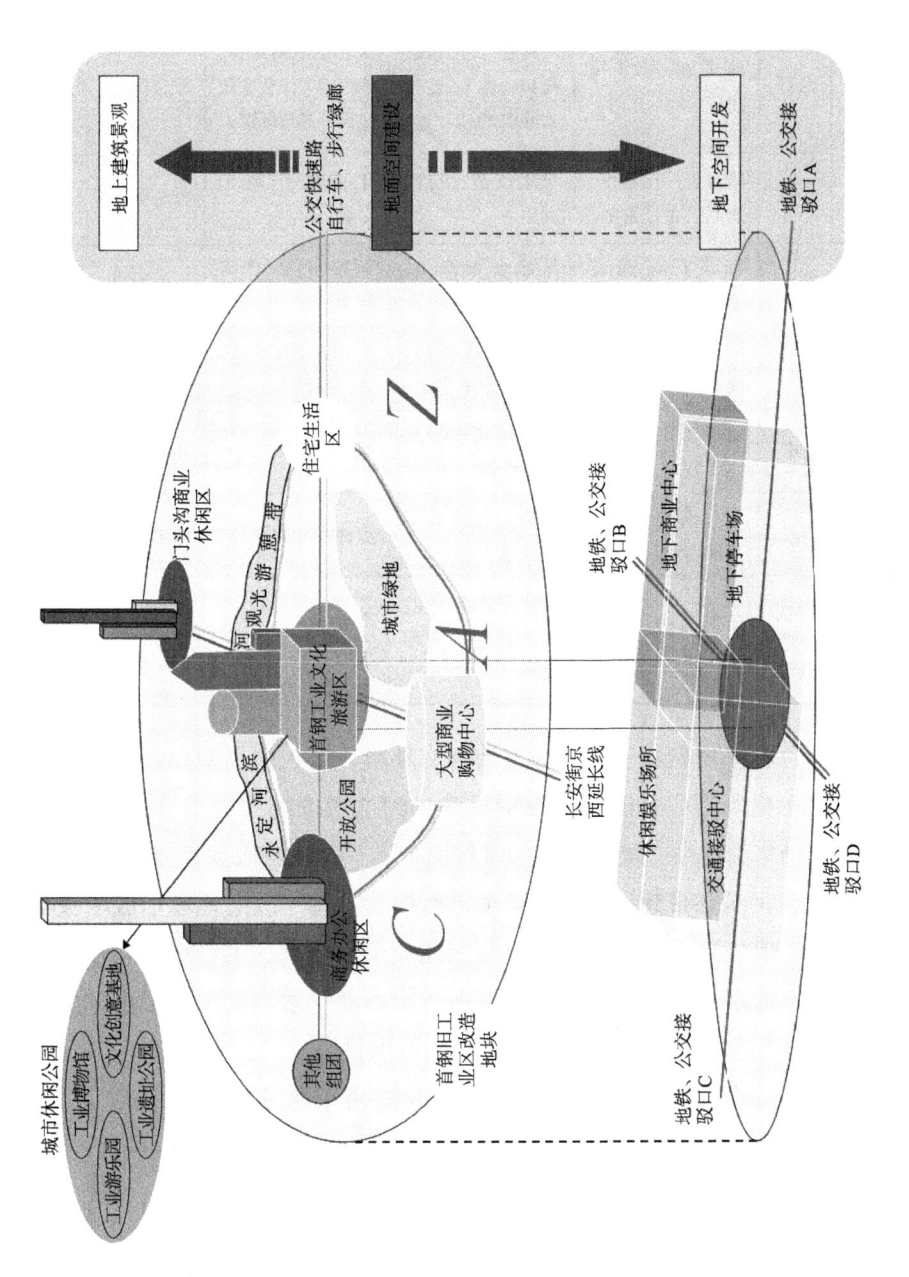

图 7.2 首钢传统工业区立体式开发示意图

表7.10 首钢传统工业区地块的开发措施和承担功能

地块		特征	发展措施	功能	改造状态
首钢厂区	北部	高炉炼钢设施集中	对料仓、办公楼、高炉、水池进行功能改造	文化创意商业街、小商铺、工业主题公园、冬奥场馆	改造完成
	中部	管道、厂房集中，水系、古建密集	设施改造、空间利用	工业遗产观光公园	部分闲置
国际金融商务区		首钢厂区南部空地	新建金融商务、商业中心	商务办公、休闲娱乐	正在建设
北辛安地区		旧房屋、低端小商业	保留原有格局、地名，原址重建	居住社区、社区休闲旅游	正在使用
国际汽车商贸城		低端汽车维修业、汽配城	产业形态、场所建筑改造	汽车商贸园区	正在运营
永定河		莲石湖公园、部分地段未开发	河流的休闲旅游化改造	滨河观光游憩带	改造之中
门头沟		梧桐苑小区、大量空地	新建商务商业区，与生活住宅区相融合	商务办公、生活居住	正在使用

（4）国际汽车商贸城改造。应整治现有环境，引入中小型商业和沿街底商营造休闲文化氛围；对旧房屋推倒重建，淘汰中低端的洗车、修车商店；以引入汽车销售商为主，配套适当的维修服务、汽车金融服务等商业业态。

（5）永定河游憩带建设。对水环境进行综合治理，改造地段形成中央集水区，恢复湿地公园生态景观；河流两侧建设滨河绿廊，供自行车和步行使用；设置一定的亲水平台，依托平台发展休闲商业；适当区域设置水体娱乐活动区，发展儿童娱乐、游泳健身等休闲旅游项目。

（6）门头沟邻接地块发展。充分利用长安街京西延长线带来的区位优势，借势石景山首钢商务金融区发展，建设集商务办公、大型商业购物中心和生活居住的混合功能区，完善配套设施建设，吸引企业和人口，打破行政区障碍，使之与永定河和首钢园有机融合。

突破地面空间改造和建设，充分利用地下空间，利用地铁换乘中心设置地下停车场、地下商业中心和休闲娱乐场所，使商务办公中心、城市绿地、大型购物中心、生活居住区之间的大部分空间都可以相互连接。具体可从以下几个方面进行统一协调：

（1）工业遗产设施改造利用。

保持首钢旧工业区原有空间格局和景观机制，对原有工业景观（建筑、构筑物、生产设备、场地空间等）进行美化和功能改造；保留具有历史价值的厂房建筑和工业设施使之成为新文化景观的依托；保留部门生产过程设施把钢铁工业生产展现给休闲旅游者。

未来建设的大型公共设施预留开放的休闲旅游空间或场所，发展"城市共享空间"；公共服务设施增设夜晚照明设施。

增加基础设施和公共服务建设，尤其是餐饮、住宿、交通等便利化设施。依托厂区绿地和休闲场所开辟共享空间，发展节事、活动参与类项目（见表7.11）。强化地面和地下空间的设施对接，充分有效地使用空间。

表7.11 不同功能区改造的企业属性和可选项目范围

功能区块	属性	可选项目范围
文化创意休闲区	创意产业	工业设计、艺术设计、影视创作、艺术沙龙
	综合商业	艺术品商场、潮流名品店、文化零售店、名品折扣店
	服务业	餐厅、咖啡馆、网络会所、康体保健、日常服务
	展览	小型电影院、艺术品展览馆、小剧场
	娱乐	文化俱乐部、体验参与性活动
工业遗产游览区	公园	工业遗产、工业文化科普、户外体验、演出
	服务业	茶餐厅、咖啡厅、主题餐馆、快餐店
	展览	工业博物馆、展览馆、文化科技馆
	娱乐	儿童游乐场、露天剧院、文化俱乐部、室外游泳馆、溜冰场
	住宿业	主题酒店、创意酒店
国际金融商务区	业态	金融保险、贸易咨询、创意设计
	商业	底商、室内小型商店
	休闲空间	共享会议室、会客厅（预约制）
	服务业	地下餐厅、咖啡厅、地下停车场
	商住混合业	商住式公寓

续表

功能区块	属性	可选项目范围
北辛安生活居住区	住宿	文化社区
	商业	底商、小超市、文化商店
	休闲空间	社区游览、景观雕塑、社区旅游
	社区绿地	娱乐表演、休闲聚会
国际汽车商贸城	业态	汽车销售、汽车金融、维修服务
	商业	汽车文化商店、便利店
国际汽车商贸城	游览	湿地观光、滨水休闲、水上娱乐、散步、骑行
	商业	滨水休闲茶吧、咖啡店
国际汽车商贸城	业态	金融保险、贸易咨询
	商业	底商、室内小型商店
	休闲空间	共享会议室、会客厅
	服务业	地下餐厅、咖啡厅
	商住混合业	商住式公寓

（2）城市交通方式接驳。

以公共交通为主导，形成京西地区重要枢纽和节点。完善交通系统，除地铁线外，长安街延长线、古城大街等主要干线以公共交通进行串联，并在地铁站口设公交换乘站台以形成便捷的交通接驳系统；地铁线以上空间，以绿地广场与游憩公园之间的衔接为主，并以多样的区内线路衔接文化创意区；站外延伸部分结合周边设施设置立体停车场，形成上下一体、交通便捷、内外联通、功能复合的综合性中心。

地铁商业可地上和地下相结合。地下部分，扩大站厅层，设置小型商业设施和便民服务设施。首钢园东地铁出入口可设置大型的商业购物中心，与周边住宅区和商务中心配套。在商务办公楼、文化创意区、城市公园、休闲绿地、商业设施和居住社区等不同节点之间的交通连线上，增设隔离绿廊，鼓励步行和自行车出行。

特色高架观光系统建设，整体以城市生态公园的景观、配套设施标准进行，以步行道、自行车道、高架路桥构筑无障碍步行系统。

(3) 遗产文化氛围营造。

对大尺度工业景观进行整体性保护，并对其进行功能性改造，建设公共游览、游憩、参观、集会、展示等项目，形成一定的工业文化氛围，利用首钢工业资源和周边资源的融合发展，打造特色文化创意产业品牌。

(4) 生态景观修复改造。

对敏感地区进行生态修复、提高环境品质。在首钢旧工业区内构建绿化网络，形成连续的开放空间，建设绿色交通体系。整体上形成景观天际线，彰显首钢工业文化和现代城市景观的融合与协调。

7.3 工业文化旅游区发展路径优化

工业文化旅游区发展路径优化方向和措施如下。

(1) 加快工业区改造和商业旗舰项目建设。

加快首钢传统工业区文化创意项目建设，引入知名度和引领性高的企业和组织，吸引私人投资、文化产业和小型商业进驻，尽快形成产业增长极，带动关联产业发展，取得一定经济成效。同时，推动厂区休闲公园的环境整治和设施改造，有序推进后期重大项目建设，通过举办一系列的论坛、节事等大型活动，提升首钢工业文化旅游区品牌。

(2) 将休闲旅游功能融入首钢传统工业区公共服务项目。

统一推进功能混合式开发，对未来的土地利用和基础设施投资进行控制和引导，在城市商业设施、公共场所中预留空间发展休闲旅游。促进大型商业、文化设施依托主要交通枢纽和公共场所布局，以便更好地进行公共设施配套。加强重要设施、场所或其他节点与休闲旅游景点之间的交通联系，个别地区鼓励以个性化交通方式来代替公共交通。

(3) 加强首钢传统工业区公共交通接驳和多元交通方式使用。

改善城市交通设施建设和配套服务，提升舒适性和可达性，建造一个内外联系便捷、道路景观优美、行走环境舒适的休闲旅游环境；首钢传统工业区外围以地铁、公共交通为主要出入方式；制定城市发展规划时，要充分考虑骑自行车及步行等出行方式的道路需求，发展自行车通借通还系统，设计首钢旧厂区—八大处公园、首钢旧厂区—永定河、首钢旧厂区—门头沟、八大处公园—香山公园等特色休闲游憩线路。

（4）增加城市公共开放空间提升公共设施使用效率。

以开放式公共空间为运营原则，不圈定收费区，以休闲旅游的消费来推动相关产业的发展；通过财政补贴的方式鼓励公共场所、学校、医院、商业购物中心、商务办公楼宇、休闲娱乐设施等的对外开放；优化公共设施的服务时间，针对夜晚休闲生活建设公共场所的照明设施；重要节点实现无线网络的全覆盖；大力发展社区公共活动中心，保持和维持工人住宅区的文化特征。

（5）以独特的工业遗产文化推动城市形象和品牌建设。

城市的文化特色和品质在全球化过程中对城市竞争力提升的重要性越来越强，首钢传统工业区的休闲旅游转型应充分运用工业文化遗产来塑造北京市和石景山区的城市特色、强化城市文化形象，通过首钢传统工业区改造来塑造现代城市服务业和良好的环境品质，通过休闲旅游产品建设和吸引物体系构建形成城市品牌，通过时尚购物、工业遗产文化活动举办促进产业融合和品牌推广。

（6）加强环境整治建设宜居宜游的居住休闲旅游环境。

对首钢传统工业区内受到污染的地段进行环境整治，针对不同地段提出不同的生态修复策略和综合整治措施，协调生态修复的时序安排与场地项目建设。推进城中村改造，改善公共基础设施，增加城区和社区绿化，建设优美的生态环境。

总体上，首钢传统工业区改造需要重点关注以下几点：加快首钢传统工业区改造和商业旗舰项目建设，形成产业增长极；将休闲旅游功能融入其他项目和设施；提升交通能力，建设区域枢纽，加强公共交通接驳和多元交通方式使用；增加城市公共开放空间，提高公共设施使用效率；以首钢传统工业区独特的工业遗产文化推动城市形象和品牌建设。

第8章

北京市石景山区首钢传统工业区休闲旅游功能置换效应

  随着北京市城市建设重心的转移，首钢传统工业区的外迁使石景山区城市功能发生重大调整，石景山区逐渐从原有的单一的重化工业集聚区变成以休闲旅游、金融商务、文化创意为主导产业的现代服务型城市，城市景观展现新的发展形态。这对京西地区经济增长、城市品质提升，乃至北京市建设世界旅游城市等都起到重要的支撑作用。

  本章选择石景山区首钢传统工业区搬迁之后的发展数据，从城市经济、社会、生态环境三个方面来分析首钢传统工业区转型改造对石景山城市发展的影响，最后构建数据模型来综合评价石景山区休闲旅游产业与城市发展的协调情况，系统地展示传统工业区休闲旅游功能置换带来的城市发展综合效应。

8.1 休闲旅游功能置换的城市经济效应

8.1.1 休闲旅游产业规模的影响

石景山区是以首钢炼钢而兴起的城市。2000年以前，工业生产为城市主要功能，首钢厂区的晾水池、月季园、古建筑等形成了一些休闲场所。2000年以后，随着首钢搬迁和石景山区城市功能的重新定位，城市商业大发展背景下休闲旅游市场开始蓬勃发展起来，围绕着城市 CRD 建设兴起了万达广场、石景山游乐园等休闲娱乐场所，石景山区的休闲旅游市场规模逐渐壮大起来。

本书以石景山区旅游接待数据为参照来反映休闲旅游市场的发展状态（见图 8.1）。2001年，石景山区的旅游接待人数为 292 万人次，到 2013 年增长至 1680 万人次，占北京市旅游总人次的比例也从 2001 年的 2.59%，提高到 2013 年的 6.67%。随着石景山区 CRD 建设的发展，休闲旅游产业对国民经济的贡献也有较大提升。2001年，石景山全区旅游产业营业收入为 3.8 亿元，到 2013 年改造初期已经增高到 37 亿元，旅游营业收入占北京旅游总收入的比重也从 2001 年的 0.36% 提高到 2013 年的 1.02%。

分析石景山区休闲旅游产业增加值占第三产业比重的变化情况可知：2001—2009 年，比重一直徘徊在 0.05%～0.08%，2010 年及之后，比重略有提高，达到了 0.1%，这说明北京奥运会的举办对石景山区的休闲旅游建设起到了一定的作用。需要说明的是，这里使用的数据仅是石景山区旅游业经营收入的数据，本书研究的是石景山区休闲旅游产业，范围内容要比旅游业经营收入要广，所占比重也会比此更大，但作为同一属性的行业类别，增长发展趋势应该是类似的。为了补充说明，选择石景山区的第三产业分行业数据与北京市的相应指标进行比重和相关性分析，来进一步说明 2001 年之后石景山区休闲旅游产业规模的增长情况。

从表 8.1 可以看出，2003 年、2008 年和 2012 年第三产业各个行业的产值都是在不断增长的。经对表 8.1 相关数据分析可知，2003—2008 年，增长幅度排名前 10 位的是金融业、科学研究/技术服务和地质勘查业、旅游营业

第8章 北京市石景山区首钢传统工业区休闲旅游功能置换效应

(a) 休闲旅游产业接待量

(b) 休闲旅游产业营业收入

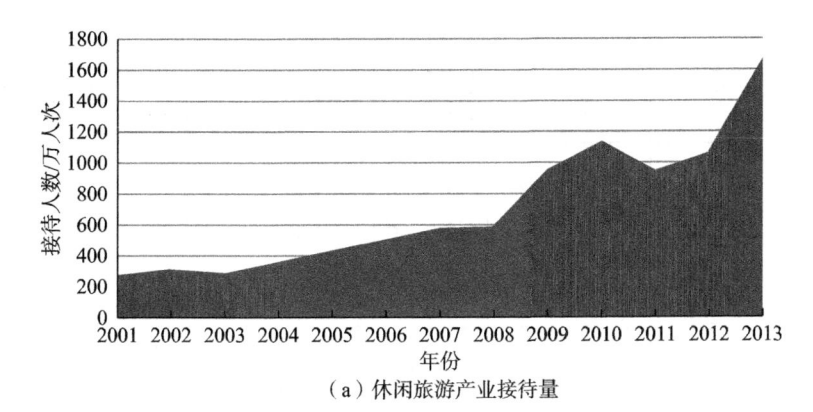

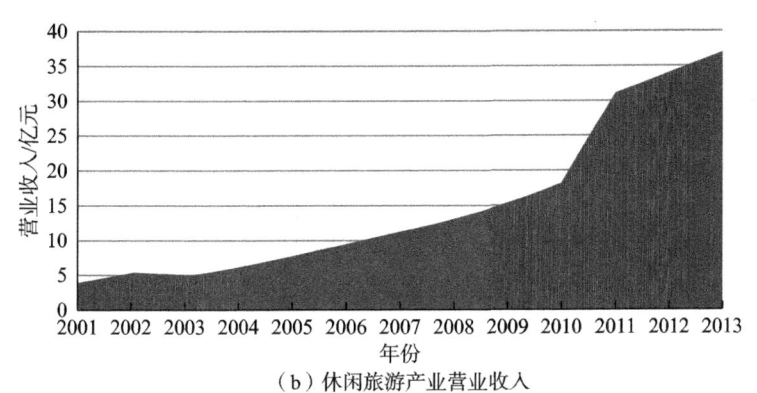

图8.1 石景山区休闲旅游产业发展情况（2001—2013）

资料来源：北京市石景山区统计局，北京市石景山区经济社会调查队.北京石景山统计年鉴［R］.北京市石景山区人民政府办公室，2002-2014.

收入、信息传输/计算机服务和软件业、教育、文化/体育和娱乐业、批发和零售业、公用管理和社会组织、房地产业、租赁与商务服务业。2008—2012年，增长幅度排名前10的是信息传输/计算机服务和软件业、旅游营业收入、批发和零售业、租赁与商务服务业、科学研究/技术服务和地质勘查业、房地产业、金融业、公共管理和社会组织、卫生/社会保障和社会福利业、教育。2003—2012年，增长幅度排名前10的是信息传输/计算机服务和软件业、旅游营业收入、批发和零售业、科学研究/技术服务和地质勘查业、金融业、租赁与商务服务业、教育、房地产业、公共管理和社会组织、卫生/社会保障和社会福利业。旅游营业收入在第三产业各行业增长幅度排名中居于前三位，充分体现出旅游市场大规模增长的发展态势。石景山区相继开始实施首钢老

表 8.1 旅游营业收入与第三产业各行业 Pearson 相关性分析

指标	2003年 总值/亿元	2003年 占市比重/%	2008年 总值/亿元	2008年 占市比重/%	2012年 总值/亿元	2012年 占市比重/%	2021年 总值/亿元	2021年 占市比重/%	相关性 石景山区	相关性 北京市
旅游营业收入	4.90	0.60	12.79	0.59	34.46	0.95	61.40	1.47	1.000	1.000
交通运输、仓储和邮政业	2.76	0.89	2.46	0.49	5.64	0.69	2.70	0.29	0.953*	0.980**
信息传输、计算机服务和软件业	3.57	0.95	10.64	1.06	48.52	2.99	278.00	4.25	0.978**	0.998**
批发和零售业	5.50	1.07	9.71	0.68	23.05	1.03	48.00	1.52	0.994**	0.987**
住宿和餐饮业	0.56	0.49	2.87	1.05	5.85	1.57	6.70	1.59	0.983*	0.990**
金融业	5.13	0.81	13.24	0.87	19.84	0.78	182.30	2.40	0.941*	0.996**
房地产业	5.97	1.75	9.95	1.18	17.49	1.41	58.20	2.23	0.994**	0.990**
租赁与商务服务业	1.52	0.66	3.94	0.51	13.98	1.04	34.40	1.41	0.996**	0.996**
科学研究、技术服务和地质勘查业	1.88	0.76	9.85	1.39	19.19	1.51	53.80	1.68	0.983**	0.991**
水利、环境和公用设施管理业	0.58	1.90	1.16	1.97	2.39	2.36	5.90	1.92	0.996**	0.990**
居民服务和其他服务业	1.55	2.41	2.30	3.07	4.69	3.77	8.80	4.52	0.989**	0.954**
教育	3.86	1.87	9.63	2.40	15.77	2.31	45.90	2.34	0.977**	0.994**
卫生、社会保障和社会福利业	1.63	1.87	3.89	2.07	10.04	2.76	28.50	2.64	1.000**	0.984**
文化、体育和娱乐业	2.24	1.79	7.63	3.08	10.37	2.57	16.60	2.25	0.908**	0.995**
公共管理和社会组织	3.06	2.01	7.21	1.95	13.59	2.40	34.50	2.07	0.991**	0.997**

数据来源：2003—2012年的《石景山区经济社会发展统计公报》。

工业区改造、衙门口棚户区改造、模式口历史文化街区等城市更新项目，进行了区域功能置换，休闲旅游作为一个重要功能被植入进来，如首钢老厂区变身为"赛博新地标"，被选定为北京2022年冬奥会滑雪大跳台的举办地，成为"网红打卡地"。2021年，石景山区旅游营业收入达到了61.40（亿元），仅次于信息传输、计算机服务和软件业（278亿元），金融业（182.30亿元）。

从旅游营业收入与其他行业之间的 Pearson 相关性分析来看，都呈现比较高的相关性。其中，与石景山区旅游营业收入相关性达到0.05水平上显著的有交通运输/仓储和邮政业、金融业，与其余行业的相关性都到了0.01水平上的显著相关。相对于北京全市来看，北京市旅游总收入与其他行业之间的相关性，除了与居民服务和其他服务业的相关性在0.05水平上显著相关之外，与其余行业都达到了在0.01水平上的显著相关。

比较来看，首钢搬迁之后，石景山区的休闲旅游产业规模扩张很快——尤其是2005年之后，为石景山区的现代城市经济建设发挥了较大的作用。石景山区第三产业与休闲旅游产业之间的发展是紧密相关的，但是与北京市整体比较，这种相关性还不是特别紧密，休闲旅游产业与其关联产业之间的融合还有较大的提升空间。

8.1.2 石景山区城市经济规模的影响

2001—2019年，石景山区经济发展迅速，地区生产总值年均增长率达到了15.08%。2002—2006年，首钢未完全搬迁之前，地区生产总值增长幅度在22.72%；2007—2008年，伴随着首钢的不断外迁，地区生产总值增长幅度直线下降，2007年的增幅为-8.09%，2008年、2009年分别为19.5%和18.9%。2010年，首钢全部迁出后，石景山区生产总值增长幅度抖落至9%以下，2011年和2012年的增长幅度分别为4.84%和8.14%。受到首钢传统工业区外迁的影响，第二产业的发展处在波动变化之中，2002—2013年，平均增长幅度仅为4.38%，2007年首钢外迁时，增长幅度为-25.20%（见表8.2）。这些充分表明了首钢传统工业区在石景山城市经济发展中的重要地位，首钢外迁之后，替代性的经济支柱还未形成，经济增长幅度较小。

从城市固定资产投资的发展来看，城市建设速度不断加快，基础设施条件有了较大改善。

表 8.2　2001—2019 年石景山区地区生产总值及其构成

年份	生产总值 产值/亿元	生产总值 增长率/%	第二产业 产值/亿元	第二产业 增长率/%	固定资产投资 产值/亿元	固定资产投资 增长率/%	建筑业 产值/亿元	建筑业 增长率/%	第三产业 产值/亿元	第三产业 增长率/%
2001	96.9	—	75.1	—	32.8	—	5.0	—	21.7	—
2002	118.8	22.6	82.2	9.5	29.9	-8.8	6.2	24.0	36.4	67.7
2003	138.5	16.6	98.6	7.6	32.4	22.5	9.2	48.4	39.8	9.3
2004	149.7	31.8	106.0	31.8	39.7	22.9	12.4	25.5	43.6	9.6
2005	197.3	31.4	139.7	0.1	48.8	24.0	15.5	2.6	57.6	32.1
2006	203.5	11.2	141.0	8.1	60.5	61.8	15.1	29.1	62.5	8.5
2007	226.3	-8.1	152.4	-25.2	97.9	-30.5	19.5	23.1	73.9	18.2
2008	208.0	19.5	114.4	-1.8	68.0	100.4	24.0	18.8	93.6	26.7
2009	248.6	18.9	112.3	13.2	136.3	13.3	28.5	28.7	136.3	45.6
2010	295.5	9.0	127.1	-4.2	154.4	-15.2	36.7	22.3	168.4	18.1
2011	322.1	4.8	121.8	3.4	130.9	10.6	44.8	13.2	198.8	6.5
2012	337.7	8.1	125.9	5.9	144.8	12.5	50.8	14.3	211.8	9.5
2013	365.2	8.0	133.3	4.3	162.2	10.5	51.3	1.7	231.9	10.2
2014	400.9	7.3	136.1	2.0	184.1	13.0	56.4	10.0	264.6	10.2
2015	430.2	7.3	141.9	4.2	201.3	9.3	61.2	8.8	288.2	8.9
2016	465.6	7.1	144.2	4.0	225.6	12.1	66.2	9.4	321.4	8.6
2017	535.4	15.0	156.1	8.3	271.0	20.1	70.8	7.0	379.3	18.0
2018	584.6	9.2	161.0	3.1	275.2	1.5	78.2	10.4	423.6	11.7
2019	806.4	6.9	134.9	-16.2	291.8	6.1	86.9	10.8	346.1	-18.3

数据来源：2002—2020 年的《北京市石景山区统计年鉴》。

进一步分析石景山区第二、第三产业产值增加值与地区生产总值增加值的拟合情况，发现从 2001 年以来，第三产业是推动石景山区生产总值增长的主要因素。第二产业增加值与地区生产总值增加值拟合度较好的是对数模型，第三产业增加值与地区生产总值增加值之间完全是线性关系，拟合结果为：

①第二产业拟合度：$y=39.531\text{Ln}(x)-93.210$，$R^2=0.5187$；

②第三产业拟合度：$y=0.8339x-80.675$，$R^2=0.9429$。

显然,第三产业的拟合优度要远远高于第二产业,这表明,在2001年之后,石景山区第三产业得到了较大的发展,产业内容不断丰富、产业规模不断壮大,在首钢迁出之后,逐渐取代了第二产业,成为石景山区的重要经济支撑业态。

表8.3可以验证上文推断的石景山区第三产业发展情况。社会消费品零售反映了城乡居民的批发零售贸易业、餐饮业、制造业和其他行业零售消费情况,表现地区消费需求。如果消费额比较大,则城市零售商业较为活跃,可以侧面反映休闲旅游产业的发展情况。从表8.3可以看出,2002—2013年,石景山区旅游营业收入占地区生产总值增加值的比重平均值为12.25%,其中,比重最高的三个年份分别是2006年(30.67%)、2011年(49.12%)、2012年(20.50%)。旅游营业收入占第三产业增加值的比重平均值为19.97%,其中,比重最高的三个年份分别是2006年(38.81%)、2011年(42.92%)、2012年(24.67%)。旅游营业收入占社会消费品零售额增加值的比重平均值为2.76%,值较低的原因主要是2007年和2011年的增加值为负值,分别为-47.55%和-55.6%,主要是受到首钢搬迁的较大影响。

表8.3 石景山区旅游营业收入占地区生产总值、第三产业和社会消费品零售额增加值变动情况

指标	2002年	2003年	2004年	2005年	2006年	2007年
地区生产总值增加值/亿元	21.9	19.7	11.2	47.6	6.2	22.8
地区生产总值增加值占比/%	6.8	5.6	9.5	3.2	30.7	80.3
第三产业增加值/亿元 上	14.7	3.4	3.8	14	4.9	11.4
第三产业增加值占比/%	10.1	32.2	28	10.9	38.8	16.7
社会消费品零售额增加值/亿元	14.0	32.5	19.6	14.5	11.3	-4.0
社会消费品零售额增加值占比%	10.6	3.4	5.4	10.6	16.8	-47.6
指标	2008年	2009年	2010年	2011年	2012年	2013年
地区生产总值增加值/亿元	-18.3	40.6	46.9	26.6	15.6	27.5
地区生产总值增加值占比/%	-8.1	5.4	6.8	49.1	20.5	9.2
第三产业增加值/亿元	19.7	42.7	32.1	30.4	13.0	20.1
第三产业增加值占比/%	7.6	5.2	10.0	42.9	24.7	12.6
社会消费品零售额增加值/亿元	9.5	25.9	41.7	-55.6	22.5	22.5

续表

指标	2014年	2015年	2016年	2017年	2018年	2019年
社会消费品零售额增加值占比/%	15.7	8.5	7.7	−23.5	14.2	11.3
地区生产总值增加值/亿元	27.1	29.3	35.4	201.7	81.5	59.2
地区生产总值增加值占比/%	1.7	1.7	1.8	8.6	1.6	2.6
第三产业增加值/亿元	143.9	45.7	57.2	65.9	71.9	46.7
第三产业增加值占比/%	8.8	2.0	3.3	3.4	1.5	2.3
社会消费品零售额增加值/亿元	93.9	34.4	30.8	25.2	16.2	19.4
社会消费品零售额增加值占比/%	12.3	4.9	4.6	4.4	0.9	1.2

数据来源：2002—2020年的《北京市石景山区统计年鉴》。

社会消费品零售额增加值呈现波动变化特征，2003年、2009年、2010年的增加值较大，分别为32.5亿元、25.9亿元和41.7亿元。从数据的变化来看，首钢搬迁之后，城市功能由工业生产向现代城市服务业方向转变，在2008年北京奥运会举办的前后2年时间内，正向变动较大，经济规模和增长速度都有显著的扩大和提升，其他年份的变化幅度一般，并没有表现出较为强烈的增长态势，表明城市现代服务业还未真正形成，以休闲旅游产业为特征的消费经济还有较大发展潜力。

"十三五"期间，石景山区全面落实了关于首钢传统工业区改造为新首钢高端产业综合服务区的建设规划，推动新首钢北区及周边五里坨、北辛安、广宁等地块的综合改造，以加快推进工业遗产休闲旅游区、国家体育产业示范区、科幻产业集聚区、中关村（首钢）人工智能创新应用产业园和首钢5G示范园为总体目标，着力破解新首钢传统工业区的转型发展难题，有力地推进了石景山区作为全国城区老工业区搬迁改造的试点工作。

8.2 休闲旅游功能置换的社会效应

8.2.1 对城市就业的影响

分析表8.4可知，2003年，服务业和批发零售贸易及餐饮业的单位数量居于前两位，分别为1871家和1784家，从业人员达到了46 797人和28 979

人；其次是工业单位，有721家，从业人员最多，达到114 699人；其余依次是建筑业、农业、运输邮电业；2012年，单位数和从业人员数发生较大变化，工业单位数有所减少，从2003年的721家，增长至2008年的791家，后又降低至2012年的637家；服务业、批发零售贸易及餐饮业的增长幅度仍然是最大的，分别增加到了4469家和8430家；房地产业从2008年的270家，增长到2012年的410家；运输邮电业从2003年的30家，增长到2012年的176家。从单位数量变动的态势来看，在首钢搬迁、石景山区城市去工业化的过程中，工业、农业单位的数量和从业人员逐渐减少，工业生产功能逐渐削弱，以休闲旅游服务业、房地产、金融为主导的城市社会功能不断得到强化。

表8.4 石景山区法人单位数及从业人员变动情况

单位类别	2003年 单位数/家	2003年 从业人员/人	2015年 单位数/家	2015年 从业人员/人	2020年 单位数/家	2020年 从业人员/人
农业	46	1 493	16	18	11	12
工业	721	114 699	160	238	75	137
建筑业	236	42 743	92	171	58	110
运输邮电业	30	6 670	420	436	401	421
批发零售贸易及餐饮业	1 784	28 979	10 608	13 103	4 270	6 512
服务业	1 871	46 797	2 428	4 244	1 617	3 243
金融业	—	—	—	—	—	—
房地产业	—	—	—	—	—	—
行政事业	641	26 110	1 530	1 719	893	1 100
合计	5 329	267 491	15 254	19 929	7 325	11 535

数据来源：2003—2013年的《北京市石景山区统计年鉴》。

8.2.2 对社会发展的影响

从石景山区和首钢老厂区两个层面来看，社会经济环境在空间上都呈现出典型的空间差异性。从石景山全区来看，以五环为分界线，石景山区的东西部地区经济发展水平截然不同，东部地区的玉泉路、八宝山，集聚了万达广场等现代城市商业设施，商业氛围较为浓郁，形成了以石景山游乐园为核心的休闲旅游产业。西部地区原来绝大部分土地都属于首钢所有，主要有首钢厂区、居民住宅区、国际汽车城以及附带的商业设施。在首钢整厂搬迁之后，西部地区并未很快地发展起来，商业区、休闲旅游产业吸引物建设都较大地落后于石景山东部地区。经过十余年的发展，如今的首钢园，北区以冬奥为契机改造完成，塑造了一批城市地标；西南角的制氧创新中心，正成为园内最新一处"科技+"产业集聚区。南区则在2020年的《新首钢高端产业综合服务区南区详细规划（街区层面）》规划下，初步有了模型，将在绿色、国际、科技、文创方向上建设。

首钢传统工业区搬迁之后，原有工人住宅区的居民大量外迁，空置的房屋多数租赁给了外来人员，使首钢传统工业区周边成为大型的外来流动人口集聚区（见图8.2）。如首钢传统工业区北部西面紧邻的北辛安地区，原来是首钢厂区工人集中居住的地块，北辛安大街曾是首钢最为繁华的一条街道，2012年这个地块基本以破旧的平房建筑为主，空闲的房屋多租赁给外地流动人口居住。这些流动人口小部分在北辛安大街租赁门面房，大部分租住者在附近地区上班，活跃了北辛安地区的房屋租赁市场。2022年，北辛安安置居民已全部完成回迁。继续向外，2012年古城西街国际汽车城的建设有了初步发展，进驻了一些汽车经销商，但大部分在此经营者是个人汽车修理商店，在古城西街形成了"修车一条街"。古城西街两侧多是首钢工人居住区，以5~8层的楼房为主，与首钢十万平居住区呈南北交汇，形成了典型的工人住宅区，现在这些地块慢慢地在发展一些城市商业，至2020年，本地区已经改造成为现代化居住小区。

总体上讲，首钢搬迁使石景山区的城市功能发生了重大转变，城市现代服务业开始发展起来，休闲旅游产业的发展氛围逐渐浓郁。但是，首钢及其周边地区仍然处在转型改造的前期阶段，首钢厂区改造的经济社会正向效应还没有体现出来，目前还存在城中村（主要集中在首钢厂区东北辛安路的北段地区），这片地区形成了典型的外来人口集聚地，存在基础设施缺乏、厂区改造与周边地区发展不协调等问题。这些问题在一定程度上影响了休闲文化氛围，如不妥善处理，将会限制石景山区首钢工业文化旅游区休闲旅游产业功能的发挥，后续需要在首钢改造过程中通盘考虑，以更好地为休闲旅游产业发展提供更好的人文环境。2019 年，石景山区推进了首钢传统工业区改造工程，核查冬奥广场、首钢遗址公园、首钢遗址公园 3 号高炉、首钢滑雪大跳台及配套设施的项目规划条件，同时，确定首钢老厂区东南区土地一级开发范围的划定、土地整理定桩条件及上市规划条件，占地 102ha，地上建筑规模 130 万平方米，使用性质以居住和商业为主，目标是优化首都城市功能、调整重大生产力布局，更好地促进北京市人口资源环境协调发展。

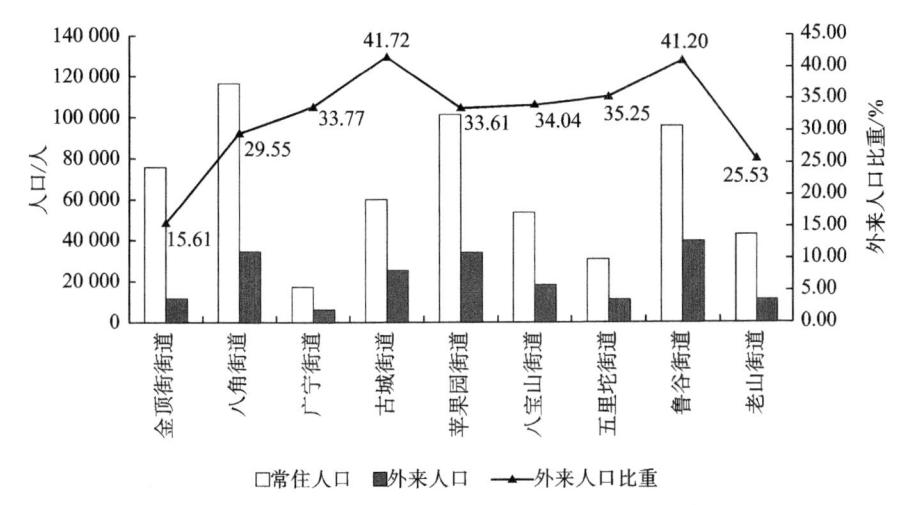

图 8.2　石景山区各街道常住人口和外来人口结构

资料来源：第七次全国人口普查公报 [EB/OL]. (2021-05-11) [2024-03-20]. https://www.gov.cn/guoqing/2021-05/13/content_5606149.htm.

根据问卷调研结果分析（见表 8.5），在首钢传统工业区改造初期，受访者对首钢搬迁后对产业结构、基础设施、社会发展、就业、环境改善五个方面的意见如下：①首钢搬迁使石景山区的产业结构由工业向服务业转变，优化了地区产业结构和产业布局；②首钢搬迁之后，城市建设促进了"水电、通信、交通等公共服务设施更新改造"，使首钢厂区的发展更好地"与周边商业融合，互相促进发展"；③对土地、商品服务价格产生影响（但是本条没有与全城物价上涨相剥离），也使得"吸引新投资和新人才增多"；④优化了就业结构，一方面使部分原首钢人员失业、再就业或"钟摆式就业"，也使其他类型的人才流入石景山区。总体上认为其搬迁和休闲旅游改造将有利于"带动本地区经济增长""提升北京市和石景山区城市和旅游形象"。经过改造以来的发展建设，石景山区首钢工业遗产改造区已经转变为北京极具吸引力的特色休闲旅游园区之一。

表8.5 首钢搬迁后休闲旅游改造效果认知

项目	要素	均值	标准差	要素综合得分
产业结构	（1）工业转服务业，促进北京市产业经济结构调整	4.00	0.82	3.94
	（2）使北京市和石景山区的产业更好地布局	3.88	0.82	
基础设施	（3）水电、通信、交通等公共服务设施更新改造	3.83	0.83	3.80
	（4）与周边商业可以很好地融合，互相促进发展	3.76	0.80	
社会发展	（5）提高了土地价格	3.70	0.93	3.71
	（6）商品、服务价格上涨	3.62	0.91	
	（7）吸引新投资和新人才增多	3.80	0.77	
就业	（8）本地原有人才随厂区搬迁而流失	3.46	0.93	3.73
	（9）带动旅游服务业人口就业	3.93	0.82	
	（10）新进了许多文化创意型人才	3.80	0.84	
环境改善	（11）减少环境污染，建设宜居北京	4.08	0.88	3.92
	（12）绿化水平提高	3.95	0.85	
	（13）有利于城市景观美化	3.88	0.85	
	（14）增添了别致的工业休闲旅游文化氛围	3.87	0.80	
	（15）传承城市工业文脉，提升文化品位	3.81	0.87	
综合评价	（16）带动本地区经济增长	3.73	0.90	3.81
	（17）提升北京市和石景山区城市和旅游形象	3.88	0.85	

数据来源：根据实地调查问卷计算所得。

8.2.3 对城市环境的影响

2010年以来，石景山区的单位地区生产总值能耗有所降低，第二产业及其包括的工业、建筑业的能耗都有所下降，第三产业能源消耗大大增加。从石景山区工业污染物的排放情况来看，2019年，相对于2007年都有所改善，可吸入颗粒物、二氧化硫、二氧化氮浓度都有所下降（见表8.6），尤其是工业区生产引起的降尘量从每月14.70t/km²，下降到6t/km²，区域环境噪声和交通干线噪声都有减弱。

大气环境质量持续改善。2019 年，PM2.5、PM10、SO_2 和 NO_2 年均浓度分别为 43 $\mu g/m^3$、71$\mu g/m^3$、4$\mu g/m^3$ 和 39$\mu g/m^3$，同比分别下降 18.9%、10.1%、33.3% 和 18.8%。我区 PM 2.5 浓度与北京市平均浓度差值由 2016 年的 5μg 缩减到 1μg，城六区浓度排名由去年的第六名上升到第三名。SO_2 和 NO_2 浓度达到国家标准。

石景山区城市绿化也得到了大大改善，人均占有公共绿地面积在 2001 年时仅有 19.4m^2，到 2012 年达到了 29.73m^2，增幅 10%；城市绿化覆盖率从 2001 年的 41.9% 达到了 2012 年的 50.71%。由表 8.5 可知，受访者认为首钢传统工业区搬迁之后大大地减少了环境污染，使石景山区的天气得到较大改善；促进了"绿化水平提高"，并且其休闲旅游改造将为城市发展"增添了别致的工业休闲旅游文化氛围"。这些数据一方面反映了首钢搬迁之后石景山区环境改善的情况，另一方面也说明近年来石景山区在城市环境改善和绿化中进行了大量的建设，为今后发展休闲旅游提供了有力的环境支持。

表 8.6 石景山区城市环境变化情况

指标		2007 年	2012 年	2019 年
污染物降低	可吸入颗粒物浓度年平均值/(mg/m^3)	0.164	0.124	0.043
	二氧化硫浓度年平均值/(mg/m^3)	0.057	0.024	0.004
	二氧化氮浓度年平均值/(mg/m^3)	0.063	0.055	0.039
	降尘量/[$t/(km^2 \cdot 月)$]	14.7	8.7	6.0
	区域环境噪声平均值/dB	53.8	51.5	51.6
	交通干线噪声平均值/dB	74.0	70.8	69.5
城市环境	人均占有公共绿地面积/km^2	22.69	29.73	22.81
	城市绿化覆盖率/%	45.30	50.29	52.74

数据来源：2007 年、2012 年、2019 年的《北京市石景山区统计年鉴》。